Horst Föhr

Willensbildung in den Gewerkschaften
und Grundgesetz

Schriftenreihe zum Vereins- und Verbandsrecht

Herausgegeben von Professor Dr. Fritz Nicklisch, Bonn

Band 3

1974

J. Schweitzer Verlag · Berlin

Willensbildung in den Gewerkschaften und Grundgesetz

Von
Horst Föhr
Rechtsanwalt in Essen

1974

J. Schweitzer Verlag · Berlin

ISBN 3 8059 0379 0

Satz: Studio Feldafing – Druck: Color Druck, Berlin – Bindearbeiten: Wübben & Co., Berlin – Printed in Germany.

Meinem verehrten Lehrer,
Herrn Prof. Dr. Dimitris Tsatsos

Inhaltsverzeichnis

Abkürzungsverzeichnis

a.A.	anderer Ansicht
a.a.O.	am angeführten Ort
Abs.	Absatz
Anm.	Anmerkung
AöR	Archiv für öffentliches Recht
Art.	Artikel
BAG	Bundesarbeitsgericht
BB	Betriebsberater
BDA	Bundesverband der deutschen Arbeitgeberverbände
BDI	Bundesverband der deutschen Industrie
BGB	Bürgerliches Gesetzbuch
BGH	Bundesgerichtshof
BVerfG	Bundesverfassungsgericht
DAG	Deutsche Angestellten-Gewerkschaft
DB	Der Betrieb
DBB	Deutscher Beamtenbund
DGB	Deutscher Gewerkschaftsbund
DJT	Deutscher Juristen Tag
DPG	Deutsche Postgewerkschaft
DÖV	Die öffentliche Verwaltung
DVBl.	Deutsches Verwaltungsblatt
FAZ	Frankfurter Allgemeine Zeitung
FR	Frankfurter Rundschau
Gartenbau	Gewerkschaft Gartenbau, Land- und Forstwirtschaft
GED	Gewerkschaft der Eisenbahner Deutschlands
GEW	Gewerkschaft Erziehung und Wissenschaft
GG	Grundgesetz
GHK	Gewerkschaft Holz und Kunststoff
GM	Gewerkschaftliche Monatshefte
HBV	Gewerkschaft Handel, Banken, Versicherungen
IGBau	Industriegewerkschaft Bau – Steine – Erden

IGBE	Industriegewerkschaft Bergbau und Energie
IG Druck	Industriegewerkschaft Druck und Papier
IGM	Industriegewerkschaft Metall
JW	Juristische Wochenschrift
JZ	Juristenzeitung
KG	Kammergericht
LAG	Landesarbeitsgericht
LM	Lindermaier-Möhring
m.w.N.	mit weiteren Nachweisen
NGG	Gewerkschaft Nahrung – Genuß – Gaststätten
NJW	Neue Juristische Wochenschrift
ÖTV	Gewerkschaft Öffentliche Dienste, Transport und Verkehr
Part.G.	Parteiengesetz
PVS	Politische Vierteljahresschrift
Rdnr.	Randnummer
Rspr.	Rechtsprechung
Seuff.A.	Seufferts Archiv
Textil	Gewerkschaft Textil – Bekleidung
VVdStRL	Veröffentlichungen der Vereinigung deutscher Staatsrechtslehrer
WRV	Weimarer Reichsverfassung
ZfP	Zeitschrift für Politik

Literaturverzeichnis

Abendroth, Wolfgang	Die demokratischen Gewerkschaften: Weg demokratischer Integration. Heidelberg 1954
	Das Grundgesetz. Pfullingen 1966
	Antagonistische Gesellschaft und politische Demokratie, Neuwied 1967
Altmann, Rüdiger	Zur Rechtsstellung der öffentlichen Verbände, in: Zeitschrift für Politik 1955, S. 211 ff.
Bauernfeind, Heinz	Die Mitgliedschaft in Koalitionen, 1957
Bericht der Parteienrechtskommission	Rechtliche Ordnung des Parteiwesens, 2. Aufl., Frankfurt–Berlin 1958
Bessell, Fritz	Zur richterlichen Überprüfung von internen Vereins- und Betriebsbeschlüssen, Kölner Diss. 1968
Bethusy-Huc, Viola Gräfin von	Demokratie und Interessenpolitik, Wiesbaden 1962
Beuthien, V.	Die richterliche Kontrolle von Vereinsstrafen und Vertragsstrafen, in: BB 1968, Beil. 12 zu Heft 33
Beyme, Klaus von	Interessengruppen in der Demokratie, München 1969
Biedenkopf, Kurt	Grenzen der Tarifautonomie, Karlsruhe 1964
	Zum Problem der negativen Koalitionsfreiheit, in: JZ 1961, 346 f.
Bilstein, Helmut	Innergewerkschaftliche Demokratie als Bedingung für sozialen Wandel, in: Gewerkschaftliche Monatshefte Juni 1970
Birk, Rolf	Der Aufnahmezwang bei Vereinen und Verbänden, in: JZ 1972, S. 343 ff.
Böckenförde, Ernst-Wolfgang	Die Bedeutung der Unterscheidung von Staat und Gesellschaft im demokratischen Sozialstaat der Gegenwart, in: Aus Politik und Zeitgeschichte, Beilage zum Parlament B 49, 71
Bonner Kommentar	Kommentar zum Bonner Grundgesetz von Abraham Bühler u.a., Hamburg 1954 f., Zweitbearbeitung 1960
Breitling, Rupert	Die Verbände in der BRD, Meisenheim 1954
Briefs, Götz	Pluralismus, in: Staatslexikon, hrsg. von der Görres-Gesellschaft, Bd. 6, 6. Aufl., Sp. 295–300, Freiburg 1961
Brisch, Ulrich	Die Rechtsstellung der deutschen Gewerkschaften, Göttingen 1951
Buchholz, Edwin	Wirtschaftsverbände in der Wirtschaftsgesellschaft, Tübingen 1969

Bull, Hans Peter — Innerparteiliche Demokratie, in: Zeitschrift für Rechtspolitik, Sept. 1971

Cassau, Theodor — Die Gewerkschaftsbewegung, ihre Soziologie und ihr Kampf, Halberstadt 1930

Dietz, Rolf — Koalitionsfreiheit, in: Die Grundrechte, von Bettermann-Nipperdey-Scheuner. Bd. III/1, S. 417 ff. Berlin 1958

Drath, Martin — Der Staat der Industriegesellschaft, in: Der Staat, Bd. 5, S. 274 ff. 1966

Staat, im: Evangelischen Staatslexikon, Stuttgart/Berlin 1966

Drewes, Günther — Die Gewerkschaften in der Verwaltungsordnung, Heidelberg 1958

Dürig, Günter — Grundrechte und Zivilrechtsprechung, in: Festschrift für Hans Nawiasky, 1958

Düx, Günter — Meinungsfreiheit als innere Ordnung der politischen Parteien, in: DVBl. 1966, 553 ff.

Ehmke, Horst — Grenzen der Verfassungsänderung, Berlin 1953

Wirtschaft und Verfassung, Karlsruhe 1961

Staat und Gesellschaft als verfassungstheoretisches Problem, in: Festschrift für Rudolf Smend, Tübingen 1962

Prinzipien der Verfassungsinterpretation, in: VVdStRL 20, 53 ff., 1963

Ellwein, Thomas — Das Regierungssystem der BRD, Köln-Opladen 1963

Die großen Interessenverbände und ihr Einfluß Beilage zum Parlament B 48, 73

Enneccerus-Nipperdey — Allgemeiner Teil des Bürgerlichen Rechts, 1. Halbband, 15. Aufl., Tübingen 1959

Erman — Handkommentar zum BGB, 4. Aufl., Münster 1967/69

Feuchtmeyer, Eberhard — Gewerkschaften und Verfassungspolitik, Diss. Würzburg 1966

Forsthoff, Ernst — Zur Problematik der Verfassungsauslegung, Stuttgart 1961

Fraenkel, Ernst — Deutschland und die westlichen Demokratien, 5. Aufl., Stuttgart–Mainz 1973

Francis, Emmerich — Die Rolle der Interessengruppen im Prozeß der demokratischen Meinungsbildung, in: Aus Politik und Zeitgeschichte, Beilage zum Parlament B 26, 1966

Fromme, Friedrich Karl — Der Demokratiebegriff des Grundgesetzgebers, in: DÖV 1970, 518 ff.

Galperin, Hans — Vereinsautonomie und Kontrahierungszwang im Koalitionsrecht, in: Der Betrieb 1969, 704 f.

Stellung der Gewerkschaften im Staatsgefüge, Düsseldorf 1970

Gablentz, Otto Heinrich von der — Der Staat in der pluralistischen Gesellschaft, in: Hamburger Jahrbuch 1959, 136 f.

Gitter, Wolfgang — Zur Rechtmäßigkeit eines ohne Urabstimmung durchgeführten Streiks, in JZ 1965, 198 f.

Grebing, Helga — Konservative gegen die Demokratie, Frankfurt 1971

Grewe, Wilhelm — Zum Begriff der politischen Partei, in: Festgabe für Erich Kaufmann, S. 65 f., Stuttgart 1950

Habermas, Jürgen — Strukturwandel der Öffentlichkeit, Neuwied 1965

Theorie und Praxis, Neuwied 1963

Hättich, Manfred — Innerparteiliche Demokratie und politische Willensbildung, in: Aus Politik und Zeitgeschichte, Beilage zum Parlament B 49, 1969

Demokratie als Herrschaftsordnung, Köln 1967

Hamann, Andreas — Autonome Satzungen und Verfassungsrecht, Heidelberg 1958
Gewerkschaften und Sozialstaatsprinzip, Oldenburg 1959

Heller, Hermann — Staatslehre, 2. unveränderte Auflage, Leiden 1961

Henke, Wilhelm — Das Recht der politischen Parteien, Göttingen 1972

Henrici, Hans — Aufnahmepflicht für Koalitionen, Diss. Köln 1970

Hennis, Wilhelm — Meinungsforschung und repräsentative Demokratie, in: Recht und Staat, 200, S. 201 ff., Tübingen 1957

Verfassungsordnung und Verbandseinfluß, in: Politische Vierteljahresschrift 1961, S. 23 ff.

Amtsgedanke und Demokratiebegriff, in: Festgabe für Rudolf Smend, Tübingen 1962

Hesse, Konrad — Die normative Kraft der Verfassung, in: Recht und Staat, 222, S. 1 ff., Tübingen 1959

Die verfassungsrechtliche Stellung der politischen Parteien im modernen Staat, in: VVdStRL 17, S. 11 ff., 1959

Grundzüge des Verfassungsrechts der BRD, 4. Aufl., Karlsruhe 1970

Hirsch, Joachim — Die öffentlichen Funktionen der Gewerkschaften, Stuttgart 1966

Huber, E.R. — Wirtschaftsverwaltungsrecht, Bd. I, II, 2. Aufl., Tübingen 1953/1954

Huber, Hans — Staat und Verbände, in: Recht und Staat, 210, S. 1 ff, Tübingen 1958

Hueck-Nipperdey — Lehrbuch des Arbeitsrechts, Bd. II, 6. u. 7. Aufl. Berlin–Frankfurt 1963/1967

Kägi, Werner — Die Verfassung als rechtliche Grundordnung des Staates, Zürich 1945

Kahn-Freund, Otto — Rechtliche Garantien der innergewerkschaftlichen Demokratie, in: Festschrift für Ernst Fraenkel, Berlin 1963

Kaiser, Joseph — Die Repräsentation organisierter Interessen, Berlin 1956

Keller, Ekkehard — Die Aufnahmepflicht der Interessenverbände, Freiburger Diss. 1968

Knöpfle, Franz — Der Zugang zu den politischen Parteien, in: Der Staat, 1970 S. 321 ff.

Köhler, W. — Grenzen der Vertragsfreiheit der Berufs- und Wirtschaftsverbände, in: BB 1952, 149 ff.

Kriele, Martin	Theorie der Rechtsgewinnung, Berlin 1967
	Das demokratische Prinzip im Grundgesetz, in: VVdStRL 29, 46 ff., Berlin 1971
Krockow, Christian Graf von	Staat, Gesellschaft, Freiheitswahrung, in: Aus Politik und Zeitgeschichte, Beilage zum Parlament B 7, 72
Krüger, Herbert	Stellung der Interessenverbände in der Verfassungswirklichkeit, in: NJW 1956, 1217 ff.
	Allgemeine Staatslehre, Stuttgart 1964
	Sinn und Grenzen der Vereinbarungsbefugnis der Tarifvertragsparteien, in: Verhandlungen des 46. DJT, München–Berlin 1966
Laufer, Heinz	Zur staatlichen Finanzierung der politischen Parteien, in: Aus Politik und Zeitgeschichte, Beilage zum Parlament B 44, 1966
	Die demokratische Ordnung, 2. Aufl. Stuttgart 1970
Lange, Klaus Jürgen	Die Interessenverbände, Würzburg 1966
Larenz, Karl	Allgemeiner Teil des Bürgerlichen Rechts, München 1967
Leibholz, Gerhard	Verfassungsrechtliche Stellung und innere Ordnung der Parteien, in: Verhandlungen des 38. DJT, Tübingen 1951
	Das Wesen der Repräsentation, Neuaufl., Berlin 1960
	Staat und Verbände, in: VVdStRL 24, 5 ff., Berlin 1966
	Strukturprobleme der modernen Demokratie, Karlsruhe 1967
Leibholz-Rinck	Kommentar zum GG anhand der Rechtsprechung des Bundesverfassungsgerichts, Köln–Marienburg 1966
Leisner, Walter	Grundrechte und Privatrecht, München–Berlin 1960
Lenk, Kurt, Neumann, Franz	Theorie und Soziologie der politischen Parteien, Neuwied 1968
Lenz, Helmut, Sasse, Christoph	Parteiausschluß und Demokratiegebot, in: JZ 1962, 233 f.
Lerche, Peter	Verfassungsrechtliche Zentralfragen des Arbeitskampfes, Berlin–Zürich 1968
Lohmar, Ulrich	Innerparteiliche Demokratie, 2. unveränd. Aufl., Stuttgart 1968
Luthmann, Walter	Die Rechtsstellung der Mitglieder von politischen Parteien, in: DVBl. 62, 166 f.
Mangoldt, Hermann von, Klein, Friedrich	Das Bonner GG. 2. Aufl. Berlin 1957, 1964
Martin, Ernst	Rechtsprechung als politische Entscheidung, in: Aus Politik und Zeitgeschichte, Beilage zum Parlament B 38, 71
Maunz, Theodor, Dürig, Günter, Herzog, Roman	Kommentar zum GG, 2. Aufl., München–Berlin 1966 f.
Mayer, Evelies	Theorien zum Funktionswandel der Gewerkschaften, Frankfurt 1973
Mertes, Ulrike	Überlegungen zur innergewerkschaftlichen Demokratie, WSI Mitteilungen 1972, 201 f.
Meyer-Cording, Ulrich	Die Vereinsstrafe, Tübingen 1957

Michels, Robert	Zur Soziologie des Parteiwesens in der modernen Demokratie, 2. erweiterte Aufl. 1925, Neudruck Stuttgart 1957
Müller, Ute	Die demokratische Willensbildung in den politischen Parteien, Mainz 1967
Narr, Wolf-Dieter	CDU-SPD-Programm seit 1945, Stuttgart 1966
Naschold, Frieder	Organisation und Demokratie, Stuttgart 1971
Nikisch, Arthur	Arbeitsrecht, Bd. II, 2. Aufl., Tübingen 1959
Palandt	Kurzkommentar zum BGB, 31. Aufl., München 1972
Peters, Hans	Demokratie, in: Staatslexikon, hrsg. von der Görres-Gesellschaft, Bd. 7, 6. Aufl., Freiburg 1962
Preuss, Ulrich K.	Zum staatsrechtlichen Begriff des Öffentlichen, Stuttgart 1969
Rabus, Günther	Die innere Ordnung der politischen Parteien im gegenwärtigen deutschen Staatsrecht, in: AöR 78, 149 ff., 1952
Ramm, Thilo	Die Freiheit der Willensbildung. Zur Lehre von der Drittwirkung der Grundrechte, Stuttgart 1960
Regierungsentwurf zum Parteiengesetz	Bundestagsdrucksache 3. Wahlperiode, 1509
Ridder, Helmut	Zur verfassungsrechtlichen Stellung der Gewerkschaften im Sozialstaat nach dem Grundgesetz für die BRD, Stuttgart 1960
Riege, Fritz-Albert	Die gewerkschaftlichen Organisationsformen in der BRD, Göttinger Diss. 1965
Rittstieg, Helmut	Verbände und repräs. Demokratie, in: JZ 1968, 411 ff.
Säcker, Franz-Jürgen	Grundprobleme der kollektiven Koalitionsfreiheit, Düsseldorf 1969
Sauter-Schweyer	Der eingetragene Verein, München 1972
Scheffler, Gerhard	Die Stellung der Kirche im Staat, Hamburg 1964
	Zum öffentlichen Status der Gewerkschaften, in: NJW 1965, 849 ff.
Schellhoss, Hartmut	Apathie und Legitimität, München 1967
Scheuner, Ulrich	Politische Repräsentation und Interessenvertretung, in: DÖV 1965, 579 ff.
	Koalitionsfreiheit, Drei Rechtsgutachten von Weber-Scheuner-Dietz, Berlin 1961
Schlosser, Peter	Vereins- und Verbandsgerichtsbarkeit, München 1972
Schmädel, Dieter von	Führung im Interessenverband, Berlin 1968
Schmid, Carlo	Soziale Autonomie und Staat, hrsg. von der Gesellschaft für sozialen Fortschritt e.V., Berlin 1951
Schmitt, Carl	Verfassungslehre, Berlin 1954
Schindler, Dietrich	Verfassungsrecht und soziale Struktur, 3. Aufl., Zürich 1950
Scholz, Rupert	Koalitionsfreiheit als Verfassungsproblem, Münchner Universitätsschriften, Bd. 18, München 1971
Seifert, Jürgen	Demokratische Strukturen im DGB, in: Gewerkschaftliche Monatshefte März 1958

Simson, Werner von — Das demokratische Prinzip im Grundgesetz, in: VVdStRL 29, S. 4 ff., Berlin 1971

Smend, Rudolf — Verfassung und Verfassungsrecht, in: Staatsrechtliche Abhandlungen 2. Aufl., Berlin 1968

Zum Problem des Öffentlichen in der Öffentlichkeit, in: Gedächtnisschrift für Walter Jellinek, München 1955

Soergel-Siebert — Kommentar zum BGB, 10. Aufl., Stuttgart 1967

Stammer, Otto — Verbände und Gesetzgebung, Köln–Opladen 1965

Staudinger-Coing — Kommentar zum BGB, 11. Aufl., Berlin 1957

Stechow, Alexander von — Die Frage des Rechts auf Aufnahme in Koalitionen, Kölner Diss. 1970

Stein, Ekkehart — Lehrbuch des Staatsrechts, Tübingen 1971

Varain, Heinz-Josef — Parteien und Verbände, Köln–Opladen 1964

Verhandlungn des 38. Deutschen Juristentages 1950 — Tübingen 1951

Versteyl, Ludger — Einfluß der Verbände auf die Gesetzgebung, Bochumer Diss. 1972

Villiger, Andreas — Aufbau und Verfassung der britischen und amerikanischen Gewerkschaften. Probleme der innerverbandlichen Demokratie, Berlin 1966

Vilmar, Fritz — Basisdemokratische Gewerkschaftsreform, in: Gewerkschaftliche Monatshefte, April 1971

Völpel, Dagobert — Rechtlicher Einfluß von Wirtschaftsgruppen auf die Staatsgestaltung, Berlin 1972

Weber, Werner — Koalitionsfreiheit, Drei Rechtsgutachten von Weber-Scheuner-Dietz, Berlin 1961

Spannungen und Kräfte im westdeutschen Verfassungssystem, 3. Aufl., Berlin 1970

Die Sozialpartner in der Verfassungsordnung, in: Festschrift für OLG Celle, Göttingen 1961

Westermann, Harm Peter — Die Verbandsstrafgewalt und das Allgemeine Recht, 1972

Winkler, Hans — Staat und Verbände, in: VVdStRL 24, 30 f.

Wittkämper, Gerhard W. — Grundgesetz und Interessenverbände, Köln-Opladen 1963

Wössner, Jacobus — Die ordnungspolitische Bedeutung des Verbandswesens, Tübingen 1961

Zacher, Hans-F. — Pluralität der Gesellschaft als rechtspolitische Aufgabe, in: Der Staat, 1970, S. 161 ff.

Zeuner, Bodo — Innerparteiliche Demokratie, Berlin 1970

Materialien

I. Satzungen der	*gültig ab*
IG Chemie	9. ordentlichen Gewerkschaftstag 1972
Gewerkschaft Holz und Kunststoff	8. ordentlichen Gewerkschaftstag 1969
IG Metall	1.1.1972
IG Druck und Papier	1.1.1972
Deutschen Postgewerkschaft	8.10.1971
Gewerkschaft Erziehung und Wissenschaft	4.6.1971
Industriegewerkschaft Bergbau und Energie	1.10.1971
Gewerkschaft Nahrung, Genuß, Gaststätten	1.1.1971
Gewerkschaft Leder	1.1.1969
Gewerkschaft Gartenbau, Land- und Forstwirtschaft	16.10.1968
Gewerkschaft Öffentliche Dienste, Transport und Verkehr	Juli 1969
Gewerkschaft Handel, Banken, Versicherungen	1.1.1969
IG Bau-Steine-Erden	1.1.1970
Gewerkschaft der Eisenbahner Deutschlands	1.11.1968
Gewerkschaft Textil, Bekleidung	Oktober 1971
Gewerkschaft Kunst	18.3.1967
Deutschen Angestellten-Gewerkschaft	Oktober 1971
Satzung des Deutschen Gewerkschaftsbundes	1.7.1971

II. Richtlinien für

Vertrauensleute der IG Metall, IG Chemie, IG Bergbau und Energie und der Gewerkschaft Handel, Banken, Versicherungen

die Angestelltenarbeit der IG Chemie und der Industriegewerkschaft Bergbau und Energie

Personen- und Fachgruppen der Deutschen Postgewerkschaft, Industriegewerkschaft Bergbau und Energie, Gewerkschaft Handel, Banken, Versicherungen, Gewerkschaft Öffentliche Dienste, Transport und Verkehr, und des Deutschen Gewerkschaftsbundes

die Erstellung eines Verwaltungsstellenstatus der IG Chemie, der Gewerkschaft Nahrung, Genuß, Gaststätten und der Gewerkschaft Handel, Banken, Versicherungen

die Führung von Arbeitskämpfen der Gewerkschaft Gartenbau, Land- und Forstwirtschaft und des Deutschen Gewerkschaftsbundes

III. Protokolle

des 8. ordentlichen Bundeskongresses des DGB 18.–23.5.1969
des 8. ordentlichen Gewerkschaftstages der GED 7.–11.10.1968

des 8. ordentlichen Gewerkschaftstages der IGM 6.–11.9.1965
des 9. ordentlichen Gewerkschaftstages der IGM 2.–7.9.1968
des 8. ordentlichen Gewerkschaftstages der IG Bau 4.–11.6.1969
des 10. ordentlichen Kongresses der DPG 4.–8.10.1971
des 6. ordentlichen Gewerkschaftstages der ÖTV Juli 1968
des 8. ordentlichen Gewerkschaftstages der GHK 2.–8.11.1969
des 7. ordentlichen Gewerkschaftstages der HBV 15.–20.9.1968
des 8. ordentlichen Gewerkschaftstages der IG Chemie 31.8.–6.9.1969

IV. Geschäftsberichte

des Hauptvorstandes der HBV von 1964–1967
des Hauptvorstandes der DAG von 1967–1971
des Hauptvorstandes der IG Chemie von 1966–1968
des Hauptvorstandes der IG Bau von 1966–1968
des Vorstandes der IGM von 1965–1967
des Bundesvorstandes des DGB von 1965–1968
des Bundesvorstandes des DGB von 1969–1971

Einleitung

„Ein Mittel kann stets nur solchen Zwecken dienen, die es selbst in sich enthält. Deshalb ist das entscheidende Problem der Gewerkschaften, ihren organisatorischen Aufbau und ihr organisatorisches Leben so zu gestalten, daß die demokratische Mitwirkung der Mitglieder stets gewahrt bleibt und daß die deutschen Arbeitnehmer durch jeden Schritt der Tagesarbeit ihrer Organisation zu aktiver Teilnahme an der Willensbildung angehalten werden[1]."

Ob die Gewerkschaften dieses Problem gelöst haben und welche Anforderungen das Grundgesetz dazu stellt, will diese Arbeit versuchen zu beantworten. Dabei ist zunächst erstaunlich, daß das viel diskutierte Problem der Stellung der Verbände in der Gesellschaft noch nicht unter diesem Gesichtspunkt angegangen wurde[2].

Die Mitwirkung autonomer Verbände bei öffentlichen Aufgaben und daher ihre notwendige Einbeziehung in die demokratische Verfassungsordnung hat in der verfassungstheoretischen wie verfassungsrechtlichen Diskussion keine seiner Gewichtigkeit für das Verfassungsleben entsprechende Beachtung gefunden[3].

Wie Hirsch[4] richtig feststellt, „hat es die moderne Verfassungstheorie überhaupt vermieden, eine umfassende Analyse des Willensbildungsprozesses im demokratischen Gemeinwesen vorzunehmen und diese mit den verschiedenen Theorien der demokratischen Repräsentation in Zusammenhang zu stellen."

Eine derartige Arbeit hat es mit der Schwierigkeit zu tun, ihren Gegenstand sowohl von staatsrechtlichen, soziologischen wie politologischen Fragestellungen her angehen zu müssen. Eine solche Verzahnung der Wissenschaften erscheint aber auch die einzig richtige Behandlung dieses Themas.

---

1 Wolfgang Abendroth, Die deutschen Gewerkschaften, Weg demokratischer Integration.

2 Zu der kaum mehr übersehbaren Literatur vgl. das Literaturverzeichnis.

3 Ausnahmen sind: Gunther Drewes, Die Gewerkschaften in der Verwaltungsordnung; Joachim Hirsch, Die öffentlichen Funktionen der Gewerkschaften.

4 S. 13.

Im ersten Teil der Arbeit wird mittels einer Analyse der Satzungen, Protokolle, Geschäftsberichte und Richtlinien der 16 Einzelgewerkschaften des DGB, des DGB selbst und der DAG die Stellung der Mitglieder, der Amtserwerb und die Zuständigkeitsverteilung in den einzelnen Gliederungen der Gewerkschaften untersucht. Diese Darstellung erfolgt ohne rechtliche Würdigung und stellt das soziologische Gerüst der späteren rechtlichen Untersuchung dar.

Im zweiten Teil der Arbeit wird untersucht, ob und welchen verfassungsrechtlichen Einschränkungen die Autonomie der Gewerkschaften und anderer Verbände unterliegt.

Dabei werden die Verbände zunächst als nicht rechtsfähige Vereine gesehen und die Beschränkung der Verbandsautonomie durch das BGB dargestellt. Da das BGB eine Selbstorganisation in nahezu völliger Abwendung von demokratischen Grundsätzen gestattet, wird gefragt, welche Anforderungen nach dem Grundgesetz an Verbände gestellt werden.

Nach einigen methodologischen Erörterungen werden die öffentlichen Funktionen der Gewerkschaften in der Verfassungswirklichkeit aufgezeigt. Dem folgt eine verfassungstheoretische Untersuchung der Stellung der Verbände, insbesondere der Gewerkschaften, in dem demokratischen pluralistischen Gemeinwesen der BRD.

Daran schließt sich eine Auseinandersetzung mit der Lehre von der Drittwirkung der Grundrechte, unter deren Gesichtspunkt bisher die Position des einzelnen in einem Verband gesehen wurde. Nach Ansicht des Verfassers befriedigt diese Lehre jedoch weder systematisch noch von den erzielten Schlußfolgerungen her. Es wird daher untersucht, ob nicht über die Prinzipien des Art. 20 GG i.V.m. den Grundrechten eine angemessenere Behandlung des Problems möglich ist. Einer Interpretation des Art. 20 GG folgt eine Abgrenzung des von diesem erfaßten Bereichs unter besonderer Berücksichtigung der Koalitionen.

Nach einer groben Skizzierung des Inhalts der „freien demokratischen Grundordnung“ werden dann die „demokratischen Grundsätze“ auf Parteien und Verbände hin konkretisiert.

Im dritten Teil der Arbeit folgt im einzelnen eine Überprüfung der satzungsgemäßen und tatsächlichen Situationen in den Gewerkschaften an diesen Anforderungen.

Angeregt wurde die Arbeit durch die Lektüre des Buches von Ute Müller: Die demokratische Willensbildung in den politischen Parteien. Die positive Bestimmung des Art. 21 I 3 GG mußte jedoch für Gewerkschaften erst erarbeitet werden. Im dritten Teil der Arbeit überschneiden sich naturgemäß einige Überlegungen.

Es erscheint reizvoll, durch weitere Untersuchungen andere Verbände, wie z.B. den Deutschen Beamtenbund und Deutschen Bauernverband an den aufgestellten Kriterien zu messen.

Erster Teil: Organisationsstruktur und innergewerkschaftliche Willensbildung

§ 1 Allgemeine Gliederung der Einzelgewerkschaften und des DGB

Bevor eine detaillierte Darstellung der innergewerkschaftlichen Strukturen und Willensbildung erfolgt, soll ein kurzer Überblick über die Grundstrukturen des DGB und der Einzelgewerkschaften gegeben werden.

Der DGB ist branchenmäßig in 16 Einzelgewerkschaften gegliedert[1]. Diese sind wie die DAG horizontal in Bundes-, Bezirks- und Ortsebenen organisiert. Einige Gewerkschaften haben zwischen Bezirk und Bund noch einen Landesbezirk, andere, wie DPG und GED, weisen durch Amts- und Betriebsgruppen noch betriebsgewerkschaftliche Züge auf.

Organe der Gewerkschaften sind auf jeder Ebene die Mitglieder- bzw. Vertreterversammlung und der Vorstand, auf Bundesebene dazu noch der Gewerkschaftsbeirat und Gewerkschaftsausschuß (auch Kontrollausschuß genannt).

Personengruppen für Jugend, Frauen, Angestellte und Beamte und Fachgruppen, wie z.B. die Elektrotechniker und Installateure bei der IGM und die Buchdrucker und Schriftsetzer bei der IG Druck bestehen daneben als eigenständige Gruppen oder Abteilungen auf allen regionalen Ebenen. Die Verbindung mit der Hauptgliederung ist bei den einzelnen Gewerkschaften unterschiedlich eng, wobei die Eigenständigkeit der Berufsgruppen der DAG am stärksten ausgeprägt ist.

Der DGB ist horizontal gegliedert in Bundes-, Landes- und Kreisverbände sowie in Ortskartelle. Die Landesverbände erstrecken sich wie bei den Einzelgewerkschaften meist über ein Bundesland, wobei Bremen, Hamburg und Schleswig-Holstein den Landesbezirk Nordmark bilden. Organe sind auch hier auf jeder Ebene der Vorstand und die Delegiertenversammlung, die aus den Vertre-

---

1 Diese hatten am 31.12.1973 nach Mitteilung des DGB folgenden Mitgliederbestand:

IG Bau–Steine–Erden	522.157
IG Bergbau und Energie	377.589

tern der Einzelgewerkschaften besteht. Auf Bundesebene besteht daneben noch ein Bundesausschuß als höchstes Organ zwischen Bundeskongressen (s. Gliederung am Schluß dieses Buches).

IG Chemie, Papier, Keramik	645.178
IG Druck und Papier	160.062
Gewerkschaft der Eisenbahner Deutschlands	444.229
Gewerkschaft Erziehung und Wissenschaft	132.430
Gewerkschaft Gartenbau, Land- und Forstwirtschaft	40.009
Gewerkschaft Handel, Banken und Versicherungen	210.038
Gewerkschaft Holz und Kunststoff	134.817
Gewerkschaft Kunst	35.618
Gewerkschaft Leder	58.860
IG Metall	2.460.697
Gewerkschaft Nahrung, Genuß, Gaststätten	251.879
Gewerkschaft Öffentliche Dienste, Transport und Verkehr	997.771
Deutsche Postgewerkschaft	400.624
Gewerkschaft Textil–Bekleidung	295.565
DGB insgesamt	7.167.523

I. Einzelgewerkschaften

§ 2 Erwerb der Mitgliedschaft

Bevor der Amtserwerb und die Willensbildung innerhalb der Gewerkschaften dargestellt werden, ist zu untersuchen, unter welchen Voraussetzungen der einzelne Arbeitnehmer Zutritt zu den Gewerkschaften hat.

Innerhalb der DGB-Gewerkschaften ist dabei meist nur der Eintritt in eine bestimmte Gewerkschaft möglich, da diese untereinander Abgrenzungsabsprachen getroffen haben. Daneben ist noch zu berücksichtigen, daß die DGB-Gewerkschaften zumindest für Arbeiter eine faktische Monopolstellung besitzen, obwohl nach der neuen Satzung der DAG „in Bereichen, in denen überwiegend Angestellte tätig sind, auch gewerbliche Arbeiter Mitglied der DAG werden können"[1]. Berufsständische Organisationen, die eine gewisse Konkurrenz zum DGB darstellen können, sind nur die DAG und der DBB[2].

a) Verfahren

Die Mitgliedschaft ist in allen Gewerkschaften mit einer schriftlichen Beitrittserklärung zu beantragen. Über die Aufnahme entscheidet meist der Vorstand der Ortsgruppe selbständig, bei der DAG bedarf er noch der Zustimmung des Bundesvorstandes[3]. Während der Verwaltungsstellenvorstand auch meist das Aufnahmegesuch allein ablehnen kann, kann dies bei der DPG nur der Bezirksvorstand, wobei der Ortsverwaltung nur ein Anhörungsrecht zusteht. Für die Ablehnung ist nur bei HBV eine Sechswochenfrist vorgesehen. Bei der GED bedarf es keiner ausdrücklichen Aufnahmebestätigung, sondern die Mitgliedschaft gilt als erworben, wenn vier Wochen nach Zugang des Aufnahmeantrags keine Ablehnung erfolgt ist.

Nur die DPG und die NGG haben vorgeschrieben, daß die Ablehnung des Aufnahmegesuchs unter Angabe der Gründe zu erfolgen hat. Der Antragsteller kann

---

1 In der bis 1971 geltenden Satzung hieß es statt Bereiche ‚Betriebe'.

2 Die christlichen Gewerkschaften spalteten sich 1954 vom DGB ab. 1965 hatten sie nach eig. Angaben ca. 200.000 Mitglieder. Sie verlieren zunehmend an Bedeutung.

3 Die Paragraphen der Satzungen der Gewerkschaften werden nicht angegeben, da dies zu unübersichtlich würde und die Stellen sich leicht finden lassen.

bei Ablehnung seines Antrags entweder beim Hauptvorstand direkt oder bei diesem über den Bezirksvorstand Einspruch einlegen[4]. Außer bei der GHK und der DAG, bei denen noch innerhalb von vier bzw. drei Wochen der Hauptausschuß bzw. Gewerkschaftsrat angerufen werden kann, entscheidet der Hauptvorstand endgültig. Während bei einigen Gewerkschaften die Einspruchsfrist ausdrücklich nur zwei bis vier Wochen beträgt[5], ist meist keine Frist genannt. Teilweise wird zunächst eine vorläufige Mitgliedschaft erworben, was sich darin zeigt, daß der Hauptvorstand im Einvernehmen mit dem Vorstand der Ortsgruppe innerhalb von sechs Monaten eine erfolgte Aufnahme ohne Durchführung eines Ausschlußverfahrens wieder aufheben kann[6].

b) Ablehnungsgründe

Der Verwaltungsstellenvorstand kann oft nach freiem Ermessen entscheiden, ob er einen Antragsteller aufnimmt oder nicht[7], wobei er, wie angegeben, nur selten verpflichtet ist, die der Ablehnung zugrundeliegenden Gründe zu nennen.

Ansonsten kann der Eintritt verweigert oder rückgängig gemacht werden, wenn „dies im Interesse der Gewerkschaft notwendig erscheint"[8], „der Beitritt eine Schädigung gewerkschaftlicher Interessen befürchten läßt"[9] oder allgemein „ein wichtiger Grund vorliegt"[10].

Während diese Kannbestimmungen dem Verwaltungsstellenvorstand einen gewissen Ermessensspielraum gewähren, enthalten einige Satzungen weitere Bestimmungen, durch die die Aufnahme absolut ausgeschlossen wird.

Dies betrifft Personen, „die durch ihr Verhalten Maßnahmen und Verbrechen gegen die Menschlichkeit unterstützt haben und die Mitglied einer gegnerischen Organisation sind"[11], „deren Bestreben oder Betätigung in Widerspruch zu dem gewerkschaftlichen Ziel der Verwirklichung der Gleichberechtigung der Arbeitnehmer im wirtschaftlichen, sozialen und kulturellen Leben steht"[12],

---

4 IGBE, IG Druck, ÖTV.
5 IG Chemie, IG Bau, NGG, DPG.
6 IGBE, IG Druck.
7 IG Chemie, IGBE, NGG, DPG, Gartenbau.
8 IGM, IG Druck, Leder.
9 GHK.
10 DAG.
11 IGM.
12 HBV, die dieses Ziel in der Satzung näher konkretisiert, IG Bau.

„die Gegner der Demokratie und Mitglieder einer anderen nicht zum DGB gehörenden konkurrierenden Organisation sind“, „die Mitglied der NPD sind“[13], „die aus anderen Gewerkschaften des DGB ausgeschlossen wurden, es sei denn, daß die Gewerkschaft, die ausgeschlossen hat, keine Einwendungen gegen die Neuaufnahme hat“[14], „denen nach Bundes- oder Landesgesetzen das Wahlrecht zu gesetzgebenden Körperschaften abgesprochen worden ist, die Mitglieder von Organisationen sind, die beabsichtigen, die verfassungsmäßige Ordnung in der BRD zu beseitigen“[15].

Während bei der DAG grundsätzlich mit Erreichen der Altersgrenze die Mitgliedschaft nicht mehr erworben werden kann, hat die DPG ausdrücklich bestimmt, daß auch Rentner Mitglied werden können. Bei der GED bedarf es bereits ab 56. Lebensjahr einer besonderen Genehmigung des Hauptvorstandes zum Erwerb der Mitgliedschaft.

Eine mehr deklaratorische Bestimmung ist die Notwendigkeit der Anerkennung der Satzung und der Beschlüsse der Gewerkschaftsorgane als Voraussetzung für die Aufnahme[16], da eine Bindung an diese mit Beitritt ipso iure eintritt.

Eine der wenigen den Antragsteller schützenden Regelungen ist die bei den meisten Gewerkschaften getroffene Hervorhebung, „daß keine Benachteiligung – also auch keine Ablehnung des Aufnahmegesuchs – stattfinden kann, wegen Rasse, Geschlecht, Nationalität, Religionsbekenntnis oder der politischen Einstellung“[17].

Bieten die Regelungen teilweise einen weiten Ermessensspielraum, so ist interessant, wie sie in der Praxis gehandhabt werden. Aus den Protokollen der Gewerkschaftstage ist über die Ablehnung von Aufnahmegesuchen nichts zu entnehmen, da der Gewerkschaftstag damit satzungsgemäß nicht befaßt ist. Aber auch die bearbeiteten Geschäftsberichte der Hauptvorstände, die über den Einspruch gegen die Ablehnung eines Aufnahmegesuchs zu entscheiden haben, geben keinen Aufschluß.

Berücksichtigt man jedoch die Werbekampagnen des DGB und die Tatsache, daß bei einem Aufnahmegesuch über den Antragsteller wenig bekannt ist, dieser sogar mit dem entscheidenden Organ meist nicht persönlich in Kontakt

---

13 NGG.
14 HBV.
15 DAG.
16 GED.
17 IG Metall, IG Chemie.

tritt, so kann davon ausgegangen werden, daß die Zahl der Ablehnungen der Aufnahmegesuche minimal ist. Für eine großzügige Handhabung spricht auch der Umstand, daß nach dem Geschäftsbericht 1966–1968 der IG Chemie[18] von 31 Wiederaufnahmeanträgen allen entsprochen wurde, obwohl es sich in 25 Fällen um einen Ausschluß wegen Streikbruchs und in 4 Fällen wegen Veruntreuung von Gewerkschaftsgeldern gehandelt hatte.

18 S. 212.

§ 3 Verlust der Mitgliedschaft

Der Verlust der Mitgliedschaft kann durch Tod, Kündigung oder Ausschluß erfolgen.

Der Austritt ist schriftlich gegenüber der Verwaltungsstelle zu erklären. Während die IGM als einzige Gewerkschaft keine Kündigungsfrist vorgesehen hat, schwanken die Austrittsfristen bei den anderen Gewerkschaften zwischen sechs Wochen zum Ende eines Monats und einem halben Jahr zum Jahresschluß[1]. Es ist keine Regelung getroffen worden, daß bei wichtigem Grund ein Austritt ohne Einhalten einer Frist erfolgen kann.

a) Gründe für ein Ordnungs- und Ausschlußverfahren

Für eine freie Willensbildung innerhalb der Gewerkschaften ist es wichtig, aus welchem Grund ein Ausschluß stattfinden kann. Diese Gründe weichen bei den einzelnen Gewerkschaften teilweise nur in Nuancen voneinander ab. Als genereller Ausschlußgrund gilt entweder die Schädigung „der Gewerkschaft"[2], „ihres Ansehens"[3], „der Interessen ihrer Mitglieder"[4] oder „ein Zuwiderhandeln gegen die Zielsetzung der Gewerkschaft"[5].

Einige Gewerkschaften verschärfen diese Tatbestände, indem sie „eine gröbliche Schädigung der Gewerkschaft"[6] verlangen, die Schädigung „nachweislich"[7] sein muß oder ein „vorsätzliches Handeln gegen die Interessen"[8] vorliegen muß. Daneben sind konkretere Gründe genannt, die diese allgemeinen Ausschlußtatbestände entweder ausfüllen oder neben ihnen stehen.

So genügt teilweise ein Nichtbefolgen von Anordnungen irgendwelcher Gewerkschaftsorgane[9] zum Ausschluß – wobei ausdrücklich oder stillschweigend vorausgesetzt wird, daß sie auf der Satzung oder auf Beschlüssen der zuständigen Organe beruhen –, während die IG Chemie diese Folge nur an ein Nichtbe-

1 Bei der IG Chemie 6 Wochen zum Ende eines Kalendermonats, bei der IGBE und bei HBV 6 Wochen zum Quartalsschluß, bei der GED Dreimonatsfrist, bei der ÖTV, GHK und DAG 3 Monate zum Ende eines Kalendervierteljahres, bei der IG Bau und Gartenbau 6 Monate zum Jahresschluß.

2 IG Bau, ÖTV, DPG, GHK.

3 DAG, IGBE.

4 Gartenbau, Leder.

5 DAG.

6 IG Chemie, HBV.

7 IGM.

8 GED.

9 IGBE, IG Bau, Gartenbau.

folgen der Anordnungen des Hauptvorstandes knüpft. Zum Teil wird dieser Grund dadurch eingeschränkt, daß ein „beharrliches Nichtbefolgen“[10] oder ein „schwerwiegender Verstoß“[11] verlangt wird.

Von diesem Ausschlußgrund wird der Streikbruch bereits erfaßt, doch wird noch verdeutlicht, „wer der Aufforderung zur Arbeitsniederlegung nicht Folge leistet, die Arbeit vor Beendigung des Streiks aufnimmt oder den Anordnungen der Streikleitung, des Hauptvorstandes oder seiner Beauftragten nicht nachkommt, schädigt in grober Weise die gewerkschaftlichen Interessen und wird aus der Gewerkschaft ausgeschlossen“[12].

Die Mitgliedschaft oder ein Wirken in einer gegnerischen oder antidemokratischen Organisation stellt neben einem Ablehnungsgrund bei einem Aufnahmegesuch auch einen Ausschlußgrund dar[13]. Die IGM und die IGBE schließen in diesem Falle jedoch nur dann aus, wenn das Mitglied vorher zum Austritt aus der gegnerischen Organisation aufgefordert wurde und die Mitgliedschaft trotzdem beibehält. Die HBV will aus der Mitgliedschaft in einer gegnerischen Organisation nur dann Konsequenzen ziehen, wenn die Unvereinbarkeit vorher durch DGB-Beschluß festgestellt wurde. Auch der Beirat der IGM erklärte die NPD erst dann zur gegnerischen Organisation und konkretisierte damit den Ausschlußgrund der Satzung, nachdem der DGB-Bundeskongreß 1966 die Unvereinbarkeit der Mitgliedschaft in der NPD und in den DGB-Gewerkschaften beschlossen hatte.

Einen in allen Gewerkschaftssatzungen vorhandenen Ausschlußgrund stellt die Unterschlagung, Veruntreuung und der Diebstahl von Gewerkschaftseigentum oder die Fälschung von Abrechnungsunterlagen bzw. Urkunden dar.

Während bei einigen Gewerkschaften jeder Verstoß gegen die Satzung zum Ausschluß genügt[14], muß dieser Verstoß bei anderen Gewerkschaften „schuldhaft“[15], „vorsätzlich“[16], „beharrlich“[17] begangen sein.

Auch das Versäumnis der Beitragszahlung wird unterschiedlich geahndet. Während bei der IGM bei einem Rückstand von mehr als zwei Monatsbeiträgen

10 IGM, GHK.
11 Leder.
12 IG Chemie.
13 IG Chemie, IG Bau, GHK.
14 IG Bau, ÖTV, DPG.
15 IGBE, IGM.
16 GED.
17 GHK, Leder.

die Streichung als Mitglied erfolgt, verlangt die DPG einen Rückstand von sechs, die DAG einen von zwölf Monatsbeiträgen. Die IG Chemie kann nach der Satzung ein Mitglied ausschließen, das seiner Verpflichtung zur pünktlichen und satzungsgemäßen Beitragszahlung nicht nachkommt. Bereits bei Rückstand von einem Monatsbeitrag wäre diese Bedingung erfüllt.

Konsequenterweise kann auch ausgeschlossen werden, wer „die Mitgliedschaft durch unrichtige oder durch Verschweigen von richtigen der Aufnahme entgegenstehenden Tatsachen erlangt hat“[18].

Ein nur bei der IG Bau vorhandener Ausschlußgrund ist die „Mißachtung der parteipolitischen Unabhängigkeit oder der religiösen Neutralität“ sowie „ein Verstoß gegen die freiheitlich demokratische Grundordnung“. Letzteres Kriterium wird bei den übrigen Gewerkschaften durch andere Formulierungen abgedeckt.

Bei der GED kann ausgeschlossen werden, wer „grobe Verstöße gegen die Kollegialität und gewerkschaftliche Solidarität sowie ehrenrührige strafbare Handlungen, die eine Mitgliedschaft wegen Schädigung des Ansehens der Gewerkschaft nicht als vertretbar erscheinen lassen“, begangen hat. Es kann davon ausgegangen werden, daß damit kein bei anderen Gewerkschaften nicht vorhandener Ausschlußgrund geschaffen wurde, sondern daß dieses Verhalten ansonsten unter die allgemeinen Ausschlußgründe der Schädigung der Gewerkschaft oder der Interessen ihrer Mitglieder fällt.

Eine wohl auf die Tätigkeit der SED hinzielende Formulierung findet sich noch bei der GED. Danach kann ausgeschlossen werden, „wer aufgrund parteipolitischer Bindungen oder Weisungen Bestrebungen unterstützt hat, welche den gewerkschaftlichen Grundsätzen oder Satzungen widersprechen oder sich für die Interessen einer außerhalb der BRD bestehenden politischen Partei oder unmittelbar oder mittelbar für die Interessen einer ausländischen Macht gegen den Bestand der freiheitlich demokratischen Staatsordnung oder der freien Gewerkschaften betätigt hat“.

Bevor das Ausschlußverfahren näher dargestellt wird, ist zu untersuchen, wie diese teilweise sehr weitgefaßten Ausschlußgründe in der Praxis gehandhabt werden[18a]. Grundlage sind dabei die Geschäftsberichte der Hauptvorstände sowie die Protokolle der Gewerkschaftstage, auf denen der Kontrollausschuß über seine Arbeit berichtete oder gar der Gewerkschaftstag selbst über eine Berufung entscheiden mußte.

---

18 HBV, GED, Gartenbau, Leder, DAG.

18a siehe auch Peter Schlosser, Vereins- und Verbandsgerichtsbarkeit, S. 22.

Nach dem Geschäftsbericht 1965–1967 des IG Metall-Vorstandes[19] wurden in diesem Zeitraum bei 114 Beteiligten 38 Anträge auf ein Ordnungsverfahren aus folgenden Gründen gestellt: Nachweisliche Schädigung der Interessen der IGM, beharrliche Weigerung, den Anweisungen der Ortsverwaltung Folge zu leisten, Kandidatur auf gegnerischen Listen zum Betriebsrat, Unterschlagung von Gewerkschaftsgeldern und Zugehörigkeit zu einer gegnerischen Organisation. Darauf wurden folgende Maßnahmen getroffen:

1mal	Einstellung des Verfahrens
41mal	Erteilung einer Rüge
5mal	Abberufung von gewerkschaftlichen Funktionen auf bestimmte Zeit
18mal	Ausschluß von Versammlungen und Funktionen auf bestimmte Zeit
17mal	Ausschluß
29mal	Ausschluß ohne Durchführung eines Verfahrens.

Diese Angaben sind insofern ungenügend, als nicht zu ersehen ist, worin z.B. die nachweisliche Schädigung der Interessen der IGM lag, um welche Anweisungen der Ortsverwaltung es sich handelte und welche Maßnahmen aus welchen Gründen ausgesprochen wurden.

Aus dem Geschäftsbericht 1966–1968 der IG Chemie[20] ist dagegen zu entnehmen, daß in drei Jahren 29 Ausschließungen durch den Hauptvorstand vorgenommen wurden, von denen 21 in die Berufung gingen. In 14 Fällen handelte es sich dabei um die Kandidatur auf fremden Betriebsratslisten (wozu entsprechende Hauptvorstands- und Beiratsbeschlüsse bestehen), in 7 Fällen um die Veruntreuung von Gewerkschaftsgeldern und in 6 Fällen um NPD-Zugehörigkeit.

b) Ordnungs- und Ausschlußverfahren

Das bei Ordnungsmaßnahmen einzuschlagende Verfahren ist nur bei einigen Gewerkschaften ausführlich dargestellt. In besonders schwerwiegenden Fällen kann ein Ausschluß ohne Durchführung eines Verfahrens durch den Hauptvorstand erfolgen[21], wobei nur die GHK noch eine vorherige Anhörung des Verwaltungsstellenvorstandes und des Bezirksleiters vorschreibt.

---

19 S. 105.

20 Vorgelegt auf dem 8. Gewerkschaftstag 1969, S. 212.

21 IGM, IG Chemie, GHK, Leder, DPG, IGBE. Bei IGM noch auf Antrag der Ortsverwaltung, wenn der Angeschuldigte nicht innerhalb von 2 Wochen 2 Beisitzer ernennt.

Das ansonsten durchzuführende Ordnungsverfahren wird durch einen Antrag eingeleitet. Den Antrag kann jedes Mitglied bei seiner zuständigen Ortsverwaltung einreichen, oder er kann vom Verwaltungsstellenvorstand, der Delegiertenversammlung, dem Bezirksvorstand oder dem geschäftsführenden Hauptvorstand beim Hauptvorstand gestellt werden[22]. Dabei ist teilweise ausdrücklich vorgeschrieben, daß dem Antrag Beweismittel und eine ausführliche Begründung beizufügen sind[23].

Auch wenn der Antrag sofort an den Hauptvorstand geleitet wird, wird das Verfahren zunächst bei der Ortsverwaltung (IGM) oder beim Bezirksvorstand (DPG) durchgeführt. Während bei der IGM dem Mitglied Gelegenheit zu geben ist, sich innerhalb von 14 Tagen gegen die Anschuldigung zu rechtfertigen, erfolgt dies bei der DPG nur auf Antrag. Wird trotzdem die Durchführung des Verfahrens beschlossen, so wird eine Untersuchungskommission aus je 2 von den Parteien zu stellenden Beisitzern, die am Streit unbeteiligt sein müssen, und einem Vorsitzenden gebildet, den bei der IGM die Ortsverwaltung ernennt, während er bei der DPG vom Bezirkstag zu wählen ist. Die DPG hat auch ausdrücklich vorgeschrieben, daß der Vorsitzende keine Funktion in einem Organ der DPG bekleiden darf. Die Untersuchungskommission nimmt die Beweisaufnahme vor und empfiehlt dem Hauptvorstand bestimmte Maßnahmen gegen das Mitglied.

Im allgemeinen erfolgen die Entscheidungen auf Einstellung des Verfahrens, Erteilung einer Rüge, Abberufung von gewerkschaftlichen Funktionen auf bestimmte Zeit, Ausschluß von Versammlungen nach Anhören des Mitglieds[24] durch den Hauptvorstand. Nur bei der IG Bau erfolgen sie durch den Vorstand der Verwaltungsstelle, wobei es allerdings zur Wirksamkeit noch der Zustimmung des Hauptvorstandes bedarf. Bei der IGBE obliegt die Entscheidung dem Schiedsausschuß, die der Hauptvorstand nur bestätigen kann oder nicht.

Ist ein Mitglied während der Durchführung des gegen ihn gerichteten Verfahrens aus der Gewerkschaft ausgetreten, so wird es trotzdem ausgeschlossen und bei der IGM sogar als nicht wieder aufnahmefähig erklärt, wenn es sich während der Mitgliedschaft Handlungen zuschulden kommen ließ, die einen Ausschluß aus der Gewerkschaft gerechtfertigt hätten.

Während bei einigen Gewerkschaften automatisch während der Durchführung

---

22 IG Chemie, GHK, ÖTV, IGM, GED, Leder.

23 DPG, Textil, IGBE.

24 IG Bau, ÖTV, IG Druck.

des Verfahrens die Rechte und Pflichten des Mitglieds ruhen[25], genügt bei anderen eine entsprechende Mitteilung[26]. Bei der IGM wird dagegen verlangt, daß „schwerwiegende Umstände dies erforderlich machen". Es hängt dabei von der Praxis ab, ob bereits der Verdacht eines Ausschlußgrundes einen derartig schwerwiegenden Umstand darstellt.

Gegen den Beschluß des Hauptvorstandes kann sowohl das Mitglied als auch der Antragsteller innerhalb von zwei bis sechs Wochen nach Zustellung Einspruch beim Beschwerde- bzw. Hauptausschuß einlegen[27]. Während damit meist der innergewerkschaftliche Rechtsweg endet, ist zum Teil noch Berufung an den Beirat[28] oder den Gewerkschaftstag[29] möglich. Die IG Bau hat jedoch ausdrücklich die aufschiebende Wirkung von Beschwerde und Berufung ausgeschlossen, ebenso die richterliche Nachprüfung.

In der Gewerkschaftspraxis bietet die Berufung an den Gewerkschaftstag dem einzelnen nur einen formalen Schutz. So wurde auf dem letzten Gewerkschaftstag der IG Bau nach einer Wortmeldung Antrag auf Schluß der Debatte gestellt und beide Berufungen verworfen. Zwar mag in diesem speziellen Fall die Sachverhalts- und Rechtslage so klar gewesen sein, daß für die Berufungen von Anfang an keine Aussicht auf Erfolg bestand, doch ist ein Gewerkschaftstag von über 500 Delegierten allgemein nicht zur Abwägung der Gründe für einen Ausschluß in der Lage.

Der Beschwerdeausschuß ist nicht immer als echte Berufungsinstanz anzusehen. So prüfte der Ausschuß der IGM bei einem Ausschlußwegen NPD-Mitgliedschaft nur nach, ob die vom Vorstand an die Ortsverwaltungen herausgegebenen Richtlinien für die Durchführung des Beiratsbeschlusses beachtet wurden[30]. Konkretisiert der Beiratsbeschluß den Ausschlußtatbestand, so hatte der Ausschuß zu prüfen, wieweit die Richtlinien mit den Beiratsbeschlüssen in Übereinstimmung standen. Nach eigener Meinung konnte der Ausschuß auch nicht die vom Vorstand beschlossenen Maßnahmen abändern, sondern nur „den Vorstand ersuchen, die getroffenen Maßnahmen abzuändern oder aufzuheben, wenn sie nicht im Rahmen der Satzung erfolgt sind".

25 GHK, IG Druck, GED, IG Bau, Gartenbau.

26 IG Chemie, Textil, DPG.

27 Die IG Bau läßt bei Streikbruch, Unterschlagung von Gewerkschaftsgeldern und Betrug keine Beschwerde zu.

28 IGM, DAG.

29 IG Bau, GED, HBV, ÖTV, IG Druck, Textil.

30 Protokoll 9. ord. Gewerkschaftstag 1968, S. 130.

§ 4 Amtserwerb auf Ortsebene

Eine effektive Mitwirkung des einzelnen ist in Gewerkschaften wie in anderen Verbänden und in Parteien nur durch Erlangung eines Amtes möglich. Der Terminus „Amt" wird hier im weiteren Sinne gebraucht, so daß auch Delegiertenmandate dazuzählen. Die Funktionen und Rechte der verschiedenen Organe können nur dann richtig eingeschätzt werden, wenn dabei bekannt ist, wer auf welche Weise Mitglied dieser Organe wurde.

Es ist also zu untersuchen, durch wen die Organmitglieder gewählt oder berufen werden, welche Voraussetzungen erfüllt sein müssen und wie die einzelnen Organe zusammengesetzt sind. Bei der Feststellung der Modalitäten des Amtserwerbs ist mit den unteren Gremien zu beginnen, da nur auf diese Weise die Mitwirkung des einzelnen Mitglieds beurteilt werden kann.

a) Wahl der Vertrauensleute in den Betrieben[1]

Die Vertrauensleute sind das Verbindungsorgan zwischen den Arbeitnehmern in den Betrieben und den Gewerkschaftsorganen[2]. Ihr Wahlmodus ist nicht in den Satzungen, sondern in den vom Hauptvorstand erlassenen Richtlinien bestimmt[3].

Eine Berufung der Vertrauensleute durch die Verwaltungsstellen findet nach Beratung mit bewährten Gewerkschaftsmitgliedern nur dann statt, wenn eine Wahl durch die Gewerkschaftsmitglieder der Gruppe, die er betreuen soll, aus organisatorischen Gründen nicht möglich ist. Ansonsten wird gewählt, wenn mindestens drei Mitglieder in einem betrieblichen Wahlkreis (Betreuungsgruppe) vorhanden sind. Wahlen mit Urnen und Stimmzetteln wären zwar der Idealfall, aber bisher „berufen die Gewerkschaftsmitglieder einer Gruppe ihren Vertrauensmann ohne formelle Wahlhandlung durch mündliche Zustimmung in Pausen oder vor Beginn bzw. nach Ende der Arbeitszeit. Dabei wird häufig der bisherige Vertrauensmann lediglich bestätigt"[4].

Der Kandidat muß meist eine bestimmte Dauer der Mitgliedschaft – ein Jahr – vorweisen, wovon bei der IG Chemie in Ausnahmefällen mit Zustimmung der

1 Die Wahlen zu den Betriebs- und Personalräten werden nicht behandelt, da sie kein gewerkschaftsinternes Verfahren sind.

2 Nach dem Geschäftsbericht des IG Metall-Vorstandes 1965–1967 wurden in 5227 erfaßten Betrieben 88.000 Vertrauensleute gewählt.

3 Solche haben HBV, IGM und IG Chemie erlassen.

4 So wörtlich die Richtlinien der IG Chemie.

Verwaltungsstelle abgewichen werden kann. Daneben wird als Voraussetzung noch die gewerkschaftliche und persönliche Eignung für eine solche Tätigkeit genannt.

Es wird normalerweise an 5 bis 20 Beschäftigte und nicht etwa Gewerkschaftsmitglieder je Vertrauensmann gedacht. Die Verwaltungsstelle hat zusammen mit den Vertrauensleuten des Betriebes eine zweckentsprechende Abgrenzung der Bereiche der einzelnen Vertrauensleute vorzunehmen.

Die Vertrauensleute werden für zwei bis drei Jahre gewählt[5]. Der Wahltermin wird nach Beratung mit den Vertrauensleuten von der Ortsverwaltung bestimmt. Bei der IGM und der HBV können die Gewerkschaftsmitglieder des Wirkungsbereichs mit Mehrheit ihren Vertrauensmann abberufen.

Die gewerkschaftlichen Vertrauensleute eines Betriebes bilden den Vertrauenskörper. Ihm gehören daneben noch die in der Gewerkschaft organisierten und mit deren Zustimmung gewählten Betriebsratsmitglieder und Jugendvertreter sowie die Beitragskassierer an. Er wählt aus seiner Mitte einen Leiter oder mehrere Personen, die die Leitung darstellen. Dem Vertrauenskörper entspricht bei der IGBE der Gewerkschaftsausschuß, der von den Vertrauensmännern und den im Betrieb beschäftigten Funktionären der Ortsgruppen gewählt wird. Die IG Bergbau hat dabei noch vorgesehen, daß die Angestellten mit mindestens einem Fünftel der Sitze im Gewerkschaftsausschuß vertreten sein müssen, wobei die wahlberechtigten Angestellten das Vorschlagsrecht haben.

b) Wahl zur Delegiertenversammlung

In den Verwaltungsstellen der größeren Gewerkschaften wie IGM, IG Chemie und ÖTV u.a. finden auf Orts- bzw. Kreisebene keine Mitglieder-, sondern bereits Delegiertenversammlungen statt[6]. Die Wahl der Delegierten erfolgt entweder in örtlichen Mitgliederversammlungen der Verwaltungsstellen, den Nebenstellen oder – so bei der IG Chemie – durch die gewerkschaftlichen Vertrauensleute der Betriebe. Im letzteren Fall sind die einfachen Mitglieder nicht nur von der Teilnahme an dem entscheidenden Willensbildungsorgan auf Ortsebene ausgeschlossen, sie können auch nicht die sie dort vertretenden Delegierten wählen,

---

5 Bei HBV für zwei Jahre, während bei der IG Chemie und bei IGM für drei Jahre gewählt wird.

6 So finden bei der IGM von 180 Verwaltungsstellen nur noch in 2 Verwaltungsstellen Mitgliederversammlungen statt, da alle anderen Verwaltungsstellen über 1000 Mitglieder haben.

sondern sind auf die Wahl der Vertrauensleute als Wahlmänner beschränkt. Eine ähnlich mittelbare Wahl liegt bei der IGBE vor, wo die Geschäftsstellenkonferenz aus den von den Vorsitzenden der Arbeiterortsgruppen und den Wahlmännern der Angestellten gewählten Delegierten besteht.

Die Delegierten werden für zwei bis vier Jahre gewählt. In der Praxis scheint aber nicht immer eine echte Wahl stattzufinden. „In vielen Betrieben und Nebenstellen wird überhaupt nicht mehr oder nicht mehr richtig gewählt, sondern die ‚verdienten' Kollegen fahren hin, weil sie schon immer hingefahren sind[7]."

Abwahlmöglichkeiten sind meist nicht erwähnt, aber z.B. bei der Ortsverwaltung Frankfurt der HBV können die für zwei Jahre gewählten Delegierten jederzeit nach den gleichen Grundsätzen, nach denen sie gewählt wurden, auch wieder abgewählt werden[8]. Die Mitglieder des Verwaltungsstellenvorstandes sind meist automatisch stimmberechtigte Teilnehmer der Delegiertenversammlung.

c) Wahl des Verwaltungsstellenvorstandes

Der Verwaltungsstellenvorstand wird in allen Gewerkschaften von der Mitglieder- bzw. Delegiertenversammlung gewählt. Zur Amtsausübung sind meist weitere Erfordernisse nötig.

So bedarf der Verwaltungsstellenvorstand in einigen Gewerkschaften noch der Bestätigung des Hauptvorstandes[9]. Bei der GHK gelten die Gewählten als bestätigt, wenn der Hauptvorstand nicht spätestens zwei Wochen nach der Meldung des Wahlergebnisses Einspruch erhebt. Zwar ist aus der Satzung nicht zu entnehmen, ob sich die Bestätigung nur auf die satzungsgemäßen Voraussetzungen oder auch auf die persönlichen Qualifikationen des Kandidaten erstreckt, doch ist aus dem Protokoll des Gewerkschaftstages der IG Bau[10] und dem DGB-Statut zu entnehmen, daß auch gewerkschaftspolitische oder in der Person des Kandidaten liegende Gründe zur Ablehnung ausreichen. Über Fälle, in denen die Bestätigung versagt wurde, liegen keine Informationen vor.

In den meisten Gewerkschaften hat der Hauptvorstand die gewählten Vorstände ohne Eingriffsmöglichkeiten zu akzeptieren[11]. Bei der HBV besteht die unklare

7 So der Gewerkschaftssekretär Ewald Bergk allerdings schon in Gewerkschaftliche Monatshefte 1962, S. 246.

8 Frankfurter Rundschau vom 27.11.1970.

9 IGM, IG Chemie, IG Bau, IGBE, GHK.

10 1969, S. 1153.

11 ÖTV, IG Druck, Leder, Gartenbau, NGG, DPG, DAG und GED.

Regelung, daß alle nicht vom Gewerkschaftstag gewählten Funktionäre zur Ausübung ihrer Tätigkeit der Bestätigung durch den Haupt- bzw. Landesbezirks- oder Ortsvorstand bedürfen. Dies kann ein Bestätigungserfordernis des Ortsvorstandes durch den Hauptvorstand beinhalten, kann sich aber auch nur auf andere Funktionäre, etwa von Fach- oder Personengliederungen der gleichen Ebene, beziehen.

Bei den hauptamtlichen Funktionären hat der Hauptvorstand meist weitere Eingriffsrechte. Dies folgt bereits daraus, daß aus finanziellen Gründen die Besetzung und Wiederbesetzung der Geschäftsführer- und Sekretärstellen der vorherigen Genehmigung des Haupt- und Bezirksvorstandes als Verwalter der Hauptkasse bedarf. Bei der DAG werden alle hauptamtlichen Mitarbeiter vom Bundesvorstand eingestellt bzw. entlassen, der das Recht allerdings auf den Landesverbandsleiter delegieren kann. Diese hauptamtlichen Mitarbeiter dürfen jedoch keine Wahlfunktionen in ehrenamtlichen Gremien der DAG ausüben.

Die stärksten Mitwirkungsrechte bei zu wählenden hauptamtlichen Funktionären hat der Hauptvorstand der IG Chemie, der das alleinige Vorschlagsrecht für die Geschäftsführer auf Verwaltungsstellenebene hat, auf das er allerdings verzichten kann. Es ist nicht bekannt, wie weit dies in der Praxis geschehen ist. Der Verwaltungsstellenvorstand kann dann aus den vorgeschlagenen Kandidaten einen auswählen, wobei die Wahl allerdings noch der Bestätigung der Delegiertenversammlung und des Hauptvorstandes bedarf[12].

Bei der NGG erfolgt die Bestellung des Geschäftsführers nach Aussprache mit dem Verwaltungsstellenvorstand im Benehmen mit dem Landesbezirksvorstand durch den geschäftsführenden Hauptvorstand befristet auf sechs Monate. Zur Verlängerung der Amtszeit ist das Einverständnis des Verwaltungsstellenvorstandes erforderlich. Die Geschäfte einer ehrenamtlichen Verwaltungsstelle führt der Vorsitzende mit Unterstützung eines hauptamtlichen Funktionärs, der vom Landesbezirksvorstand im Einvernehmen mit dem Verwaltungsstellenvorstand beauftragt wird.

Bei der IGBE wird der Geschäftsstellenleiter und sein Stellvertreter durch den Hauptvorstand nicht gegen die Mehrheit der Stimmen des Geschäftsstellenvorstandes berufen oder abberufen.

In anderen Gewerkschaften werden die hauptamtlichen Bevollmächtigten von der Mitglieder- bzw. Delegiertenversammlung gewählt, wobei dem Hauptvor-

---

12 Letzteres auch bei der ÖTV.

stand ebenfalls ein wenn auch nicht ausschließliches Vorschlagsrecht zusteht[13]. Wie sich dies in der Praxis auswirkt, ist eine Frage des Einzelfalles. Die IGM hat eine Funktionenverknüfung insoweit vorgenommen, als die angestellten Geschäftsführer gleichzeitig Bevollmächtigte oder Kassierer sein müssen[14]. Bei den meisten anderen Gewerkschaften übt der Verwaltungsstellenvorstand dagegen gegenüber dem Geschäftsführer eine gewisse Kontrollfunktion aus.

Die übrigen Angestellten werden entweder vom Verwaltungsstellenvorstand dem Hauptvorstand vorgeschlagen – so die IG Chemie – oder im Einvernehmen mit dem Ortsverwaltungsvorstand von der Mitgliederversammlung gewählt, wie bei der GED. Gehören Geschäftsführer und Sekretär mit Sitz und Stimme dem Verwaltungsstellenvorstand an, so ist vorgeschrieben, daß der Vorstand in einfacher[15] oder Zweidrittelmehrheit[16] aus ehrenamtlichen Mitgliedern bestehen muß.

In einigen Gewerkschaften kann der Hauptvorstand allein oder im Einvernehmen mit dem Vorsitzenden des Gewerkschaftsrates[17] die Bestätigung zurücknehmen oder die Ortsverwaltung absetzen, wenn diese ihre satzungsgemäße Pflicht nicht erfüllt[18] oder schuldhaft der Satzung zuwiderhandelt, sowie bei sonstiger Gefährdung der Organisation[19] und bis zur Neuwahl durch die Mitglieder- bzw. Delegiertenversammlung eine kommissarische Geschäftsführung oder Ortsverwaltung einsetzen.

Auf dem 8. ordentlichen Gewerkschaftstag der IG Bau 1969[20] wurde der Antrag auf Änderung dieser Regelung in die Bestimmung „Der Hauptvorstand beruft unverzüglich eine außerordentliche Mitglieder- bzw. Vertreterversammlung unter Teilnahme von Vertretern des Hauptvorstandes ein, auf der die Vorwürfe gegen den Verwaltungsstellenvorstand oder einzelne Mitglieder erörtert und entschieden werden. Die im Ergebnis dieser Beratung von der Versammlung ge-

---

13 IGM, GED.

14 Nach dem Geschäftsbericht 1965–1967 S. 89 des IG Metall-Vorstandes sind von den hauptamtlichen Ortsverwaltungsmitgliedern 56 Erste Bevollmächtigte, 122 Erste Bevollmächtigte und Kassierer. Bei IG Chemie sind dagegen nur in 10 von 73 Verwaltungsstellen Geschäftsführer und Vorsitzender identisch.

15 IG Chemie, HBV.

16 IG Druck, ÖTV.

17 DAG.

18 IGM, IG Chemie, IG Bau.

19 DAG.

20 Protokoll S. 1153.

fällte Entscheidung ist bindend" u.a. mit der Begründung abgelehnt, der Vorstand sei nicht verpflichtet, dem Gremium, das die Wahl durchgeführt hat, eine Begründung für die Verweigerung der Bestätigung zu geben. Dieses könne die Vorwürfe nicht nachprüfen und erörtern.

Bei der Absetzungsbefugnis ist nicht immer vorgeschrieben, daß die Neuwahl unverzüglich in die Wege zu leiten ist[21]. So wurde Ende 1970, ohne daß in der Satzung eine dahingehende Regelung besteht, die Kreisverwaltung Bonn der ÖTV vom Hauptvorstand abberufen, ohne daß bis Herbst 1971 eine Mitglieder- oder Delegiertenversammlung stattgefunden hätte, in der die neu eingesetzte Kreisverwaltung bestätigt worden ist.

Wie die Ortsgremien ihre hauptamtlichen Funktionäre meist nicht ohne Mitwirkung des Bundesvorstands bestellen können, so können sie sich von diesen auch nur mit Zustimmung des Bundesvorstandes trennen. So kann eine Kündigung von Geschäftsführern, Sekretären und Angestellten entweder nur nach vorheriger Zustimmung des Hauptvorstandes[22], nur durch diesen im Einvernehmen mit dem Verwaltungsstellenvorstand[23] oder gar nur durch den Hauptvorstand mit Zustimmung des Gewerkschaftsbeirates erfolgen[24]. In den Fällen, die den Ausschluß aus der Gewerkschaft oder eine fristlose Kündigung rechtfertigen, kann der Hauptvorstand der IG Chemie Angestellte der Verwaltungsstelle auch ohne Anhörung des Verwaltungsstellenvorstandes entlassen.

Den Mitgliedern ist bei der IG Bau die Möglichkeit eingeräumt, sich während der Wahlperiode von den hauptamtlichen Funktionären zu trennen. „Ist die Fortsetzung des Angestelltenverhältnisses für die Verwaltungsstelle nicht mehr zumutbar, dann muß in einer Mitglieder- oder Vertreterversammlung, in deren Tagesordnung dieser Punkt vorgesehen ist, ein Abberufungsantrag an den Hauptvorstand von zwei Dritteln der stimmberechtigten Delegierten beschlossen werden." Es ist in der Satzung nicht geregelt, ob der Hauptvorstand diesem Antrag folgen muß, doch ist dies anzunehmen.

In diesem Zusammenhang ist auch die Möglichkeit des Hauptvorstandes zu sehen, allein oder im Einvernehmen mit den zuständigen Landesbezirks- bzw. Bezirksvorständen die Verwaltungsstellen aufzulösen oder mit anderen zu ver-

---

21 So aber die DAG.
22 IGM.
23 IG Chemie.
24 IG Bau.

schmelzen, wenn dies im Interesse der Gewerkschaft liegt[25]. Während bei der IGBE die betroffenen Mitglieder nach der Satzung kein Anhörungsrecht haben, muß der Vorstand der IGM vorher mit den betroffenen Mitgliedern eine gütliche Einigung versucht haben.

Die Zusammensetzung der Verwaltungsstellenvorstände und die an die Kandidaten gestellten Anforderungen sind unterschiedlich. Die Größe des Vorstandes schwankt zwischen 5 und 13 Mitgliedern. Damit der Vorstand seiner Aufgabe als Führungs- und Integrationsorgan gerecht wird, müssen in ihm alle Mitgliedergruppen angemessen repräsentiert sein. Die Satzungen enthalten daher Bestimmungen, die sicherstellen sollen, daß alle Personen- und Fachgruppen im Vorstand vertreten sind. Während zum Teil bei der Wahl des Vorstandes die Angestellten, Beamten, Frauen und Jugendlichen lediglich angemessen zu berücksichtigen sind[26], sind in anderen Gewerkschaften die auf der Ortsfrauen- bzw. Ortsjugendkonferenz gewählten Vertreter der Frauen und Jugend nur von der Delegierten- bzw. Mitgliederversammlung der Ortsverwaltung als dem Kreationsorgan des Vorstandes zu bestätigen[27]. Darin liegt kein ex-officio Amtserwerb, da auch dann, wenn nicht nur ein Angehöriger, sondern eine bestimmte Person der Gruppe gewählt werden soll, die Mitgliederversammlung die Bestätigung versagen kann. Bei der IG Druck und der HBV haben dagegen der Jugendleiter und die Frauenleiterin automatisch Sitz und Stimme im Vorstand, während alle Berufsgruppen im Vorstand vertreten sein sollen. Bei der IGBE müssen Angestellte mit mindestens einem Fünftel der Sitze vertreten sein, wobei das Vorschlagsrecht die Angestelltengruppe hat.

In fast allen Gewerkschaften ist eine bestimmte Dauer der Mitgliedschaft Voraussetzung für die Kandidatur[28]. Diese beträgt meist ein Jahr[29], bei der IG Metall drei Jahre[30] und bei der IGBE zwei Jahre für den Geschäftsstellenvorstand. Bewerber für die Stelle des Geschäftsführers und der Sekretäre müssen bei der

---

25 NGG, GHK, IGBE, IGM, Textil, GED.

26 IG Chemie, IG Druck, GHK, Leder, bei DAG soll ein Vorstandsmitglied eine Frau sein.

27 NGG, bei der DAG der Vertreter der DAG-Jugend.

28 Nicht bei DPG, ÖTV, Leder, Gartenbau, GHK.

29 IG Chemie, HBV, NGG, GED, IGBE für Ortsgruppenvorstand.

30 Aus dem Geschäftsbericht 1968 des Vorstandes der IGM S. 105 ist zu entnehmen, daß von den hauptamtlichen Geschäftsführern der IGM nach 1955 nur 9 beigetreten sind, 34 zwischen 1950 und 1955, 150 zwischen 1945 und 1950 und 13 zwischen 1930 und 1933.

IG Chemie eine mindestens fünfjährige Mitgliedschaft und eine mindestens dreijährige ehrenamtliche Tätigkeit nachweisen. Der Hauptvorstand kann allerdings Ausnahmen zulassen.

Fast überall besteht noch die mehr deklaratorische Bedingung, daß die Kandidaten persönlich und fachlich geeignet und demokratisch gesinnt sein müssen. Wahlberechtigt sind teilweise nur die Mitglieder, die der Gewerkschaft schon drei Monate angehören[31].

Die Amtsdauer des Verwaltungsstellen- bzw. Ortsgruppen- oder Geschäftsstellenvorstandes entspricht meist dem Abstand zwischen den Gewerkschaftstagen und schwankt zwischen drei[32] und vier Jahren[33]. Bei der Gewerkschaft Leder und HBV ist dagegen der Verwaltungsstellenvorstand alle zwei Jahre zu wählen, während der Gewerkschaftstag alle drei bzw. vier Jahre stattfindet.

Scheidet ein Vorstandsmitglied vor Ablauf seiner Amtszeit aus, so wählt meist die nächste Delegiertenversammlung ein neues Mitglied[34]. Bei der DPG ergänzt sich der Vorstand durch Zuwahl bis zur nächsten Jahreshauptversammlung. Da die Delegiertenversammlungen meist auch nur einmal im Jahr stattfinden, besteht der Unterschied lediglich darin, daß in der Zwischenzeit der Vorstandssitz nicht vakant bleibt, sondern durch Kooptation besetzt wird.

Die Wahlen sind allgemein in geheimer Abstimmung durchzuführen. Sie können dann offen erfolgen, wenn nur ein Wahlvorschlag vorliegt und sich gegen die Akklamation kein Widerspruch erhebt.

Können Satzungsbestimmungen notwendigerweise nur ein sehr oberflächliches Bild der Möglichkeiten des Amtserwerbs vermitteln, so fragt es sich, wie der Amtserwerb in der Praxis aussieht. Es liegen keine Untersuchungen vor, aus welchem Personenkreis sich die Verwaltungsstellenvorstände in den einzelnen Gewerkschaften rekrutieren, wie oft Wiederwahl stattfindet, wieviele Wahlvorschläge eingereicht werden, usw., so daß nur allgemeine Betrachtungen angestellt werden können.

Durch die starke Fluktuation in den Gewerkschaften[35] und die vorgeschriebenen Mindestzeiten der Mitgliedschaft für den Amtserwerb wird faktisch be-

---

31 IGM, NGG.

32 IG Bau, Textil, DPG, IG Chemie, IG Druck, IGM.

33 NGG, GED, DAG, ÖTV.

34 IGM, IG Chemie.

35 Die IG Chemie muß nach ihrem letzten Geschäftsbericht jedes Jahr 70.000 neue Mitglieder gewinnen, um ihren Mitgliederbestand zu halten.

wirkt, daß nur ein Teil der Mitglieder die Möglichkeit hat, sich um ein Amt zu bewerben. Finden nur ein bis zweimal im Jahr überbetriebliche Gewerkschaftsversammlungen statt, so haben die sich nicht im engeren Führungszirkel befindlichen Mitglieder nicht die Möglichkeit, sich näher kennenzulernen und Informationen auszutauschen. Dies kann dazu führen, daß der bisherige Vorstand auch deshalb wiedergewählt wird, weil andere potentielle Bewerber nicht die Möglichkeit haben, bekannt zu werden. Des weiteren erschwert ein Abschneiden vom Informationsfluß eine Beteiligung an der Sachdiskussion.

§ 5 Amtserwerb auf Bezirksebene

a) Bezirkstag bzw. Landesbezirkskonferenz

Für die Beantwortung der Frage, wie weit der Bezirkstag den Willen der Mitglieder des Bezirks wiedergibt, ist entscheidend, aus wem er sich zusammensetzt und unter welchen Kriterien die Delegierten gewählt werden. Neben den in den Verwaltungsstellen gewählten Delegierten ist der Bezirksvorstand teilweise stimmberechtigt[1], während er in anderen Gewerkschaften nur beratend am Bezirkstag teilnimmt[2]. Bei der IG Bergbau werden die Bezirksdelegierten ebenso wie die Delegierten zu den Delegiertenversammlungen auf Ortsebene von den Vorsitzenden der Arbeiterortsgruppen und den Wahlmännern der Angestellten gewählt. Bei der IG Bau sind daneben noch stimmberechtigt die weiteren Mitglieder des Bezirksbeirates, d.h. die Geschäftsführer der Verwaltungsstellen sowie die Mitglieder des Gewerkschaftsbeirates des Bezirks. Bei der Gewerkschaft Leder kommen noch hinzu die Mitglieder der Bezirkskommission, die aus vier Mitgliedern und je einem Mitglied als Vertreter der Angestellten, Frauen und Jugend besteht.

Beratend nehmen teilweise noch die Sekretäre der Landesbezirksleitungen und der Orts- und Bezirksverwaltungen sowie die gewählten Mitglieder des Beirates und die Vorsitzenden des Angestellten-, Frauen-, Handwerks- und Jugendausschusses an der Bezirkskonferenz teil[3].

Während bei der DAG hauptamtliche Funktionäre nicht Delegierte werden dürfen, ist bei anderen Gewerkschaften, um eine vom Hauptvorstand unabhängige Willensbildung zu ermöglichen, vorgeschrieben, daß die hauptamtlichen Delegierten einen bestimmten Prozentsatz nicht überschreiten dürfen. So sollen bei der IG Bau zwei Drittel der Delegierten ehrenamtlich tätig sein.

Um eine Repräsentation aller Mitgliedergruppen auf dem Bezirkstag zu erreichen, wird verlangt – was nicht verbindlich gemacht werden kann, es sei denn, man schreibt bei einer bestimmten Delegiertenzahl eine Frau oder einen Jugendlichen vor, was die DAG für den Gewerkschaftsrat gemacht hat –, daß bei der Wahl der Delegierten möglichst auf angemessene Vertretung der Personen- und Fachgruppen zu achten ist. Für die Wahl als Delegierter zum Bezirkstag ist

---

1 IG Bau, ÖTV, Leder, IG Druck, NGG.

2 HBV, IGM, IGBE, GHK, Gartenbau, DPG, DAG.

3 IGM.

meist eine bestimmte Dauer der Mitgliedschaft vorgeschrieben, die zwischen 1 bis 5 Jahren beträgt[4].

Die Dauer des Mandats ergibt sich aus dem Abstand der ordentlichen Bezirkskonferenzen. Diese finden alle drei bis vier Jahre jeweils vor dem Gewerkschaftstag statt. Für jährlich, so IGM, oder alle zwei Jahre, so IGBE, stattfindende Bezirkskonferenzen werden keine neuen Delegierten gewählt. Die Delegierten werden also für eine bestimmte Anzahl von Jahren und nicht für bestimmte Konferenzen gewählt, so daß sie auch Delegierte für nicht satzungsgemäß vorgesehene außerordentliche Bezirkstage sind. Die Repräsentation aller Mitglieder ist dann gewährleistet, wenn jede Verwaltungsstelle auf der Bezirkskonferenz vertreten ist[5]. Während der Delegiertenschlüssel meist in den Satzungen enthalten ist, um so eine bundeseinheitliche gleiche Repräsentanz der Mitglieder zu garantieren, wird bei der IG Druck der Schlüssel vom Bezirksvorstand im Einvernehmen mit dem Landesbezirksvorstand festgesetzt. Angesichts der weit auseinanderklaffenden Mitgliederzahlen der einzelnen Gewerkschaften ist klar, daß auch der Delegiertenschlüssel nicht einheitlich sein kann. So entfällt bei der IGM auf 1000 Mitglieder ein Delegierter, 1001–2000 zwei, 2001–5000 drei, 5001–10.000 vier, über 10.000 fünf Delegierte. Um Ungerechtigkeiten zu vermeiden, kann auf Antrag von Delegierten, die 25% der Mitgliedschaft vertreten, die Abstimmung nicht nach der Zahl der Delegierten, sondern nach der Zahl der von diesen vertretenen Mitglieder erfolgen.

b) Wahl des Bezirks- bzw. Landesbezirksvorstandes

Die Möglichkeit, in den Bezirksvorstand gewählt zu werden, ist neben den sonstigen Erfordernissen auch von dessen satzungsgemäßer Zusammensetzung abhängig. Er besteht meist aus dem hauptamtlichen Bezirksleiter als Bezirksvorsitzenden, dessen ein bis zwei Stellvertretern und einer variierenden Zahl von ehrenamtlichen Mitgliedern, die zwischen 5 bis 15[6] schwankt. Bei der ÖTV beträgt die Anzahl der Beisitzer sogar je nach der Größe des Bezirks 25 bis 30.

---

4 Bei der ÖTV, GHK und Leder ist keine Dauer der Mitgliedschaft vorgeschrieben, es sei denn, es ergibt sich etwas anderes aus den Richtlinien des Hauptvorstandes, auf die verwiesen wird. Bei HBV, Gartenbau, NGG, IG Chemie, GED und DPG ein Jahr, IGBE zwei Jahre, IGM drei Jahre und IG Bau fünf Jahre, wobei für Mitglieder unter 21 Jahren Ausnahmen mit Zustimmung des Bezirksvorstandes zulässig sind.

5 Dies ist bei der IG Druck, DPG und IGM vorgeschrieben.

6 HBV 6 bis 8, IGBE mindestens 7, IG Bau 5, GHK 4 bis 6, Gartenbau mindestens 5, Leder 4, IG Druck mindestens 7, NGG höchstens 13, GED 10 bis 18, DPG 5 bis

Vorsitzende oder Vertreter der Arbeiter-, Angestellten-, Beamten-, Frauen- und Jugendgruppen des Bezirks haben meist daneben Sitz und Stimme im Bezirksvorstand[7], wenn sie nicht bei den Beisitzern bereits berücksichtigt wurden[8]. Die jeweiligen Gruppen haben dann teilweise Vorschlagsrecht[9]. Bei der IG Bau nehmen noch dazu die Mitglieder des Gewerkschaftsbeirates des Bezirks, die nicht in den Bezirksvorstand gewählt wurden, bei der IGM und der IG Chemie die Bezirkssekretäre mit Sitz und Stimme an den Bezirksvorstandssitzungen teil.

Während in einigen Gewerkschaften außer dem Bezirksleiter kein Mitglied des Bezirksvorstandes hauptamtlich in der Gewerkschaft tätig sein kann[10], müssen sich bei anderen Gewerkschaften die ehrenamtlichen Mitglieder nur in der Mehrheit befinden[11]. Bei Gartenbau und DAG ist ausdrücklich vorgeschrieben, daß der Bezirksleiter nicht Bezirksvorsitzender, sondern ein Geschäftsführer des Bezirks ist. Die DPG verbietet als einzige Gewerkschaft eine Ämterhäufung insofern, als der erste Bezirksvorsitzende nicht zugleich Vorsitzender einer Ortsverwaltung oder Amtsgruppe sein darf. Damit auch die Berufsgruppen alle im Vorstand vertreten sind, bestehen bei einigen Gewerkschaften[12] entsprechende Bestimmungen, wobei entweder mindestens ein Vertreter vorgeschrieben ist oder nur „die Zusammensetzung der Mitgliedschaft" zu berücksichtigen ist. Während beim Bezirksvorstand der Gewerkschaft Gartenbau die Vertretung der einzelnen Berufsgruppen möglichst gewährleistet sein soll, ist eine solche Regelung beim Landesbezirksvorstand nicht mehr getroffen worden.

In den meisten Gewerkschaften wird der gesamte Bezirksvorstand ohne in der Satzung festgelegte Mitwirkung des Hauptvorstandes von der Bezirksversammlung gewählt und bedarf auch zur Amtsausübung keiner Bestätigung[13]. In anderen Gewerkschaften hat der Hauptvorstand dagegen bei Bezirksleiter und Bezirkssekretär ein erhebliches Mitbestimmungsrecht[14], und teilweise bedarf so-

---

11, IG Chemie 9 bis 15, IGM 5, DAG mindestens 9 für den Bezirk und höchstens 15 beim Landesverband.

7 HBV, IGBE, GED, DAG, GHK, IG Chemie.

8 ÖTV, DPG, NGG.

9 DAG.

10 HBV.

11 ÖTV, Chemie.

12 ÖTV, DPG, IG Druck, GED, GHK, Leder, Gartenbau.

13 HBV, ÖTV, Gartenbau, Leder, IG Druck, NGG, DPG, bei Textil hat Bezirkskonferenz ein bindendes Vorschlagsrecht.

14 IGBE, IGM, IG Chemie.

gar der gesamte Bezirksvorstand der Bestätigung des Hauptvorstandes[15]. Der Landesverbands- und Bezirksleiter der DAG wird als hauptamtlicher Mitarbeiter vom Bundesvorstand eingestellt und entlassen. Er gehört nicht dem Landesverband oder Bezirksvorstand an, nimmt jedoch an dessen Sitzungen teil.

Bei der IG Chemie können Bezirksleiter und Bezirkssekretäre – die Besetzung und Wiederbesetzung muß der Hauptvorstand vorher genehmigen – nur vom Bezirksvorstand, nicht von der Bezirksversammlung, aus den vom Hauptvorstand vorgeschlagenen Bewerbern ausgewählt werden. Der Hauptvorstand kann auf sein Vorschlagsrecht verzichten, es ist jedoch nicht bekannt, wie weit er dies tatsächlich getan hat. Bei der IGBE wird der Bezirksleiter und sein Stellvertreter nicht gegen die Stimmen der Mehrheit des Bezirksvorstandes vom Hauptvorstand berufen. Bei der IGM prüft der Bezirksvorstand mit dem Bezirksleiter die Bewerbungen für die Stelle des Bezirksleiters und der Bezirkssekretäre und unterbreitet dem Hauptvorstand, der über die Anstellung entscheidet, geeignete Vorschläge.

Die Kompetenz der Bezirkskonferenz zur Wahl des Bezirksleiters kann dadurch ausgehöhlt werden, daß bei Ausscheiden eines Bezirksleiters keine außerordentliche Bezirkskonferenz zur Wahl eines Nachfolgers einberufen wird, sondern der Hauptvorstand einen kommissarischen Bezirksleiter bis zur nächsten ordentlichen Bezirkskonferenz einsetzt. Dabei darf auch das Präjudiz einer kommissarischen Wahrnehmung für die folgende Wahl nicht außer Betracht gelassen werden[16].

Bei der IG Metall können die 5 Mitglieder der Bezirkskommission Beschwerden über die Tätigkeit des Bezirksleiters entgegennehmen, untersuchen und dem Vorstand über das Ergebnis Bericht erstatten, der die Entscheidung trifft.

Über eine mögliche Abberufung des Bezirksleiters und Bezirksvorstandes enthalten nur wenige Gewerkschaften Bestimmungen. So kann bei der IGBE auch die Abberufung des Bezirksleiters und seines Stellvertreters nicht gegen die Mehrheit des Bezirksvorstandes erfolgen. Bei der IG Bau und der DAG kann ein Bezirksleiter vom Hauptvorstand aus wichtigen Gründen abberufen werden, dies gilt wohl auch bei der IGM, obwohl es dort nicht ausdrücklich be-

15 IG Bau, GHK, GED, IG Chemie.

16 So hat nach der Frankfurter Rundschau vom 29.9.1970 der Hauptvorstand der Gewerkschaft Textil bei Ausscheiden des Bezirksleiters für Niedersachsen und Nordmark keine außerordentliche Bezirkskonferenz einberufen, obwohl beide Bezirksvorstände und auch mehrere Verwaltungsstellen dies gefordert hatten, sondern für ein halbes Jahr eine kommissarische Besetzung vorgenommen.

stimmt ist. Bei der IG Bau kann der Bezirksleiter außerdem mit Zustimmung des Gewerkschaftsbeirates abberufen werden, wenn die Abberufung auf der Tagesordnung eines Bezirkstages vorgesehen ist und zwei Drittel der stimmberechtigten Delegierten dies beim Hauptvorstand beantragen.

Bei der DAG können Mitglieder des Landesverbandsvorstandes bei schuldhafter Zuwiderhandlung gegen die Beschlüsse des Bundeskongresses, Gewerkschaftsrates oder Bundesvorstandes sowie bei sontiger Gefährdung oder Schädigung der Organisation vom Bundesvorstand suspendiert werden, nachdem der Landesverbandsvorstand sowie der Gewerkschaftsrat gehört wurden.

Wie zu anderen Ämtern, so setzen die Gewerkschaften auch für die Kandidatur zum Bezirksleiter oder Bezirksvorstand eine gewisse Mindestdauer der Mitgliedschaft voraus[17]. Diese schwankt zwischen 1 bis 10 Jahren[18], wobei teilweise noch zwischen den Kandidaturen zum Bezirksleiter und zum Bezirksvorstand unterschieden wird.

Die Amtsdauer der Bezirksvorstände schwankt je nach dem Abstand der Gewerkschaftstage, nach denen sich auch die unteren Gliederungen ausrichten, zwischen 3 und 4 Jahren[19].

Wegen der langen Amtszeit kommt es öfter vor, daß Mitglieder des Bezirksvorstandes vor Ablauf der Amtszeit ausscheiden. Interessant ist daher, wie die Nachfolge geregelt ist. Dies ist dann unproblematisch, wenn für jedes Mitglied des Bezirksvorstandes ein Ersatzmitglied gewählt ist, das tätig wird, wenn das ordentliche Mitglied ausscheidet[20]. In anderen Gewerkschaften nimmt der Vorstand der entsendenden Verwaltungsstelle bzw. der Bezirksausschuß der entsendenden Gruppe eine Ersatzwahl vor[21]. Teilweise ergänzt sich der Be-

---

17 Bei GHK ist keine Mindestdauer vorgeschrieben.

18 HBV, IG Chemie, NGG, GED ein Jahr, DPG, Gartenbau, ÖTV drei Jahre, IGBE zwei Jahre, IG Bau fünf Jahre. Die Bewerber für die Funktion des Bezirksleiters und -sekretärs müssen bei der IG Chemie mindestens fünf Jahre Mitglied der Gewerkschaft sein und drei Jahre eine ehrenamtliche Funktion ausüben. Bei der IG Bau ist für den Bezirksleiter eine Mitgliedschaft von zehn Jahren Voraussetzung. Bei der IGM sind im Gegensatz zur Ortsverwaltung weder für den Bezirksleiter noch die Bezirkskommission Mindestzeiten genannt. Da drei Jahre Mitgliedschaft für die Wahl als Delegierter zum Bezirkstag vorgeschrieben sind, können diese Fristen nicht unterschritten werden.

19 Drei Jahre bei IG Chemie, DPG, IGM, IG Bau; vier Jahre bei HBV, ÖTV, IGBE, NGG.

20 HBV, GHK, IG Druck.

21 IG Chemie, GED.

zirksvorstand auch selbst durch Nachwahl[22]. Nur bei der GHK ist bei Ausscheiden eines Bezirksleiters zwingend ein außerordentlicher Bezirkstag einzuberufen.

Bei der IG Bau besteht zur Beratung und Unterstützung des Bezirksvorstandes zwischen den Bezirkstagen ein Bezirksbeirat, der aus dem Bezirksvorstand und den Geschäftsführern der Verwaltungsstellen zusammengesetzt ist. Die Bezirkskommission bei Leder und der IGM entspricht mehr dem aus mehreren Personen bestehenden Bezirksvorstand in den anderen Gewerkschaften.

Notwendig ist auch hier zu wissen, wie sich diese Bestimmungen in der Praxis auswirken, wie z.B. das Vorschlagsrecht ausgeübt wird, wie oft eine Bestätigung versagt wird, wie oft eine Wiederwahl stattfindet, usw. Empirisches Material liegt jedoch nicht vor und konnte nicht im Rahmen dieser Arbeit erarbeitet werden.

22 Leder, DPG bis zum nächsten Bezirkstag.

§ 6 Amtserwerb auf Bundesebene

a) Gewerkschaftstag

Stimmberechtigte Teilnehmer der Gewerkschaftstage sind neben den Delegierten, die entweder auf den Mitglieder- bzw. Delegiertenversammlungen der Verwaltungsstellen[1] oder auf den Bezirkstagen[2] gewählt werden, teilweise die Mitglieder des Hauptvorstandes[3], des Gewerkschaftsbeirates[4] oder die Bezirksleiter[5], die Industriegruppenleiter und die Vorsitzenden der Hauptausschüsse[6] bzw. je ein Vertreter der Abteilungen[7]. Interessant ist dabei das Verhältnis zwischen den Delegierten und den Amtsinhabern[8]. Soweit diese Personenkreise kein Stimmrecht haben, nehmen sie beratend am Gewerkschaftstag teil. Beratende Stimme haben auch in unterschiedlicher Zusammensetzung die Mitglieder der Revisionskommission, die Abteilungsleiter, Sekretäre des Hauptvorstandes und der Bezirke, der Chefredakteur, die Mitglieder des Beschwerdeausschusses und die Geschäftsstellenleiter bzw. Geschäftsführer der Verwaltungsstellen.

Für die Wahl als Delegierter zum Gewerkschaftstag ist wiederum eine bestimmte Dauer der Mitgliedschaft vorgeschrieben, die zwischen 1 bis 5 Jahren schwankt[9]. Wie für den Bezirkstag bestehen Regelungen, die gewährleisten sollen, daß die Mitglieder berufs- und personengruppenmäßig auf dem Gewerkschaftstag vertreten sind. Die allgemeinen Formulierungen, wie „Zusammensetzung der Mitgliedschaft ist nach Möglichkeit zu berücksichtigen", gewährleisten nicht, daß die Gewerkschaftstage tatsächlich ein Spiegelbild der Mitgliedschaft darstellen. So wird auch auf den Gewerkschaftstagen immer wieder von einer Unterrepräsentation

---

1 IG Bau, HBV, GED, GHK, IG Chemie.

2 DPG, IG Druck, Gartenbau, ÖTV, IGBE. Bei der DAG werden die Delegierten auf den Landesverbandstagen, den Bundesberufsgruppentagen und den Bundesjugendkonferenzen nach Maßgabe einer einheitlichen Schlüsselzahl gewählt.

3 IG Bau, IG Chemie, ÖTV, NGG, IG Druck, Leder.

4 IG Bau, IG Druck.

5 IG Chemie, IG Druck.

6 IG Chemie.

7 ÖTV.

8 Bei der IG Chemie standen auf dem 7. Gewerkschaftstag nach dem Geschäftsbericht 1966–1968 S. 163 335 Delegierten 24 Hauptvorstandsmitglieder, 8 Bezirksleiter, 4 Branchen- und Industriegruppenleiter, 3 Berufsgruppenvorsitzende und 27 Kommissionsmitglieder gegenüber.

9 Ein Jahr: GED, IG Chemie, HBV; drei Jahre: DPG, Gartenbau, IG Druck, DAG, GHK; fünf Jahre: IGM, IG Bau, NGG, IGBE.

sentation der Frauen und Jugend gesprochen. Die DAG hat durch ihre einheitliche Schlüsselzahl eine effektivere Regelung getroffen. Auch bei der IGBE wählen Arbeiter, Angestellte und Beamte getrennt. Die Anzahl der Mitglieder je Delegierten schwankt zwischen 700 bis 5000[10]. Die IG Chemie stellt dazu sicher, daß jede Verwaltungsstelle einen Delegierten erhält. Die Reststimmen werden dann zusammengefaßt und nach Höchstzahlen auf die Bezirke verteilt, wobei die Gruppen vorrangig zu berücksichtigen sind.

Die Delegierten werden immer für einen ordentlichen Gewerkschaftstag gewählt, wobei ausdrücklich bestimmt wird, daß zu einem außerordentlichen Gewerkschaftstag bzw. dem jährlich stattfindenden Gewerkschaftstag der IGBE die zum letzten ordentlichen Gewerkschaftstag gewählten Delegierten entsandt werden[11].

Nur bei der IGM werden in jedem Wahlbezirk ebenso viele Stellvertreter wie Delegierte gewählt.

b) Gewerkschaftsbeirat[12]

Der Gewerkschaftsbeirat, der zwischen den Gewerkschaftstagen die über den Zuständigkeitsbereich des Bundesvorstandes hinausgehenden Aufgaben zu erledigen hat, besteht in fast allen Gewerkschaften aus den auf den Bezirkskonferenzen[13] gewählten Delegierten der Bezirke und den Hauptvorstandsmitgliedern. Bei der DPG und Textil besteht der Gewerkschaftsausschuß nur aus den auf den Bezirkstagen gewählten Delegierten, wobei bei der DPG jeder Bezirk ein Mitglied stellt. Bei den anderen Gewerkschaften kommen noch hinzu weitere stimmberechtigte Mitglieder kraft Amtes, deren Zusammensetzung verschieden ist. Dies sind die Bezirksleiter[14], ein Mitglied des Kontrollausschusses[15] und der Revisionskommission[16], der Bundesarbeiter-, -angestellten- und -beam-

10 IG Druck 700, DPG 1000, NGG, GED und IG Chemie 1500, ÖTV 2000, IGM 5000.

11 IG Chemie, DPG, IGM, IGBE, NDG, IG Druck.

12 Bei Gartenbau entspricht ihm der Hauptausschuß, bei HBV und DPG der Gewerkschaftsausschuß, bei IG Druck der erweiterte Vorstand. Bei der IGBE besteht kein Beirat, sondern zwischen den Gewerkschaftskongressen findet jährlich ein Gewerkschaftstag statt.

13 Bei HBV werden die Mitglieder aus den Landesbezirken auf dem Gewerkschaftstag gewählt.

14 IGM, IG Bau, IG Chemie, Gartenbau, IG Druck, GED.

15 ÖTV, Leder, NGG, GED.

16 GED und ÖTV.

tensekretär[17] sowie der Bundessekretär junger Gewerkschafter[18] bzw. ein Vertreter des Bundesfrauen-, -angestellten- und -jugendausschusses[19], die Abteilungsleiter der Hauptverwaltung[20], die Industriegruppenleiter und die Vorsitzenden der Berufsgruppen[21]. Soweit diese Personen nicht stimmberechtigt sind, nehmen sie beratend an den Beiratssitzungen teil. Die auf den Bezirkstagen gewählten Delegierten der Bezirke bedürfen teilweise noch der Bestätigung durch den Gewerkschaftstag[22], was jedoch mehr eine Formalie ist. Die Anzahl der Delegierten aus den Bezirken schwankt zwischen 5 und 36 und ist nicht immer aus der Satzung zu entnehmen, da es teilweise auf die Anzahl der Bezirke und deren Mitglieder ankommt[23, 24].

Das Verhältnis zwischen gewählten Delegierten der Bezirke und Beiratsmitgliedern kraft Amtes ist in den einzelnen Gewerkschaften verschieden, was hauptsächlich an der unterschiedlichen Anzahl der Delegierten und Hauptvorstandsmitgliedern liegt[25].

Die in den Beirat zu wählenden Delegierten der Bezirke müssen wieder eine bestimmte Dauer der Mitgliedschaft vorweisen, die zwischen einem und zehn Jahren schwankt[26].

---

17 ÖTV.

18 IG Bau.

19 GHK, IG Druck.

20 Gartenbau, GED.

21 IG Chemie.

22 NGG, IG Bau, Leder.

23 GHK 5, Leder 13, HBV 25, Textil 30, NGG 36.

24 Bei der DAG erfolgt die Wahl des Gewerkschaftsrates, der dem Gewerkschaftsbeirat in anderen Gewerkschaften entspricht, auf dem Bundeskongreß aufgrund von Vorschlägen der Landesverbandstage, der Bundesberufsgruppentage und der Bundesjugendkonferenzen, wobei die Vorschläge die dreifache Anzahl der auf sie entfallenden Mitglieder des Gewerkschaftsrates enthalten müssen. Der daneben bestehende Beirat besteht aus den Landesverbandsleitern, den Bundesberufsgruppenleitern, dem Bundesjugendleiter und der Leiterin der Vorstandsabteilung weiblicher Angestellter.

25 Nach dem Geschäftsbericht 1968 der IG Metall S. 92 standen den 66 Delegierten aus den Bezirken 9 Bezirksleiter und 29 Vorstandsmitglieder gegenüber, bei HBV den 25 Delegierten 19 Vorstandsmitglieder.

26 Bei GHK und Leder ist keine Mitgliedschaft vorgeschrieben. Bei HBV, IG Chemie ein Jahr, ÖTV, DAG drei Jahre, NGG, DPG fünf Jahre, IG Bau zehn Jahre. Bei Gartenbau, IG Druck und IGM ist keine Zeit vorgeschrieben, aber da für die Delegation zum Gewerkschaftstag bei Gartenbau und IG Druck drei Jahre, bei IGM fünf Jahre vorgeschrieben sind, ist dies auch für den Gewerkschaftsbeirat anzuneh-

Bei Ausscheiden eines Beiratsmitgliedes während der Amtszeit rückt entweder der bereits gewählte Stellvertreter nach[27], auf der nächstfolgenden Bezirkskonferenz wird eine Nachwahl vorgenommen[28] oder notwendige Ergänzungswahlen werden durch den Beirat auf Vorschlag des Bezirksvorstandes vorgenommen[29]. Teilweise tritt der Stellvertreter nicht nur bei endgültigem Ausscheiden, sondern auch bei vorübergehender Verhinderung an die Stelle des Delegierten[30].

Bei Leder und der DPG dürfen Vertreter der Bezirke kein besoldetes Amt in der Gewerkschaft ausüben, während bei der IG Bau dies nur nach Möglichkeit anzustreben ist. Vertreter des Bezirks kann bei der NGG nur werden, wer in Betrieben als ehrenamtlicher Funktionär tätig ist.

c) Beschwerdeausschuß[31]

Der Beschwerdeausschuß, der die Tätigkeit des Hauptvorstandes und anderer Gewerkschaftsorgane zu überwachen und über die Beschwerden der Mitglieder zu entscheiden hat, setzt sich meist aus fünf bis neun auf dem Gewerkschaftstag gewählten Mitgliedern zusammen. Normalerweise[32] werden die vom Hauptvorstand vorgeschlagenen Kandidaten durch Handaufheben gewählt. Bezüglich der Zusammensetzung bestehen zum Teil noch historisch und finanziell zu erklärende Sonderheiten.

So wird bei der NGG der Vorsitzende vom Gewerkschaftstag gewählt, während die sechs weiteren Mitglieder und drei Ersatzmitglieder in der nächsten Sitzung des Landesbezirksvorstandes desjenigen Landesbezirks und aus demselben Landesbezirk zuzuwählen sind, dem der Vorsitzende angehört. Bei der GHK hat der Bezirk Südbayern das Vorschlagsrecht, bei der ÖTV die Verwaltungsstelle Hamburg, bei der HBV dagegen alle Landesbezirke. Bei anderen Gewerkschaf-

---

men, zumindest sind die ein bzw. drei Jahre Voraussetzung, die für die Delegation zu Bezirkstagen vorgeschrieben sind.

27 HBV, IG Bau, Gartenbau, Leder, IG Druck, NGG, GED, IG Chemie, bei der DAG der nächstfolgende Kandidat aus der entsprechenden Vorschlagsliste, bei Ausscheiden eines weiblichen Kandidaten rückt der nächstfolgende weibliche Kandidat nach.

28 IGM, bei GHK stellt der Bezirk einen Nachfolger, was auch durch den Bezirksvorstand geschehen kann.

29 HBV, Leder.

30 IG Chemie, Gartenbau.

31 Auch Kontroll- oder Hauptausschuß genannt.

32 So Protokoll des 8. ordentlichen Gewerkschaftstages der IG Bau 1969 S. 287.

ten[33] sind Beisitzer aus der Ortsverwaltung am Sitz des Hauptausschusses zu nehmen, der nicht auch Sitz des Hauptvorstandes sein darf.

Die Mitglieder dürfen bei allen Gewerkschaften weder Angestellte der Gewerkschaft noch Mitglieder des Hauptvorstandes sein, um ihre Unabhängigkeit sicherzustellen. Bei der IGM und der GHK dürfen sie überhaupt keine weiteren Funktionen in der Gewerkschaft ausüben.

Die Mindestdauer der Mitgliedschaft für dieses Amt schwankt zwischen ein bis zehn Jahren[34].

Bei Ausscheiden eines Mitglieds tritt entweder das gewählte Ersatzmitglied an diese Stelle[35], oder der Beirat wählt einen Nachfolger[36].

Für die Entscheidung der Frage, ob der Beschwerdeausschuß tatsächlich vom Hauptvorstand unabhängig ist, wäre zu untersuchen, wer sich hineinwählen läßt. Da ein Mitglied des Beschwerdeausschusses nicht mehr aktiv am Gewerkschaftsleben teilnehmen kann, andererseits mit dem Gewerkschaftsleben sehr vertraut sein soll, liegt die Vermutung nahe, daß ausgeschiedene Vorstandsmitglieder diesen Posten übernehmen. Dann wäre jedoch eine vom Hauptvorstand unabhängige Entscheidung aufgrund von nicht auszuschließenden Solidaritätserwägungen infrage gestellt.

Die Revisionskommission ist unter dem Gesichtspunkt des Amtserwerbs zur Überprüfung der innergewerkschaftlichen Demokratie nicht von Interesse, da sie die Finanzpolitik des Hauptvorstandes nicht unter politischen Gesichtspunkten untersucht, d.h. nachprüft und kritisiert, für welche Aufgaben Mittel aufgewandt wurden, sondern nur den kassentechnischen Bereich berücksichtigt.

d) Hauptvorstand

Der Hauptvorstand besteht in allen Gewerkschaften aus dem 1. Vorsitzenden und ein bis zwei Stellvertretern, weiteren geschäftsführenden Vorstandsmitgliedern und einer ebenfalls erheblich unterschiedlichen Zahl von ehrenamtli-

---

33 Leder, GED, Gartenbau.

34 Bei GHK ist keine Dauer der Mitgliedschaft vorgeschrieben. GED, IG Chemie, HVB ein Jahr, IG Druck drei Jahre, IGBE, NGG, Gartenbau fünf Jahre, IG Bau zehn Jahre.

35 IGBE, Gartenbau, GHK, IG Bau.

36 IG Chemie, GED, Leder, HBV, IG Druck.

chen Vorstandsmitgliedern[37]. So sind teilweise die Bezirksleiter[38] die Bundessekretäre bzw. Vertreter für Arbeiter, Angestellte, Beamte[39], Frauen, Jugend[40], der Redakteur der Gewerkschaftszeitung[41], die Vertreter der gewerblichen Berufe[42], der Ruhestandsbeamten und Posthalter[43], der nichtbundeseigenen Bahnen[44] und die Vorsitzenden der Fachgruppenausschüsse[45] Mitglieder des Hauptvorstandes. Soweit diese Personenkreise nicht stimmberechtigt sind, nehmen sie weitgehend beratend an den Sitzungen des Hauptvorstandes teil. Für die Vertreter der Frauen, Jugend und Angestellten steht meist deren willensbildenden Organen das Vorschlagsrecht zu[46], wobei der Gewerkschaftstag auf ein Bestätigungsrecht beschränkt ist.

Die übrigen ehrenamtlichen Vorstandsmitglieder werden von den Bezirken vorgeschlagen, wo sie auf den Bezirkskonferenzen gewählt werden[47]. Der Gewerkschaftstag ist auch hier auf ein Bestätigungsrecht beschränkt, wozu keine geheime Abstimmung notwendig ist. Für die Wahl der geschäftsführenden Vorstandsmitglieder wird dagegen ausdrücklich geheime Abstimmung vorgeschrieben.

Die Mindestzeiten der Mitglieder für die Kandidatur schwanken zwischen ein bis zehn Jahren[48]. Außerdem ist teilweise Voraussetzung, daß die Kandidaten ehrenamtliche Funktionäre sind[49], kein besoldetes Amt in der Gewerkschaft

---

37 Das Verhältnis hauptamtliche – ehrenamtliche Mitglieder ist bei der IGM 11:18; bei der ÖTV 12 + Bezirksleiter : 37; HBV 5:14; NGG 5 + Landesbezirksvorsitzende : 18; GEW 10:23; Gartenbau 3:9; Leder 4:5; IG Chemie 8:19, IGBE 7 : je 1 Mitglied pro Bezirk.

38 ÖTV, NGG, IG Bau, GEW.

39 ÖTV, DPG.

40 GED, ÖTV, IG Druck, HBV, NGG.

41 IG Druck.

42 HBV.

43 DPG.

44 GED.

45 GEW.

46 NGG.

47 ÖTV, HBV, GHK, IG Druck, GED.

48 Die GHK, Leder und die IG Druck haben keine Mitgliedszeit vorgeschrieben. Bei der IG Druck ist jedoch von drei Jahren auszugehen, da dies für Delegierte zum Gewerkschaftstag verlangt wird. HBV und GED ein Jahr; ÖTV und DPG drei Jahre; NGG, Gartenbau und IGBE fünf Jahre, IG Chemie drei Jahre, IG Bau zehn Jahre.

49 ÖTV, NGG, IG Chemie.

bekleiden[50], nicht allzu weit vom Sitz der Organisation wohnen[51], im aktiven Dienst[52], im zuständigen Organisationsbereich[53] während der Amtszeit tätig sind. Bei der DAG dürfen Mitglieder des Bundesvorstandes nicht gleichzeitig Leiter einer Gliederung oder Mitglied eines anderen Organs der DAG sein.

Während der Wahlperiode kann ein Mitglied des geschäftsführenden Hauptvorstandes aus wichtigem Grund oder, wenn sein Verhalten den Interessen der Gewerkschaft zuwiderläuft, auf Antrag des Hauptvorstandes oder des Gewerkschaftsausschusses mit einfacher bzw. Zweidrittelmehrheit des Gewerkschaftsausschusses oder erweiterten Vorstandes und Hauptausschusses entlassen werden[54]. Bis zur Entscheidung über die Entlassung kann bei der HBV der Hauptvorstand mit Zweidrittelmehrheit eine notwendig erscheinende Suspendierung verfügen.

Bei Ausscheiden eines Vorstandsmitgliedes treten an Stelle der Beisitzer bei Gartenbau die bereits gewählten Vertreter, während allgemein Nachwahlen durch den Beirat vorgenommen werden[55]. Bei der GHK und der GED haben die zuständigen Bezirksvorstände das Vorschlagsrecht, bei Ausscheiden des Frauen- und Jugendvertreters die Bundesjugendleitung und der Frauenausschuß. Bei der IGBE haben bei Ausscheiden eines ehrenamtlichen Mitgliedes die Gewerkschaftskongreßdelegierten des betroffenen Bezirks das Vorschlagsrecht. Bei der DPG kann sich der Hauptvorstand bis zum nächsten Gewerkschaftstag selbst ergänzen.

Bestimmen sämtliche Satzungen, daß der Hauptvorstand durch den Gewerkschaftstag gewählt wird, so ist zu untersuchen, ob die Delegierten tatsächlich die bestimmenden Personalentscheidungen treffen oder ob sie nur bereits in anderem Kreise getroffene Entscheidungen nachvollziehen[56].

Für letztere Alternative spricht das bei den Vorstandswahlen angewandte Verfahren. Die Wahlen zum Vorstand finden meist vor der Beratung und Beschlußfassung über Anträge und Entschließungen statt[57]. Ein Antrag auf Vorziehung

---

50 HBV, DPG, GED, Leder.

51 Leder.

52 GED, DPG, IG Chemie.

53 GED.

54 DAG, HBV, IG Druck.

55 IGM, HBV, NGG, IG Bau, DAG, GHK, IG Druck, GED, IG Chemie.

56 Dabei soll hier dahinstehen, wieweit es sinnvoll ist, einen Kandidaten ohne Vorkontakte allein aufgrund seines Auftretens auf dem Gewerkschaftstag zu wählen.

57 So bei der IG Bau und der GED, nicht dagegen bei der IGM.

der Antragsdebatte – damit Kandidaten für den Hauptvorstand zeigen können, wie sie zu den Anträgen stehen – wurde mit der Begründung abgelehnt, „der Hauptvorstand hat drei Jahre seine Arbeit geleistet, und es ist Aufgabe der Delegierten, die Leistung zu honorieren. Es ist besser, die Leistung bei der vergangenen Arbeit wird beurteilt, als die Arbeit, die man für die Zukunft verspricht“[58] Delegierte haben also nicht die Möglichkeit, die Kandidaten für den Hauptvorstand auf dem Gewerkschaftstag kennenzulernen. Auch wenn man annimmt, daß ein Teil der Delegierten die Kandidaten bereits aus dem Gewerkschaftsleben kennt, die für die Stelle des Vorsitzenden kandidieren, so ist dies bei den Beisitzern meist nicht der Fall. Dies ist auch daraus zu entnehmen, daß auf dem letzten Gewerkschaftstag der DPG eine kurze Vorstellung der Kandidaten beantragt wurde, was aus Zeitgründen abgelehnt wurde und nicht etwa, weil die Kandidaten bereits bekannt waren[59].

Ist es damit in der Praxis nicht möglich, über vorgeschlagene Kandidaten zu diskutieren, so ist die Ausübung des Vorschlagsrechts stark präjudizierend. Es ist in fast allen Gewerkschaften üblich geworden[60], daß der bisherige Vorstand für jedes ausscheidende Vorstandsmitglied einen neuen Kandidaten vorschlägt. Diese werden auch meist gewählt[61]. Aus dem Kreis der Delegierten vorgeschlagene, nicht vom Vorstand akzeptierte Gegenkandidaten erhalten meist nicht die erforderliche Stimmenzahl[62].

Dies besagt noch nicht, daß die Mitglieder bzw. ihre Delegierten auf die Vorstandskandidaturen keinen Einfluß haben. Im Idealfalle gelingt es dem Hauptvorstand, eine so ausgewogene Kandidatenliste vorzuschlagen, daß alle Mitgliederströmungen berücksichtigt werden. Aus der Tatsache, daß alle Kandidaten

---

58 8. ordentlicher Gewerkschaftstag der IG Bau 1969 Protokoll S. 66.

59 Protokoll des Gewerkschaftstages der DPG 1971 S. 263.

60 Siehe Protokolle der Gewerkschaftstage der IGM, ÖTV, DPG und IG Chemie.

61 Auf dem Gewerkschaftstag 1971 der IGM kandidierten von 10 Vorstandsmitgliedern zum wiederholten Male 8, die auch gewählt wurden. Zu den 2 freiwerdenden Vorstandsstellen lagen Vorstandsvorschläge vor. Diese wurden gewählt, und alle aus dem Kreise der Delegierten vorgeschlagenen Gegenkandidaten erhielten nicht die erforderliche Stimmenzahl. (FR v. 4.10.1971)

62 Auf dem DGB-Bundeskongreß ist dies noch möglich, da der Bundesvorstand dort nicht dieselbe Macht hat, wie bei den Einzelgewerkschaften. So wurde 1969 Franz Woschesch aus dem Kreise der Delegierten vorgeschlagen und gewählt. Daß dieses Verfahren auch dort ungewöhnlich ist, zeigt die Äußerung eines Delegierten (Protokoll S. 351): „Ich habe nichts gegen die Kandidatur des Kollegen Woschesch oder wie ich sie bezeichnen soll. Ich bin der Meinung, daß man den Vorschlägen des Wahlausschusses Folge leisten soll.“

der Vorstandsliste gewählt werden, kann also nur geschlossen werden, daß die grundlegenden Entscheidungen nicht auf dem Gewerkschaftstag, sondern beim Aufstellen dieser Liste getroffen werden. Es können keine generellen Aussagen darüber gemacht werden, wie weit diese Entscheidungen für Untergliederungen offen sind oder inwieweit nur ein kleiner Führungszirkel daran beteiligt ist.

Auch der Umstand, daß erneut kandidierende Vorstandsmitglieder immer wiedergewählt werden, kann nicht notwendigerweise so gewertet werden, daß keine echte Wahl, sondern lediglich eine Akklamation stattfindet. Die Vorstandsmitglieder können die Wünsche und Beanstandungen der Mitglieder rechtzeitig erkannt und umstrittene Kandidaten erst gar nicht wieder haben antreten lassen[63].

Der Vorstand nimmt also bei der Auswahl seiner Nachfolger oder bei Ergänzungen entscheidenden Einfluß. Dies ist auch dann der Fall, wenn er nicht selbst Kandidaten vorschlägt, sondern dies wie bei der GED eine Wahlkommission macht. Der Vorstand ist dann an der Zusammensetzung und der Arbeit dieser Kommission beteiligt. Bei der IG Bau bildet dagegen der Beirat eine Personalkommission, die die Vorschläge macht[64]. Hier werden bereits offiziell im Vorverfahren die Bezirke eingeschaltet.

Der Umstand, daß der Vorstand nur so viele Vorschläge macht, wie Ämter zu vergeben sind, und meist keine weiteren Vorschläge aus dem Kreis der Delegierten erfolgen, führt dazu, daß per Akklamation und nicht mehr geheim gewählt wird[65]. Zwar ist dies satzungsgemäß nur dann möglich, wenn sich dagegen kein Widerspruch erhebt, doch ist dies selten der Fall.

Neue Kandidaten für den Vorstand werden nicht nur monatelang vorher diskutiert, sondern stehen oft schon lange vorher so fest, daß die Neuwahl bloßer Vollzug einer längst getroffenen Entscheidung ist[66].

---

63 Theodor Cassau, Die Gewerkschaftsbewegung, S. 58, meint, daß die Wahl auf beschränkte Zeit keine Beschränkung der Gewählten, sondern der Wähler darstelle. Sie diene nicht der Kontrolle der Exekutive, sondern der Erhöhung der Autorität. Es wäre aufschlußreich, die Gründe zu untersuchen, aus denen hauptamtliche Funktionäre ausscheiden.

64 Auf dem Gewerkschaftstag der IG Bau 1969 wurde nach Protokoll S. 284 von den 7 Vorschlägen der Personalkommission einer nicht akzeptiert.

65 10. Gewerkschaftstag der DPG 1971, Protokoll S. 267.

66 So berichtete der Spiegel im September 1971 über den designierten Nachfolger des Vorsitzenden der DPG, der dann auch im November 1971 gewählt wurde, ohne den geringsten Zweifel an seiner Wahl zu haben.

Bei Nachwahlen zwischen den Gewerkschaftstagen durch den Beirat sind die Einflußmöglichkeiten des Vorstandes noch größer, da das entscheidende Gremium überschaubarer ist[67].

Besteht auch bei allgemeinen Feststellungen leicht die Gefahr, aus Einzelerscheinungen fälschlicherweise generelle Schlußfolgerungen zu ziehen, so kann doch gesagt werden, daß zwar keine Kooptation, jedoch eine Wahl durch die Delegierten unter weitgehender präjudizierender Einflußnahme durch den Hauptvorstand vorgenommen wird.

---

67 Von diesem Einfluß wird auch in der Presse ausgegangen. So schrieb die FR am 30.9.1971: „Es verübeln manche Delegierte dem Vorstand die Aufnahme Olaf Radkes als Ersatz für den zum DGB abgewanderten Gerd Muhr.“ Es fand aber keine Kooptation, sondern eine Wahl durch den Beirat statt.

§ 7 Zuständigkeitsverteilung und Möglichkeiten der Mitwirkung auf Ortsebene

Wurde bisher nur der Amtserwerb behandelt, so sollen nunmehr die Zuständigkeiten der einzelnen Organe und auf Ortsebene auch die Mitwirkungsmöglichkeiten des einzelnen Mitglieds aufgezeigt werden. Da die Ortsgruppen nie isoliert, sondern nur als unterste Gliederung des Bundesverbandes gesehen werden können, ist daneben die Stellung der einzelnen Ebenen im Willensbildungsprozeß zu unterscheiden.

Wird auch anerkannt, daß die Satzungen nicht immer ein Spiegelbild der tatsächlichen Verhältnisse sind, so muß sich doch weitgehend auf sie gestützt werden, sowie auf die vom Hauptvorstand erlassenen Richtlinien und Mustersatzungen, da die Geschäftsberichte des Hauptvorstandes nur ein Bild der Bundesebene vermitteln und spezielle Untersuchungen über das örtliche Gewerkschaftsleben unter diesem Gesichtspunkt nicht vorliegen[1]. Ob eine zwingende Pflicht der Verwaltungsstellen, sich über den bereits in der Satzung enthaltenen Bereich hinaus an die Mustersatzung oder die Richtlinien zu halten, besteht, ist zumindest streitig, doch kann davon ausgegangen werden, daß diese „Empfehlungen" weitgehend eingehalten werden.

Die Urzelle der gewerkschaftlichen Organisation ist nicht der Betrieb, sondern die Verwaltungsstelle am Ort. Die Vertrauensleute in den Betrieben beraten nur die Mitglieder über ihre Rechte und Pflichten gegenüber dem Arbeitgeber, aber auch gegenüber der Gewerkschaftsorganisation und verbreiten den gewerkschaftlichen Gedanken im Betrieb[2]. Eine organisierte Willensbildung mit Beschlußfassung, Delegiertenwahl und Antragsrecht ist meist nicht gegeben[3].

Der Willensbildungsvorgang in den Verwaltungsstellen ist notwendigerweise unterschiedlich, je nachdem, ob es sich um eine Verwaltungsstelle mit nur 500 Mitgliedern oder mit 50.000 Mitgliedern handelt[4]. Die IG Chemie, die wie

---

1 Hartmut Schellhoss, Apathie und Legitimität, gibt zwar einige Angaben über das Desinteresse der Mitglieder, untersucht aber nicht näher, wie weit Arbeitnehmer und Mitglieder die Gewerkschaftspolitik mittragen. Cassau, a.a.O., zeigte einige auch heute noch vorzufindende Tendenzen auf, sein empirisches Material von 1925–1930 kann jedoch ohne Nachprüfung nicht übernommen werden.

2 Siehe Richtlinien für Vertrauensleute der IGM und der IG Chemie.

3 Außer bei der IGBE, IG Chemie, DAG und den Amtsgruppen der DPG.

4 Nach dem Geschäftsbericht 1965–1967 des Vorstandes der IGM S. 87 haben vier Verwaltungsstellen über 50.000 Mitglieder, 13 Verwaltungsstellen 30 bis 50.000, 36 Verwaltungsstellen 10 bis 30.000, 53 Verwaltungsstellen 5000 bis 10.000, 48 Verwaltungsstellen 3000 bis 5000, 26 Verwaltungsstellen 1000 bis 3000 Mit-

die IGM Verwaltungsstellen mit verhältnismäßig vielen Mitgliedern hat, versucht im Gegensatz zur IGM, dem einzelnen Mitglied dadurch organisatorisch entgegenzukommen, daß neben den 73 Verwaltungsstellen noch 600 Nebenstellen entweder als Wohnortbereich oder auf Betriebsbasis eingerichtet sind. Durch gute Vertrauensleutearbeit kann jedoch die Arbeit der Nebenstellen weitgehend ersetzt werden.

Die Größe der Verwaltungsstellen wirkt sich zunächst dahin aus, daß keine Mitgliederversammlungen, sondern nur noch Delegiertenversammlungen stattfinden[5]. Dies führt notwendigerweise zu einer Einschränkung der Mitwirkungsrechte des einzelnen Mitglieds. Dieses kann dann nur in einem Abstand von zwei bis vier Jahren seine Delegierten wählen, ist aber ansonsten von den dem Mitgliederorgan zustehenden Entscheidungen, der Verabschiedung der Satzungen, der Wahl des Vorstandes und der Delegierten zum Bezirks- und Gewerkschaftstag, sowie der Beschlußfassung über die an diese Gremien zu stellenden Anträge ausgeschlossen. Dies kann nur dadurch vermieden werden, daß der Willensbildungsvorgang eine Stufe nach unten verlagert wird, was jedoch selten geschehen ist.

In allen Satzungen ist festgehalten, daß die Mitglieder- bzw. Delegiertenversammlung das höchste willensbildende Organ der Verwaltungsstelle ist und alle entgültigen Entscheidungen über Gewerkschaftsangelegenheiten im Rahmen der Verwaltungsstelle zu treffen hat. Der Verwaltungsstellenvorstand ist dagegen offiziell nur Verwaltungsorgan, dem Aufgaben obliegen, wie die Führung der Kasse, die Einberufung und Durchführung der Versammlungen, wie der Vertrauensleute- und Betriebsratswahlen, die Durchführung von Agitationsmaßnahmen, die Förderung der allgemeinen örtlichen Gewerkschaftsbewegung, die Unterstützung, Schulung und Beratung der Mitglieder, die Überwachung der Tarif- und Arbeitsbedingungen und die Bildung und Unterhaltung von Arbeitskreisen bzw. Fach-, Frauen- und Jugendgruppen.

In der Praxis sieht es jedoch oft so aus, daß die Mitglieder- und Delegiertenversammlungen nur in den satzungsmäßig vorgeschriebenen Fällen, nämlich ein- bis viermal im Jahr, einberufen werden[6]. Außerordentliche Delegiertenver-

---

glieder. Die IG Chemie hat nach dem Geschäftsbericht 1966–1968 S. 175 zwei Verwaltungsstellen mit über 30.000 Mitgliedern, zwei Verwaltungsstellen mit 20 bis 30.000, drei Verwaltungsstellen mit 15 bis 20.000, sieben Verwaltungsstellen mit 10 bis 15.000 Mitgliedern.

5 Bei der DAG bestehen seit 1971 die Ortsgruppenkonferenzen aus den Delegierten der DAG-Mitglieder in den Betrieben.

sammlungen können vom Verwaltungsstellenvorstand oder von einem Drittel der Delegierten einberufen werden[7]. Es ist fraglich, ob dabei die entscheidenden Willensimpulse aus den Reihen der Mitgliedschaft kommen können. Der Verwaltungsstellenvorstand wird aufgrund seines Informationsvorsprungs durch die kontinuierliche Gewerkschaftsarbeit meist in der Lage sein, die Willensbildung der Mitglieder bzw. Delegierten in seine Richtung zu beeinflussen. Der große Abstand der Versammlungen macht es auch schwer, konkrete Anweisungen an den Vorstand zu erteilen, sowie eine effektive Kontrolle durchzuführen. Dabei spielt eine nicht unerhebliche Rolle die Amtszeit von drei bis vier Jahren[8], innerhalb der Abwahlmöglichkeiten nicht vorgesehen sind. Die Gewerkschaften Leder und Textil verpflichten den Vorstand, obwohl die Neuwahlen auch nur alle zwei bis drei Jahre stattfinden, jährlich einen Geschäfts- und Kassenbericht zu erstatten, der bei Textil schriftlich vorgelegt werden muß.

Es ist auch zu berücksichtigen, daß die hauptamtlichen Mitglieder des Verwaltungsstellenvorstandes eine Doppelstellung innehaben. Sie sind einerseits Vertreter der Verwaltungsstelle nach außen und gegenüber den höheren gewerkschaftlichen Gremien, andererseits als Angestellte des Hauptvorstandes dessen Weisungen unterworfen und verpflichtet, die Anordnungen bei der Mitgliedschaft durchzusetzen. Welchen dieser beiden Aufgaben das größere Gewicht beigemessen wird, hängt weitgehend von dem einzelnen Gewerkschaftsfunktionär und der Ausübung des Weisungsrechts durch den Hauptvorstand ab. In den Satzungen wird entscheidendes Gewicht auf die Durchführung der Beschlüsse und Weisungen des Haupt- bzw. Bezirksvorstandes[9] und nicht der Mitgliederversammlung gelegt. Nach dem Geschäftsbericht des Vorstandes der IGM „leitet die Ortsverwaltung die Verwaltungsstelle im Rahmen der Satzung und unter Beachtung der vom Vorstand aufgrund der Beschlüsse von Gewerkschaftstag und Beirat gegebenen Anweisungen und Vollmachten“[10]. Eine Berücksichtigung und Ausführung des sich im Rahmen der Beschlüsse der Gewerkschaftstage haltenden Mitgliederwillens des Ortsverbandes wird nicht in Betracht gezogen. Der Einfluß des Hauptvorstandes ist notwendigerweise un-

---

6 Bei Textil, NGG, HBV, IG Chemie einmal im Jahr; bei IG Druck und DPG viermal im Jahr.

7 NGG.

8 Die DAG hat 1971 die Amtszeit des Ortsgruppenvorstandes von zwei auf vier Jahre verlängert.

9 Vgl. die Satzungen von Textil, IGM, GED, IG Bau, NGG, DPG, ÖTV, IGBE, GHK.

10 1965–1967 S. 87.

terschiedlich, je nachdem, ob die Verwaltungsstellen-Vorstandsmitglieder Angestellte des Hauptvorstandes sind oder nicht. Die Anzahl der hauptamtlich geleiteten Verwaltungsstellen nimmt mit der Vergrößerung der Organisationsbasis laufend zu, so daß damit, auch wenn ein Geschäftsführer nicht durch den Vorstand berufen wird, der Einfluß des Hauptvorstandes auf die Verwaltungsstellen steigt.

Der Einfluß des Hauptvorstandes ist natürlicherweise bei den föderativ organisierten Gewerkschaften geringer. So bestehen bei der GEW und der Gewerkschaft Kunst keine Weisungsbefugnisse des Bundesvorstandes und der Landesvorstände. Auch die IG Druck sorgt zumindest der Satzung nach für weitgehende Autonomie der Verwaltungsstellen, was darin zum Ausdruck kommt, daß nicht die Verantwortung und Weisungsunterworfenheit gegenüber dem Hauptvorstand, sondern gegenüber der Mitgliederversammlung betont wird, der vierteljährlich Tätigkeits- und Kassenberichte zu erstatten sind.

Ein Eigenleben der Verwaltungsstellen wird durch die zur Verfügung stehenden Geldmittel entscheidend bestimmt. Der Anteil der Verwaltungsstellen schwankt in den einzelnen Gewerkschaften zwischen 12 bis 25%[11]. Die jeweilige Höhe hängt von der Größe der Verwaltungsstelle ab und ist entweder bereits in der Satzung festgelegt oder wird vom Bundesvorstand im Einvernehmen mit dem Verwaltungsstellenvorstand bestimmt[12]. Letztere Regelung gibt dem Bundesvorstand gewisse Einflußmöglichkeiten auf die in der Verwaltungsstelle durchzuführenden Maßnahmen.

Eine repräsentative Berücksichtigung des Mitgliederwillens in der Arbeit des Verwaltungsstellenvorstandes wird dadurch angestrebt, daß Vertreter von Personen und Fachgruppen aufgrund von Vorschlägen der Gruppen in den Vorstand aufgenommen werden[13].

---

11 NGG 15%, HBV 20–25%, ÖTV 13–20%, GHK Verwaltungsstelle 12%, Geschäftsstelle 3%, IG Bau 15–20%, IGM 20–25%, Leder 8–15%. 1967 betrug das gesamte Beitragsaufkommen der IGM nach Protokoll des 9. ordentlichen Gewerkschaftstages 1968 S. 76 140 Mill. DM.

12 IG Chemie.

13 NGG, ÖTV, IG Chemie.

§ 8 Zuständigkeitsverteilung auf Bezirks- bzw. Landesbezirksebene

Die Bezirkskonferenz ist nach der Satzung aller Gewerkschaften außer der IGM das höchste Organ auf Bezirksebene. Sie hat grundsätzlich den Bezirksvorstand zu wählen, dessen Berichte entgegenzunehmen und darüber zu beschließen, über Anträge zu beschließen und die Delegierten des Bezirks für den Gewerkschaftstag bzw. den Beirat zu wählen.

Bei der IGM hat dagegen die Bezirkskonferenz „jährlich zur wirksamen Unterstützung der Bezirksleitung, zur Erörterung taktischer Fragen sowie zur Erleichterung der Durchführung der Beschlüsse der Gewerkschaftstage und der Gewerkschaftsaufgaben" stattzufinden. Nach dem Geschäftsbericht 1965–1967 des Vorstandes „referierten auf Bezirkskonferenzen geschäftsführende Vorstandsmitglieder über jeweils aktuelle gewerkschaftliche Themen und wurde von der jeweiligen Bezirksleitung zu wesentlichen Fragen der Metallwirtschaft und gewerkschaftlichen Ereignissen Stellung bezogen"[1]. Nach einer anderen Bestimmung der Satzung der IGM „obliegt die Beratung der gewerkschaftlichen Angelegenheiten im Bezirk der Bezirksleitung".

Daraus ist zu entnehmen, daß es nicht Aufgabe der Bezirkskonferenz ist, den Bezirksleiter oder Bezirksvorstand zu wählen und zu kontrollieren, und durch eigene Beschlußfassung einerseits dem Bezirksvorstand eine Richtlinie für seine Arbeit im Bezirk zu geben, andererseits die Willensbildung im Bezirk auf die Bundesebene zu tragen. Die Konferenz hat nur die Aufgabe, die auf Bundesebene getroffenen Entscheidungen möglichst reibungslos nachzuvollziehen.

Sieht man von der IGM ab, so fragt es sich, ob die Bezirkstage der anderen Gewerkschaften ihrer umfassenden Aufgabe einer Vertretung des Mitgliederwillens gegenüber Bezirks- und Bundesvorstand gerecht werden[2]. Soll sich die Bezirkskonferenz nicht in ihrer Funktion als Kreationsorgan des Bezirksvorstandes erschöpfen, so muß ihr die Beschlußfassung über gewisse grundsätzliche Fragen vorbehalten bleiben. Hat jedoch „der Landesbezirksvorstand alle gewerkschaftlichen Aufgaben innerhalb des Landesbezirks durchzuführen"[3], oder „die Interessen der ÖTV in seinem Bereich wahrzunehmen" und faßt gar „der Bezirksvorstand die zur Erfüllung der satzungsgemäßen Aufgaben des Bezirks notwendigen Beschlüsse und überwacht ihre Durchführung"[4], so deutet dies

1 S. 89.

2 Dies kann ebenfalls im Rahmen dieser Arbeit nur durch eine Analyse der Satzungen geschehen.

3 HBV, Gartenbau.

auf eine weitgehende Zurückdrängung der Zuständigkeiten des Bezirkstages hin. Die Formulierungen bei anderen Gewerkschaften sind nicht ganz so weitgehend. So bleibt den Landesverbandstagen meist das Beratungs- und Beschlußfassungsrecht über die Gewerkschaftsarbeit innerhalb des Landesverbandes[5], bei der DAG kann er dazu noch über die zu treffenden Maßnahmen beschließen, während Landesverbandsleiter und Vorstand die Geschäfte führen.

Auch wenn der Bezirkskonferenz noch ein eigener nicht delegierter Bereich der Beschlußfassung vorbehalten ist, so ist die sachgemäße Ausübung wie auch eine nachträgliche Kontrolle der Entscheidungen des Vorstands dadurch erschwert, daß sie nur alle drei bis vier Jahre zusammentritt. Bei der DPG werden zwar in den Jahren ohne Bezirkstag mindestens einmal jährlich Bezirkskonferenzen abgehalten, doch dienen sie (nur) „der Unterrichtung der Ortsverwaltungen und Amtsgruppen".

Soweit außerordentliche Bezirkskonferenzen überhaupt vorgesehen sind, ist ihre Einberufung sehr beschwerlich. Bei der HBV muß der Antrag auf Einberufung von Ortsverwaltungen gestellt werden, die mehr als zwei Drittel der Mitglieder des Landesbezirks vertreten. Der Landesbezirksvorstand bedarf daneben zur Einberufung noch der Billigung des Hauptvorstandes. Während bei ordentlichen Bezirkskonferenzen der Hauptvorstand die Kosten trägt, obliegen diese bei außerordentlichen Konferenzen den Ortsverwaltungen, welche Delegierte entsenden.

Der Bezirksleiter und Bezirksvorstand wird entweder als ausführendes Organ des Bezirks[6], als Beauftragter des Hauptvorstandes[7] oder als beides[8] bezeichnet. Es ist nicht klar, wie weit sich aus den unterschiedlichen Bezeichnungen tatsächlich die mehr oder weniger große Abhängigkeit von Weisungen des Bundesvorstandes entnehmen läßt oder wie weit in Stellung und Weisungsgebundenheit zwischen Bezirksvorstand und Bezirksleiter zu unterscheiden ist.

Nur selten wird der Bezirksleiter nicht als Mitglied des Bezirksvorstandes, sondern als quasi höherrangiges Organ angesehen und der Bezirksvorstand „zu seiner Unterstützung gewählt"[9]. Besonders klar hat dies die Gewerkschaft Gartenbau ausgesprochen: „Die Geschäfte des Landesbezirks führt der Landesbe-

4 IG Chemie.
5 DAG, IG Druck.
6 GED, HBV, IG Chemie, IG Druck.
7 IG Bau.
8 GED, ÖTV, Textil, DAG, NDG.
9 IG Bau, GHK.

zirksleiter nach den Anweisungen des Hauptvorstandes. Er ist diesem verantwortlich. Der Landesbezirksvorstand ist über die Geschäftsführung zu unterrichten.“ Eine Unterscheidung könnte sich höchstens daraus ergeben, daß der Bezirksleiter als hauptamtlicher Angestellter des Hauptvorstandes an dessen Einzelanweisungen gebunden ist, während der Bezirksvorstand die gewerkschaftlichen Interessen (nur) „im Rahmen der Beschlüsse und Richtlinien des Hauptvorstandes zu vertreten hat“[10]. Die Beschlüsse des Hauptvorstandes können jedoch den eigenverantwortlichen Raum so sehr einengen, daß sie Einzelanweisungen gleichstehen.

Ist der Bezirksvorstand und auch die Bezirksversammlung an Beschlüsse des Gewerkschaftstages, -rates und Bundesvorstandes gebunden, so ergibt sich daraus konkludent, daß der Bezirksleiter keine Beschlüsse des Bezirksvorstandes oder der Bezirksversammlung ausführen darf, die Anweisungen des Hauptvorstandes widersprechen.

Aus dieser Überordnung der Beschlüsse der Bundesorgane ist zu erklären, warum in den Satzungen meist nicht eine Bindung an die Beschlüsse der Bezirksversammlung erwähnt wird. Dieser bleibt für eine eigene Willensbildung wie eine Beauftragung des Bezirksleiters und Bezirksvorstandes der sachliche und zeitliche Raum, den die Beschlüsse der Bundesorgane noch freilassen.

Es hängt also vom Hauptvorstand ab, wie weit dieser durch bindende Beschlüsse und Einzelanweisungen die Befugnisse des Bezirks einschränkt.

Ein Eigenleben der Bezirke wird auch dadurch erschwert, daß sie meist keinen bestimmten Beitragsanteil zur eigenverantwortlichen Verfügung erhalten, sondern – so die ÖTV ausdrücklich – die den Bezirksverwaltungen entstehenden Kosten von der Hauptkasse getragen werden.

Die Stellung der Bezirksversammlung als höchstes Organ auf Bezirksebene wird also sowohl durch die weitgehenden Kompetenzen des Bezirksvorstandes wie auch durch die Weisungsbefugnisse des Hauptvorstandes ausgehöhlt.

Anders ist es in einem föderativen Verband wie der GEW. So führt bei der GEW Hessen der Landesvorstand die Verbandspolitik im Rahmen der Beschlüsse der Vertreterversammlung und des Hauptausschusses (auf Landesebene). Er ist nicht an Weisungen des Bundesvorstandes gebunden, sondern „ist für die Durchführung der Beschlüsse der Vertreterversammlung verantwortlich und erhält von ihr einen Auftrag für zwei Jahre“. Auch bei der IG Druck kann zumindest nach der Satzung der Hauptvorstand dem Bezirks- bzw. Landesbezirksleiter keine Weisungen erteilen.

10 IGBE.

§ 9 Zuständigkeitsverteilung auf Bundesebene

Nach allen Satzungen hat der Gewerkschaftstag den Vorstand, Beirat und Ausschuß zu wählen, über deren Berichte Beschluß zu fassen, die Satzung zu beschließen und die allgemeine Gewerkschaftspolitik festzulegen. Formell ist er damit höchstes Organ der Gewerkschaften, doch ist nachzuprüfen, ob er diesem Anspruch auch tatsächlich gerecht wird.

Der Vorstand hat demgegenüber, wobei ihm nicht bei allen Gewerkschaften sämtliche Befugnisse obliegen,

die Gewerkschaft nach innen und außen zu vertreten,

die Erfüllung der Satzung zu überwachen und zu deren Ausführung Richtlinien zu erlassen,

die Satzungen der Verwaltungsstellen nachzuprüfen[1],

Weisungen zur Durchführung der Beschlüsse des Gewerkschaftstages und des Beirates zu erlassen,

die Organisationsbereiche der Verwaltungsstellen und Bezirke nach wirtschaftlicher und organisatorischer Zweckmäßigkeit zu bestimmen,

Richtlinien für die Tarifpolitik zu erlassen,

die Anstellung, Versetzung und Entlassung von Sekretären allein oder mit Zustimmung der zuständigen Organe der Gewerkschaft vorzunehmen,

Streikbeschluß zu fassen und

die Richtlinien für die Rechte und Pflichten der gewerkschaftlichen Vertrauensleute zu erlassen.

Die offensichtlichste Schwäche des Gewerkschaftstages ist, daß er alle drei bis vier Jahre in wenigen Tagen ein umfangreiches Programm zu absolvieren hat und gleichzeitig nach außen gewerkschaftliche Solidarität und Stärke demonstrieren soll[2].

Die zeitlichen Abstände zwischen den Gewerkschaftstagen sind in den letzten Jahren immer größer geworden. So fanden 1956 bei der IG Chemie noch alle zwei Jahre die Gewerkschaftstage statt, und bei der ÖTV, HBV und GED noch

---

1 Nach dem Protokoll des Gewerkschaftstages der IG Bau 1969 S. 1157 soll damit nur erreicht werden, daß keine der Hauptsatzung und den Beschlüssen der Gewerkschaftstage zuwiderlaufenden Bestimmungen aufgenommen werden.

2 Fritz Vilmar, GMH 1971 S. 224 meint, daß Gewerkschaftstage ihre Funktion der Herrschaftskontrolle und Legitimation weitgehend nur scheinbar erfüllen, weil sie durch enorme Zeitvergeudung mehr showartige Demonstrationen als effektive Arbeits- und Wahltagungen darstellen. Beim Gewerkschaftstag der IGM wurden so 18 Arbeitsstunden vertan.

alle drei Jahre. Interessant sind dabei die Argumente, die auf dem 8. Gewerkschaftstag der GED 1968 bei der Einführung des Turnus von vier Jahren in die Debatte gebracht wurden: Während die Befürworter darlegten, daß eine laufende Kontrolle stattfinde, die hauptamtlichen Funktionäre genügend Konferenzen zu besuchen hätten und nicht zu ihrer Arbeit kämen und die Gewerkschaftstage dann immer vor Bundestagswahlen durchgeführt werden könnten (um entsprechenden Druck auszuüben), betonten die Gegner, daß die Arbeit des Gewerkschaftstages dann praktisch vom Beirat gemacht werde und der Gewerkschaftstag von seiner demokratischen Funktion und Aufgabenstellung und nicht von Zweckmäßigkeit und finanziellen Gesichtspunkten betrachtet werden müsse. Eine Verlängerung sei nur dann gerechtfertigt, wenn die Möglichkeit zur Einberufung eines außerordentlichen Gewerkschaftstages erleichtert oder genügend Fachkonferenzen stattfinden würden[3, 4]. Letzteres konnte nicht nachgeprüft werden.

Das Einberufen eines außerordentlichen Gewerkschaftstages ist an erhebliche Anforderungen geknüpft. So verlangt z.B. die Satzung der HBV den Antrag von Orts- und Bezirksverwaltungen, die mehr als die Hälfte der Mitglieder vertreten, oder Dreiviertelmehrheit des Gewerkschaftsausschusses.

Es ist fraglich, ob der Gewerkschaftstag von seiner Zusammensetzung her in der Lage ist, unverfälscht den Mitgliederwillen kundzutun, und die ihm übertragenen Aufgaben, wie Wahl, Kontrolle und Festlegung der Gewerkschaftspolitik sachlich noch wahrnehmen kann.

Werden die Delegierten meist in den Verwaltungsstellen gewählt, so kann weitgehend davon ausgegangen werden, daß sie den Mitgliederwillen an der Basis repräsentieren, was bei einer Zwischenwahl auf Bezirksebene wegen möglicher Verfälschung durch Mehrheitsverhältnisse nicht gesichert ist. Durch die stimmberechtigte Teilnahme am Gewerkschaftstag verhindern die Hauptvorstandsmitglieder und andere Bundesfunktionäre, daß der Mitgliederwille sich in diesem Organ unbeeinflußt artikulieren kann. Das Stimmrecht des Vorstandes bekommt dadurch besonderes Gewicht, daß er meist jederzeit außerhalb der Rednerliste das Wort ergreifen kann[5]. Bei der IG Bau ist ihm letzteres nur bei sachlicher Richtigstellung möglich. Dabei soll hier dahinstehen, ob der Haupt-

3 Protokoll S. 180 ff.

4 Die Einberufung eines außerordentlichen Gewerkschaftstages wurde nicht erleichtert.

5 GO 9. Gewerkschaftstag der IGM, Protokoll S. 12, GO 8. ordentlicher Bundeskongreß des DGB.

vorstand am Gewerkschaftstag teilnehmen muß, um dem Informationsbedürfnis der Delegierten Genüge zu tun. Dies kann auch durch beratende Stimme geschehen, wie dies von einigen Gewerkschaften praktiziert wird.

Sind ein großer Teil der Delegierten hauptamtliche Funktionäre der Gewerkschaft[6] und damit Angestellte des Hauptvorstandes, so wird auch dadurch eine von diesem unabhängige Willensbildung und Kontrolle erschwert[7]. Bei den hauptamtlichen Funktionären ist jedoch zu unterscheiden zwischen den Verwaltungsstellen- oder Bezirksleitern und den freigestellten Betriebsräten, die vom Hauptvorstand weitgehend unabhängig sind. Die Behauptung[8], daß die hauptamtlichen Funktionäre auch noch das kontinuierliche Element auf den Gewerkschaftstagen darstellen und die Fluktuation auf die ehrenamtlichen beschränkt bleibt, trifft zumindest auf einige Gewerkschaften nicht zu[9].

Auch die weitere Feststellung, daß eine Willensbildung gegen diesen Block nicht durchführbar ist[10], geht von der empirisch nicht nachgewiesenen Tatsache aus, daß sie sich immer als Block darstellen und mit dem Vorstand konform gehen. Weiter ist unzutreffend, daß wenigstens die Hälfte der ehrenamtlichen Funktionäre einen stabilen organisatorischen Kern bildet, der über Neuwahlen hinweg immer wieder von den Kollegen berufen wird[11]. So haben bei der IGM auf den letzten Gewerkschaftstagen immer nur ca. 20% aller Delegierten am vorhergehenden Gewerkschaftstag teilgenommen[12], während bei der IG Chemie auf dem Gewerkschaftstag 1966 ca. 36% der Delegierten teilgenommen haben, die bereits auf dem Gewerkschaftstag 1963 anwesend waren[13].

---

6 Auf dem 8. ordentlichen Gewerkschaftstag der IG Bau 1969 waren nach dem Protokoll S. 183 25% hauptamtliche, 1966 noch 45% hauptamtliche Delegierte. Auf dem 9. ordentlichen Gewerkschaftstag der IGM 1968 waren nach Protokoll S. 58 33% hauptamtliche Delegierte. Bei der IG Chemie waren 1966 nach dem Geschäftsbericht 1969 S. 162 25% hauptamtliche Delegierte.

7 Im Gegensatz zu den meisten DGB-Gewerkschaften können bei der DAG hauptamtliche Funktionäre keine Delegierten werden.

8 Buchholz, Wirtschaftsverbände S. 127, die er in der Neuauflage 1970 nicht mehr wiederholt.

9 Siehe Protokolle der IG Chemie und IGM.

10 Buchholz, S. 130.

11 Buchholz, a.a.O.

12 Geschäftsbericht 1968 S. 104.

13 Geschäftsbericht 1969 S. 162, davon waren 47 hauptamtliche und 81 ehrenamtliche Delegierte.

Wie weit ist der Gewerkschaftstag und mit ihm die Mitglieder tatsächlich in der Lage, grundlegende Sachentscheidungen gegenüber dem Vorstand durchzusetzen und damit diesem eine verbindliche Richtlinie zu geben? Sachentscheidungen können von Mitgliedern nur durch Anträge an und auf dem Gewerkschaftstag beeinflußt werden. Antragsrecht haben in den einzelnen Gewerkschaften die Mitglieder- und Delegiertenversammlungen auf Ortsebene, die Verwaltungsstellenvorstände, die Bezirkstage und Bezirksvorstände, die Konferenzen und Vorstände bzw. Hauptausschüsse der Personen- und Fachgruppen sowie der Beirat. So ist zunächst gewährleistet, daß die Meinungen der Mitgliedschaft an den Gewerkschaftstag gelangen.

Entscheidend ist jedoch, welche Beschlüsse gefaßt werden. Dazu ist wiederum wichtig, wie die Anträge zur Abstimmung gestellt werden. Dabei ist zu berücksichtigen, daß dem Hauptvorstand meist eine kürzere Antragsfrist eingeräumt ist, wodurch dieser vorliegende Anträge bereits in dem eigenen Antrag berücksichtigen kann. Zwar verhindert die kürzere Frist, daß Vorstandsanträge in unteren Gremien noch diskutiert werden, andererseits kennen die Delegierten bereits vor dem Gewerkschaftstag die Stellungnahmen des Vorstandes zu ihren Anträgen.

Die Anträge werden von einer Antragskommission, die bereits vor dem Gewerkschaftstag zusammentritt, nach Sachgebieten geordnet, teilweise neu formuliert, wobei dann auch diese Neuformulierungen zur Annahme oder Ablehnung empfohlen werden. Im Durchschnitt werden 95% der Empfehlungen der Antragskommission angenommen[14]. Haben somit die Empfehlungen der Antragskommission aufgrund einer vermeintlichen oder wirklichen Sachkenntnis bzw. Repräsentation des Mitgliederwillens einen stark präjudizierenden Effekt, so ist darauf zu achten, aus welchen Mitgliedern sie zusammengesetzt ist. Während sie bei der IG Chemie vom Beirat aus den gemeldeten Delegierten ausgewählt wird, wobei jeder Bezirk durch mindestens ein Mitglied vertreten sein muß, wird sie bei der HBV vom Hauptvorstand im Einvernehmen mit den Landesbezirken aus den Delegierten ausgewählt. Bei der IGM wählen die Delegierten des Bezirks vor dem Gewerkschaftstag unter Leitung des Bezirksleiters aus ihrer Mitte die Mitglieder der Antragskommission. Nur das bei der IGM angewandte Verfahren verhindert, daß evtl. vorstandskonforme Delegierte ausgewählt werden.

14 Zahl von Hartmut Schellhoss, S. 16, Vilmar, a.a.O., meint, daß die vom Vorstand gesteuerte Antragsberatungskommission mit ihren Empfehlungen den weithin inkompetenten Delegierten meist vorstandskonforme Entscheidungen suggeriert.

Für den Ablauf eines Gewerkschaftstages und die Behandlung der zur Beschlußfassung anstehenden Anträge kann auch entscheidend sein, in wessen Händen die Leitung des Gewerkschaftstages liegt. In den meisten Gewerkschaften obliegt die Leitung des Gewerkschaftstages dem Vorstand. Auch in den Fällen, in denen ein Präsidium zu wählen ist, wird die Leitung meist wieder einem Vorstandsmitglied übertragen, da der Vorstand für das Präsidium generell das Vorschlagsrecht ausübt und keine geheime Wahl, sondern eine Akklamation der vorher abgesprochenen Kandidaten stattfindet[15].

Die Leitung eines Gewerkschaftstages gibt vielfältige Möglichkeiten der Einflußnahme auf die Willensbildung[16], die schon oft praktiziert wurden, auch wenn sich nicht für alle Varianten Beispiele in den Protokollen finden lassen. Eine Abgrenzung zwischen legitimen geschäftsordnungsmäßigen Verfahren, die einen zügigen Ablauf des Kongresses gewährleisten sollen, und dem Verfolgen einer bestimmten Taktik läßt sich dabei meist nicht ziehen[17].

1. Der Leiter spricht an entscheidender Stelle, was er am besten beurteilen kann, zur Sache, auch wenn er als Versammlungsleiter nach üblichen Gepflogenheiten keine Stellung ergreifen dürfte, und beeinflußt damit die Willensbildung in eine bestimmte Richtung.
2. Er entzieht dem Kongreß den strittigen Gegenstand, indem er vorschlägt, ihn als Material an den Hauptvorstand zu überweisen. Dieses Verfahren, das an sich für Anträge gedacht ist, die noch nicht entscheidungsreif sind, wird oft bei unliebsamen Anträgen benutzt, um diese von der Tagesordnung zu entfernen[18].

---

15 Nach der Geschäftsordnung des 9. ordentlichen Gewerkschaftstages der IGM, Protokoll S. 12 wird ein aus fünf Personen bestehendes Präsidium gewählt, das aus zwei Vorstandsmitgliedern, einem Mitglied der Revisionskommission und zwei Mitgliedern der Verwaltungsstelle des Ortes bestehen muß. Auch das bei der GED gewählte Präsidium bestand auf dem 8. ordentlichen Gewerkschaftstag 1968 aus drei Vorstandsmitgliedern und dem Bezirksleiter des gastgebenden Bezirks.

16 Siehe Buchholz, a.a.O.

17 Diese Beispiele dienen nur der Illustration der Beeinflussung und ergeben sich aus der Leitung jedes Kongresses.

18 Auf dem 8. ordentlichen Bundeskongreß des DGB, Protokoll S. 184 wurde ein Antrag auf Delegierung von mehr Frauen zum Kongreß durch die Kongreßführung erledigt, indem vermerkt wird, dieser Antrag sei den Gewerkschaften bekannt und man hoffe, daß dem Anliegen Rechnung getragen werde. Damit wird eine Sachdiskussion, wie das Mißverhältnis der Repräsentation der Frauen auf Kongressen im Gegensatz zu ihrer Mitgliedschaft abgeschafft werden kann – etwa durch Regelungen wie bei der DAG – von vornherein abgeblockt.

3. Man spielt den Gewerkschaftsbeirat gegen den Gewerkschaftstag aus, indem man vor dem Gewerkschaftstag darlegt, ersterer habe den Antrag mit großer Mehrheit angenommen.
4. Der Leiter verhindert eine Diskussion: Der Antrag wird zur Annahme empfohlen – ist es da noch notwendig, daß wir diskutieren?
5. Er regt den Schluß der Rednerliste oder gar der Debatte an und schlägt vor, die Wortmeldungen zurückzuziehen.
6. Auf die Kritik eines Delegierten am Bundesvorstand wird diesem nicht das Wort zur Rechtfertigung gegeben, sondern der Leiter läßt zunächst eine weitere Anzahl von Delegierten sprechen, so daß endlich, wenn der Vorstand Stellung nimmt, die Kritik entweder vergessen oder nicht mehr in Einzelheiten gegenwärtig ist.
7. Vor der Abstimmung wird nochmals die Empfehlung der Antragskommission genannt.
8. Der Vorschlag der Antragskommission wird als erster zur Abstimmung gestellt[19].
9. Nach Annahme von Empfehlungen werden die übrigen Anträge als erledigt erklärt, wobei die Delegierten nicht sofort nachprüfen können, ob das wirklich der Fall ist.
10. Der Leiter macht einen Vorschlag: Ich höre keinen Widerspruch, unser Vorschlag wird also angenommen.

Sind die Anträge beschlossen, so bedeutet dies[20] für den Antragsverpflichteten theoretisch einen konkreten Auftrag, das Antragsbegehren in die Tat umzusetzen.

Ist ein Antrag nur ‚als Material' überwiesen, so beinhaltet dies keine konkrete Aufgabenstellung sondern eine bestmögliche Berücksichtigung bei der Behandlung entsprechender Sachbereiche durch den Vorstand.

Auch wenn ein Antrag mit einem konkreten Inhalt an den Vorstand überwiesen wurde, so ist trotzdem oft nicht sichergestellt, was mit dem Antrag geschieht, denn das weitere Schicksal wird meist nicht systematisch verfolgt. Die Vorstandsmitglieder legen zwar zu jedem Gewerkschaftstag einen Geschäfts-

19 Auf dem 8. ordentlichen Bundeskongreß, Protokoll S. 69 meinte Rosenberg: Jeder Delegierte müsse wissen, wofür und wogegen er stimmen wird.
Das psychologische Hemmnis, das für viele Delegierte in der Ablehnung des Vorschlags der Antragskommission liegt, wird dabei übersehen.

20 Was die Geschäftsordnung der IG Bau nochmals ausdrücklich betont.

bericht vor, doch wird in diesem nicht über die Erledigung der Anträge des letzten Gewerkschaftstages Rechenschaft gegeben, durch die allein die Delegierten eine Richtlinie für die einzuschlagende Gewerkschaftspolitik geben konnten, sondern es wird berichtet, welche Aufgaben das Vorstandsmitglied erfüllt hat, wobei der Vorstand sich diese selbst setzte oder diese ‚von der Sache her' gesetzt wurden[21].

Angesichts der erfreulichen Fluktuation der Delegierten können diese auch nicht nachprüfen, da sie meist selbst nicht anwesend waren, ob sich der Bericht mit den Anträgen deckt.

Der mangelnden Kontrollfunktion des Gewerkschaftstages ist in den meisten Satzungen dadurch Rechnung getragen worden, daß der Beschwerde- bzw. Kontrollausschuß[22] die Durchführung der Beschlüsse des Gewerkschaftstages[23] und die Einhaltung der Satzung durch den Hauptvorstand und alle Organe der Gewerkschaft zu überwachen und Beschwerden gegen Entscheidungen des Hauptvorstandes entgegenzunehmen, sie zu prüfen und für ihre Erledigung zu sorgen hat[24]. Eine effektive Kontrolle ist jedoch nur dann gewährleistet, wenn neben der personellen Unabhängigkeit der Kontrollausschuß tätig werden kann, auch ohne angerufen zu sein[25] und oft genug zusammentritt, um genügend informiert zu sein. Bei der DPG wird dies dadurch bewirkt, daß ihm die Sitzungsniederschriften des Hauptvorstandes zuzuleiten sind, während bei der DAG der Bundesvorstand verpflichtet ist, dem Gewerkschaftsrat die für dessen Beratungen benötigten Unterlagen und Berichte vorzulegen, was evtl. nur auf Antrag geschieht. Aus den von dem Beschwerdeausschuß auf den Gewerkschaftstagen erstatteten Berichten ist jedoch zu entnehmen, daß dieser weitgehend nicht die Politik des Vorstandes auf die Durchführung der Beschlüs-

21 Wie wenig verbindlich im Einzelfall Beschlüsse des Bundeskongresses sein können, ist daraus zu entnehmen, daß durch den Bundesausschuß 1967 die Jugendsekretariate vermindert wurden, obwohl der 7. ordentliche Bundeskongreß einen Antrag verabschiedet hatte, in dem die Verstärkung der gewerkschaftlichen Jugendarbeit einschließlich der personellen Mittel beantragt worden war (Protokoll 8. ordentlicher Bundeskongreß S. 229). Das Umstoßen eines Beschlusses mag aus den vielfältigsten Gründen notwendig sein, doch ist bedenklich, wenn darüber der Vorstand – was beim DGB aufgrund der Macht der Einzelgewerkschaften nicht zu befürchten ist – und nicht der Beirat als Ersatz des Gewerkschaftstages entscheidet.

22 Bei der DAG der Gewerkschaftsrat.

23 Textil, IGM, DPG.

24 IG Bau, Textil, IG Druck, IGM, DPG.

25 IG Chemie.

se hin kontrolliert, sondern sich mit Beschwerden von Einzelmitgliedern befaßt[26].

Wird die Festlegung der Gewerkschaftspolitik und die Kontrolle der Durchführung nur sehr beschränkt von Gewerkschaftstag und Kontrollausschuß vorgenommen, so könnte diese Aufgabe durch den Beirat erfüllt werden. Bei der Untersuchung, ob dieser tatsächlich als „Ersatz eines Gewerkschaftstages"[27] oder nur „zur Unterstützung des Vorstandes"[28] anzusehen ist, ist nicht auf die in den Satzungen gebrauchten Bezeichnungen abzustellen, sondern nachzuprüfen, ob er von seiner Zusammensetzung und den ihm zustehenden Befugnissen zu dem einen oder anderen in der Lage ist.

Zwar besteht der Beirat in einigen Gewerkschaften nur aus Vertretern der Bezirke, doch gehören ihm meist noch der Hauptvorstand und andere hauptamtliche Funktionäre an. Aus der Tatsache, daß ihm in einigen Gewerkschaften die Hauptvorstandsmitglieder auch dann angehören, wenn diese kein Stimmrecht auf den Gewerkschaftstagen haben[29], könnte geschlossen werden, daß seine Funktionen mehr die eines erweiterten Vorstandes als die eines Organs sein sollen, in dem die Mitglieder zwischen den Gewerkschaftstagen die Möglichkeit der Mitbestimmung und Kontrolle haben.

Auch wenn in allen Gewerkschaften die Zahl der ehrenamtlichen Beiratsmitglieder bzw. der Delegierten der Bezirke die Zahl der Vorstandsmitglieder und sonstigen hauptamtlichen Funktionäre übersteigt, so ist damit nicht die Fähigkeit zur effektiven Kontrolle garantiert. Dies beruht nicht nur darauf, daß die Hauptvorstandsmitglieder in diesem Gremium stimmberechtigt sind, sondern auch auf der Tatsache, daß dieses vom Hauptvorstand nach Bedarf einzuberufen ist, wobei allerdings eine Mindestzahl von ein bis vier Sitzungen im Jahr nicht unterschritten werden darf[30]. Ein Drittel bis zwei Drittel der Beiratsmit-

---

26 Nach dem Protokoll des Gewerkschaftstages 1969 S. 94 der IG Bau ist der Gewerkschaftsausschuß in drei Jahren achtmal zusammengetreten. Da er nur über die Rüge gegen ein Hauptvorstandsmitglied und Berufungen gegen Ausschlußverfahren berichtete, ist er wohl nur auf Antrag zusammengetreten. Nach dem Geschäftsbericht der IG Chemie 1966–1968 S. 168 behandelte der Gewerkschaftsausschuß 92 Beschwerden, von denen 59 die Anerkennung der früheren Mitgliedschaft, 8 Personalangelegenheiten und 21 Ausschlüsse behandelten.

27 So die IG Chemie.

28 IG Bau und IGM bis 1971, während in der neuen Satzung dieser Satz gestrichen wurde.

29 IGM, Gartenbau, HBV, GHK.

30 Bei der IG Chemie und der DPG einmal im Jahr, bei der IGM dreimal, bei der IG Bau und der GHK viermal im Jahr.

glieder können unter Angabe der Tagesordnung ebenfalls dessen Einberufung verlangen[31].

Die Befugnisse der Beiräte divergieren in den einzelnen Gewerkschaften erheblich, so daß keine einheitliche Beurteilung der Funktion erfolgen kann.

Die IG Metall hat die Aufgaben des Beirates nicht genannt, sondern ihn nur als höchstes beschlußfassendes Organ zwischen den Gewerkschaftstagen bezeichnet. Wie weit sich aus der Streichung der Aufgabe einer Unterstützung des Vorstandes eine inhaltliche Änderung der Funktionen des Beirates ergab, ist nicht bekannt. Im Geschäftsbericht 1968[32] wurde angegeben, daß er – wie satzungsmäßig als Mindesterfordernis vorgeschrieben – in dem Berichtszeitraum von drei Jahren zu neun Sitzungen zusammenkam, auf denen Referate gehalten, über den Weltkongreß des IBFG und Personenkonferenzen berichtet und der nächste Gewerkschaftstag vorbereitet wurde. Daneben referierte der Vorsitzende zur allgemeinen gewerkschaftlichen Lage und – als einzig beschlußfassende Tätigkeit – wurden die Leitsätze zur Angestelltenpolitik verabschiedet.

Dem Beirat der IG Chemie werden zwar ausdrücklich die Rechte eines außerordentlichen Gewerkschaftstages zugebilligt, wenn dessen Einberufung nicht geboten ist, dringende Satzungsänderungen[33] und die Einberufung eines außerordentlichen Gewerkschaftstages kann er jedoch nur auf Antrag des Hauptvorstandes beschließen.

Die Wahl der Ersatzmitglieder zum Hauptvorstand und zum Beschwerdeausschuß wird ihm zwar in den meisten Gewerkschaften zugebilligt, doch kann er an Grundsatzentscheidungen, wozu auch das Erlassen von Richtlinien gehört, nur selten teilnehmen[34]. Bei der GHK ist er gar auf eine beratende Funktion des Hauptvorstandes beschränkt. Bei der IGBE besteht kein Beirat, sondern der jährlich stattfindende Gewerkschaftstag hat zu aktuellen gewerkschaftspolitischen Aufgaben Beschluß zu fassen.

Der Beirat der IG Bau hat zwar auch über eigene Anträge und Vorschläge des Hauptvorstandes zu Sachfragen wie zur Vorbereitung und Durchführung von allgemeinen Lohnbewegungen und Tarifverträgen zu beschließen, doch wird

---

31 Bei der IG Chemie und der DAG ein Drittel, bei der IG Bau die Hälfte, bei der IGM zwei Drittel.

32 S. 92.

33 Mit Ausnahme seiner eigenen Stellung, der des Gewerkschaftstages, der Mitgliedschaft im DGB und der Auflösung der Gewerkschaft.

34 DAG, während bei der IG Chemie der Hauptvorstand Richtlinien erläßt.

das eigene Antragsrecht des Beirates dadurch eingeschränkt, daß sie zur Beratungszulassung der einfachen Mehrheit bedürfen. Dabei ist zu berücksichtigen, daß die Mitglieder des Hauptvorstandes und die Bezirksleiter dem Beirat stimmberechtigt angehören. Diese können also bereits die Beratung verhindern.

Hat auch in allen Gewerkschaften der Hauptvorstand dem Beirat Bericht zu erstatten, so hängt es doch vom Einzelfall ab, wie weit der Beirat tatsächlich informiert wird. Dies kann nicht nachgeprüft werden, da die Beiratssitzungen nicht öffentlich sind. Dabei ist auch zu berücksichtigen, daß die Sitzungen des Beirates fast immer von geschäftsführenden Vorstandsmitgliedern geleitet werden[35].

35 HBV, IGM, IG Chemie.

§ 10 Aufbau der Fachgruppen[1]

Für das einzelne Mitglied ist nicht nur die Möglichkeit der Mitwirkung in der allgemeinen Gewerkschaftsgliederung, sondern auch in den speziellen Fach- bzw. Industriegruppen von Bedeutung. Diese wurden von allen Gewerkschaften zur Wahrnehmung der besonderen Interessen der Mitglieder, die sich aus der Beschäftigung in einem bestimmten Produktions- und Arbeitszweig ergeben, gebildet.

Die Anzahl der von den einzelnen Gewerkschaften gebildeten Fachgruppen ist dabei sehr unterschiedlich[2]. Die Frage, welche Industrie- bzw. Fachgruppen eingerichtet werden, entscheidet bei der IG Chemie der Hauptvorstand, bei Gartenbau der Hauptausschuß und bei der GEW Hessen die Vertreterversammlung.

Der Aufbau dieser Fachgruppen verläuft parallel zur allgemeinen Gliederung (Orts-, Bezirks-, Bundesebene). Der Grad der Verflechtung und die den einzelnen Fachgruppen gewährte Autonomie ist allerdings sehr unterschiedlich. Dies zeigt sich in der Berufung der Vorstände und in der Selbständigkeit der Berufsgruppenarbeit. Während die Fachgruppenleiter meist in den Fachgruppenversammlungen, den Bezirksfachgruppenkonferenzen und den Bundesfachgruppen-

---

1 Da die Satzungen nicht sehr ergiebig sind, konnte sich wie bei den Personengruppen nur auf die entsprechenden Richtlinien des Hauptvorstandes gestützt werden. Diese wurden nicht alle zur Verfügung gestellt, so daß nur die Richtlinien der DPG, IG Chemie, IGBE und HBV verwendet werden konnten.
Der Aufbau der Fach- und Personengliederungen ist weitgehend identisch. Wegen der unterschiedlichen Autonomie und zum besseren Überblick sollen sie trotzdem getrennt dargestellt werden.

2 So hat die GED 20 Fachgruppen gebildet, die ÖTV hat 9 Abteilungen (Bund, Länder, Gemeinden, Sozialversicherungsträger, Polizei, Gesundheitswesen, Energie- und Wasserversorgung, Nahverkehr, Transport und Verkehr). Bei der GEW erfolgt die Bildung auf Landesverbandsebene. So hat der Landesverband Hessen 10 Fachgruppen vorgesehen (Berufs-, Berufsfach- und Fachschule, Erwachsenenbildung, Grund- und Hauptschule, Gymnasium, Hochschule, kaufmännische Schule, Realschule, Schulaufsicht und Schulverwaltung, Sonderschule, Sozialpädagogische Berufe). Bei der IGBE erfolgt die Berufsgruppenarbeit nur innerhalb der Angestelltengruppe. Dazu bestehen folgende Bundesfachgruppenausschüsse: AT-Angestellte, Chemotechniker und Laboranten, Bergvermessungswesen, Gesundheitsdienstangestellte, Fördermaschinisten, kaufmännische Angestellte, Kraftwerksangestellte. Die DAG hat folgende Berufsgruppen: kaufmännische Angestellte, Banken und Sparkassen, Versicherungsangestellte, öffentlicher Dienst, technische Angestellte und Beamte, Meister, Schiffahrt und Bergbauangestellte.

konferenzen gewählt werden[3], werden bei der ÖTV und der IG Chemie die hauptberuflichen Geschäftsführer der Abteilungen bzw. die Industriegruppenleiter durch den Hauptvorstand im Einvernehmen mit der Fachgruppe berufen[4]. Bei der DPG werden die Mitglieder aller Fachausschüsse von den Bezirks- bzw. Hauptvorständen nach Vorschlägen der Orts- bzw. der Bezirksverwaltungen berufen.

Diese unterschiedliche Regelung beruht neben einem mehr oder weniger starken Zentralismus auch auf der hauptamtlichen Tätigkeit, bei der dem Hauptvorstand allgemein ein stärkeres Mitwirkungsrecht eingeräumt wird. Teilweise besteht der Fachgruppenausschuß (bzw. -vorstand) aus den Vorsitzenden der unteren Gliederungen[5] oder wird von den Ausschüssen der unteren Gliederungen gewählt[6].

Die Vorsitzenden der Fachgruppen sind teilweise Mitglied des Verwaltungsstellen-, Bezirks- und Bundesvorstandes[7].

Über die Gründung einer örtlichen Fachgruppe entscheidet nach Zweckmäßigkeitsgesichtspunkten der Verwaltungsstellenvorstand, wobei meist eine bestimmte Mindestzahl von potentiellen Mitgliedern der Fachgruppen vorgeschrieben ist.

Auch wenn sich die Fachgruppen ihre Leitungen selbst geben können, „unterstehen sie in ihrer Arbeit generell der örtlichen Gliederung“[8] bzw. „müssen sie die Aufgaben in Übereinstimmung mit den zuständigen Organen erfüllen“[9], was sich aus der notwendigen einheitlichen Gesamtkonzeption ergibt. Dies äußert sich in dem Abhalten der Konferenzen und der Abgabe von Stellungnahmen an die Öffentlichkeit. Auch dabei bestehen unterschiedliche Selbständigkeiten. Während die Fachgruppen des Landesverbandes Hessen der GEW selbständig Versammlungen abhalten sowie Arbeitsgemeinschaften für ihre eigenen Angelegenheiten bilden können, obliegt bei der IG Bau und der ÖTV die Ein-

---

3 IG Bau, DAG, IG Druck, Textil, GEW Hessen, GED, IG Chemie, IGBE allerdings nicht auf Bundesebene.

4 Die ÖTV erwähnt nur ‚die zuständige Stelle‘, was auch die Verwaltungsstelle bzw. der Bezirk sein kann.

5 GEW Hessen, IG Bau, IG Druck, ÖTV.

6 IGBE.

7 ÖTV.

8 NGG, GED.

9 ÖTV, Gartenbau, IG Druck.

berufung zu Konferenzen den Vorständen der allgemeinen Gliederung. Die Einberufungen sind an keine zeitlichen Fristen gebunden und erfolgen meist bei Bedarf. Die Industriefachgruppen der IG Bau sind insoweit privilegiert, als der Hauptvorstand eine Bundesfachgruppenkonferenz einberufen muß, wenn die Mehrheit der Bezirksfachgruppenleiter dies für erforderlich hält.

Die Konferenzen, über deren Zusammensetzung keine Regelungen getroffen werden, reichen Anträge an die jeweilige Hauptgliederung oder an höhere Gremien der Berufsgruppen ein. Die Delegierten zu höheren Konferenzen oder – soweit vorgesehen – zu Konferenzen der allgemeinen Gliederung werden bei der IGBE von den Ausschüssen, bei der DAG von den Konferenzen gewählt.

Hinsichtlich der Vertretung in der Öffentlichkeit hat nur die GEW Hessen eine detaillierte, den Belangen der Fachgruppen optimal Rechnung tragende Regelung getroffen[10]: Beschlüsse der Fachgruppen gelangen über den Vorstand des Landesverbandes an die Öffentlichkeit. Bei Verhandlungen des Landesvorstandes, die sich auf das Sondergebiet einer Fachgruppe erstrecken, muß diese sich durch Beauftragte vertreten lassen können. Bei Abweichung einer Fachgruppe vom Beschluß des Landesvorstandes muß dieser die abweichende Stellungnahme der Fachgruppe ebenfalls bekanntgeben.

10 Ähnlich die IGBE.

§ 11 Aufbau der Personengruppen

Die Angestellten-, Frauen-, Jugend- und Beamtengruppen haben die Integration ihrer Gruppe in die Gewerkschaftsarbeit zu fördern, Aufklärungs- und Werbearbeit in diesen Gruppen zu betreiben und deren Interessen innerhalb und außerhalb der Gewerkschaft zu artikulieren.

Die Gruppen sollen auf jeder Ebene organisiert sein. Sofern auf örtlicher Ebene noch keine Gruppe besteht, ist dem zuständigen Vorstand bei HBV für die Jugend vorgeschrieben, jährlich eine Jugendversammlung durchzuführen. Die Gruppen haben weitgehend Personalautonomie, d.h. sie können sich ihren Vorstand – auch Ausschuß genannt – selbst wählen[1], wobei jedoch der Vorstand der jeweiligen Hauptgliederung teilweise noch ein Bestätigungsrecht hat[2].

Die hauptamtlichen Bundessekretäre der Personengruppen werden entweder von der Fachkonferenz gewählt und vom Gewerkschaftstag bestätigt[3], von der Personengruppe dem Gewerkschaftstag[4] oder vom Hauptvorstand dem Gewerkschaftstag[5] vorgeschlagen. Wird der Vorstand nicht von der jeweiligen Konferenz gewählt, so besteht er entweder aus den Vorsitzenden der nächsttieferen Gliederung[6] oder aus diesen und einem zu wählenden Vorsitzenden[7].

Der Vorsitzende der Personengruppe gehört meist dem Vorstand der jeweiligen Hauptgliederung mit Sitz und Stimme an[8], wobei jedoch die Mitglieder- bzw. Delegiertenversammlung ein Bestätigungsrecht hat.

Die Amtsdauer der Vorstände ist unterschiedlich und entspricht der der jeweiligen Hauptgliederung.

Den Konferenzen der Personengruppen obliegt meist die Wahl und Kontrolle des Vorstandes, die Wahl der Delegierten zu höheren Personengruppenkonfe-

---

1 IGBE für Jugend, Angestellte und Frauen, HBV für Frauen und Jugend, DPG für alle Gruppen.

2 HBV, IG Chemie.

3 IGBE, Jugend, Angestellte. ÖTV Jugend.

4 IG Druck Jugend, HBV Jugend.

5 ÖTV Arbeiter, Angestellte, Beamte, Frauen.

6 IG Druck Frauen und Jugend, HBV Jugend, IG Chemie Angestellte, DPG.

7 HBV Frauen, IG Bau Jugend.

8 IG Bau Jugend auf Orts- und Bezirksebene, IG Druck Frauen und Jugend, HBV Jugend und Frauen auf Orts- und Landesbezirksebene, IGBE Jugend, Frauen, Angestellte auf Geschäftsstellen- und Bezirksebene.

renzen sowie das Antragsrecht zu diesen Konferenzen bzw. den Versammlungen der jeweiligen Hauptgliederung. Bei der DAG wählen die Personengruppen auch Vertreter zum Gewerkschaftsrat, bei der IGBE auch zu den Konferenzen der Hauptgliederung. Bei der HBV wählt dagegen der Landesbezirksjugendausschuß die Delegierten zur Bundesjugendkonferenz. Bei der IGBE sind die Delegierten zur Geschäftsstellenkonferenz der Personengruppe die Ortsgruppenjugendleiter. Die Zahl der Delegierten soll dabei zwischen 20 bis 25 liegen. Reicht die Zahl der Ortsgruppenleiter nicht aus, so sind durch eine Jugendleiterkonferenz weitere Delegierte hinzuzuwählen. Nur in Geschäftsstellen ohne Jugendgruppe sind alle Mitglieder unter 21 Jahren Delegierte.

Die Gruppenkonferenzen finden meist vor den ordentlichen Konferenzen statt[9]. Hinsichtlich Einberufung und Tagesordnung ist Einvernehmen mit dem Bezirks- bzw. Hauptvorstand herzustellen[10]. Dies gilt auch für die Arbeit des Vorstandes[11]. Beim Erlaß der Richtlinien für ihre Arbeit haben die Gruppen teilweise ein Mitwirkungs- bzw. Vorschlagsrecht[12].

9 IG Bau, ÖTV, IG Chemie, DPG. Bei der IGBE findet der Angestellten- und Frauentag alle vier Jahre, der Jugendtag alle zwei Jahre statt.

10 IG Druck, ÖTV, IG Bau.

11 IG Bau, IG Druck, HBV, IG Chemie.

12 IGBE, DAG.

§ 12 Durchführung der Tarifverhandlungen und der Arbeitskämpfe

Die Durchführung der Tarifverhandlungen soll separat dargestellt werden, um an diesem für das einzelne Mitglied wichtigsten Bereich der gewerkschaftlichen Arbeit aufzuzeigen, bei wem die Entscheidungsbefugnisse liegen[1].

Bindende Entscheidungen über den Abschluß und die Kündigung von Tarifverträgen trifft in fast allen Gewerkschaften für den überbezirklichen Bereich der Hauptvorstand und für den bezirklichen der Bezirksvorstand bzw. Bezirksleiter. Die Tarifkommissionen haben nur beratende und unterstützende Funktion[2]. Nur bei der IG Druck, bei der ihr neben den auf den Landesbezirkstagen gewählten Vertretern der Bezirke noch der 1. und 2. Vorsitzende und weitere Sekretäre angehören, hat sie alle tarifpolitischen Maßnahmen zu beschließen. Die Bezirksleitung kann bei der ÖTV ihre Zuständigkeit für örtliche Tarifverträge oder für Firmentarifverträge an die Kreisverwaltungen delegieren.

Die Tarifkommissionen sollen in ihrer Zusammensetzung die Beschäftigtenstruktur ihres Tarifbereichs repräsentieren. Aus diesem Grunde hat die GED getrennte Tarifkommissionen für Arbeiter und Angestellte, die IGM für Industrie und Handwerk gebildet. Für die Auswahl ist entweder die für das Tarifgebiet zuständige Fachgruppe[3] oder die Ortsverwaltung[4] verantwortlich. Große Tarifkommissionen für Bundestarifverträge werden bei der IG Bau auf Bezirkstagen gewählt, während sie bei der IGM der Vorstand im Einvernehmen mit den zuständigen Bezirksleitern bildet. Die Mitglieder der Tarifkommissionen müssen in dem zu regelnden Tätigkeitsbereich beschäftigt sein[5]. Sofern eine Verwaltungsstelle nur ein Mitglied in der Tarifkommission erhält, soll dies bei der IGM ein hauptamtlicher Funktionär sein. Die Zahl der Mitglieder und die Verteilung auf die einzelnen Ortsverwaltungen erfolgen durch den Bezirksleiter bzw. den Landesbezirksvorstand[6]. Nach einer Bezirkskonferenz bzw. einem Gewerkschaftstag müssen alle Tarifkommissionen neu gebildet werden.

---

1 Aus den Satzungen ist nur ein fragmentarisches Bild zu gewinnen. Es konnten zusätzlich die Richtlinien des Hauptvorstandes für Tarifkommissionen der IGM von 1969 und der HBV von 1959 verarbeitet werden. Daneben wurden die Richtlinien des DGB, der IG Chemie, Gartenbau, HBV und DAG zur Führung von Arbeitskämpfen benutzt.

2 GED, ÖTV, IG Chemie, DPG, NGG.

3 HBV.

4 IGM.

5 IGM, HBV.

6 Der großen Tarifkommission der IGM von Baden-Württemberg gehörten nach Spiegel vom 13.12.1971 58 haupt- und ehrenamtliche Funktionäre an.

Neben der Tarifkommission wird durch diese, wobei bei der IGM der Bezirksleiter das Vorschlagsrecht hat, eine Verhandlungskommission gebildet, die unter Vorsitz des Bezirksleiters die Verhandlungen führt. Bei der IGM kann der Bezirksleiter weitere sachverständige Mitglieder in die Verhandlungskommission berufen. Die Tarifkommissionen legen im einzelnen die Verhandlungsgrundlagen fest und können bei der HBV der Verhandlungskommission unter bestimmten Voraussetzungen die Vollmacht zum Abschluß geben.

Sollen Tarifverträge gekündigt werden, so hat bei der IGM die Tarifkommission eine Empfehlung an den Hauptvorstand zu richten, der darüber und über die neu zu machenden Vorschläge die Entscheidung trifft. Die Tarifkommission führt dann die Verhandlungen, bedarf jedoch vor der Annahme eines Angebotes oder der Ablehnung eines Verhandlungsergebnisses der Zustimmung des Vorstandes bzw. des Bezirksleiters. Bei der HBV kann bei Vorliegen zwingender Gründe auch ohne vorherige Einholung einer Zustimmung ein Tarifvertrag durch die Tarifkommission abgeschlossen werden. Dort ist auch vorgeschrieben, daß jeder Tarifbewegung eine Meinungsforschung und Meinungsbildung unter der Mitgliedschaft vorauszugehen hat, die während der Tarifbewegung weiter zu betreiben ist.

Erachtet die Tarifkommission die Durchführung einer Urabstimmung für notwendig, so richtet sie eine entsprechende Empfehlung an den Haupt- bzw. Bezirksvorstand[7], die bei der IGM die Fragestellung und den geeigneten Zeitpunkt angeben soll. Die Urabstimmung kann auf die Annahme oder Ablehnung eines Verhandlungsergebnisses allein oder in Verbindung mit der Streikbereitschaft gerichtet sein[8]. Die Bezirks- und Industriegruppenleiter geben Stellungnahmen zum Antrag der Tarifkommission ab[9].

Den Beschluß darüber, ob eine Urabstimmung stattfindet, trifft der Vorstand. Er hat zu prüfen, ob ein Streik unter den gegebenen Umständen Aussicht auf Erfolg hat, wobei er sowohl die Geschäftslage der betreffenden Industriegruppe als auch die allgemeinen wirtschaftlichen Verhältnisse in Betracht zu ziehen hat. Die meisten Gewerkschaften weisen unter Berücksichtigung der Rechtsprechung des BAG noch ausdrücklich darauf hin, daß eine Urabstimmung erst durchgeführt werden darf, wenn alle Verhandlungsmöglichkeiten ausgeschöpft

7 IG Chemie, IGM.

8 IGM.

9 IGM, IG Chemie.

sind und keine Verständigung zustande gekommen ist[10]. Vor der Abstimmung haben Vertreter des Vorstandes auf die gesetzlichen Bestimmungen und auf die für die Durchführung und Unterstützung des Streiks geltenden Bestimmungen der Satzung hinzuweisen[11].

Bei allen Gewerkschaften – außer der IG Chemie und der NGG[12], bei denen die Durchführung von Streiks von einer Urabstimmung abhängig gemacht werden *kann* – ist die Urabstimmung vor Durchführung eines Streiks zwingend vorgeschrieben. Dabei müssen sich 75% der abstimmungsberechtigten Mitglieder für den Streik aussprechen. Abstimmungsberechtigt sind die Mitglieder, die nach dem Beschluß des Hauptvorstandes an dem Streik beteiligt sein sollen. Teilweise werden die Auszubildenden ausgenommen[13]. HBV und die Richtlinien des DGB fordern zusätzlich, daß das Mitglied mindestens 17 Jahre alt und 3 Monate gewerkschaftlich organisiert ist.

Bei Angriffen auf die Existenz und die Rechte der Gewerkschaften und die demokratische Grundordnung des Staates kann bei einigen Gewerkschaften der Vorstand einen Streik ohne vorherige Urabstimmung beschließen[14]. Bei der IG Druck kann er dies ebenfalls bei einem Sympathiestreik für einen Arbeitskampf in demselben Tarifbereich vornehmen.

Nach der Urabstimmung erfolgt der endgültige Streikbeschluß durch den Vorstand bzw. durch den Hauptausschuß[15]. Er ist an die Urabstimmung insoweit nicht gebunden, als er vom Streikbeschluß absehen kann[16], wenn z.B. schon an einem anderen Ort gestreikt wird oder ein ungünstiges Organisationsverhältnis besteht. Sind Urabstimmungen ganz oder teilweise durchgeführt, und wurden die Verhandlungen weiter geführt, so kann der Vorstand vor seiner Entscheidung eine Abstimmung über das Verhandlungsergebnis durchführen lassen, wobei er den Kreis der abstimmenden Mitglieder nach den jeweiligen Umständen festlegen kann[17].

---

10 ÖTV, IG Druck, Gartenbau, DAG, HBV.

11 IGM, Leder.

12 Bei Leder kann in besonderen Fällen nach Beschluß des Hauptvorstandes von einer Abstimmung Abstand genommen werden.

13 DAG, Gartenbau, HBV, IG Druck.

14 IGBE, IGM, IG Druck.

15 Bei Erstreckung über das gesamte Bundesgebiet bei Gartenbau.

16 IGBE, Gartenbau, IGM.

17 IG Chemie.

Tritt während eines Streiks nach Auffassung des Vorstandes eine wesentliche Änderung der Situation ein, so muß[18] oder kann[19] erneut eine geheime Urabstimmung unter den an der Streikbewegung beteiligten Mitgliedern durchgeführt werden. Meist darf der Vorstand der Fortführung des Streiks nur dann zustimmen, wenn mindestens 75% der daran beteiligten Mitglieder sich dafür ausgesprochen haben, ansonsten hat er die Beendigung anzuordnen[20]. Bei der NGG ist der Vorstand im Gegensatz zur IG Chemie der Satzung nach nicht zwingend an dieses Ergebnis gebunden.

Allgemein muß auch zur Beendigung eines Streiks eine Urabstimmung stattfinden. Der Hauptvorstand kann entgegen der Ansicht der am Arbeitskampf beteiligten Gruppe die Beendigung des Streiks beschließen, wenn nach den Umständen die Weiterführung des Kampfes zwecklos geworden ist oder sich für die Gewerkschaft als schädigend auswirken kann[21].

18 IGM, DAG.

19 IG Druck, NGG, Gartenbau.

20 IGM, DAG, IG Chemie, HBV, Leder.

21 NGG, IG Chemie, Leder, Gartenbau, IGBE.

II. Deutscher Gewerkschaftsbund

Der DGB ist in 260 Kreis-, 9 Landesbezirks- und einen Bundesverband gegliedert[1]. Nach Bedarf können die Kreisvorstände innerhalb ihrer Bereiche im Einvernehmen mit dem Landesbezirksvorstand Ortskartelle bilden, sowie DGB-Vertrauensleute bestimmen.

Nach den Richtlinien für die Ortskartelle des DGB[2] sind in allen Orten, in denen mehr als 200 Gewerkschaftsmitglieder wohnen, DGB-Ortskartelle zu bilden, die in enger Zusammenarbeit mit dem Kreis- bzw. Ortsausschuß des DGB ihre Aufgabe erfüllen. Die Ortskartelle haben den Zusammenhalt der Gewerkschaftsmitglieder zu fördern und die Werbearbeit der Gewerkschaften tatkräftig zu unterstützen, sowie überall in ihrem Wirkungskreis die Interessen der Arbeiter, Angestellten und Beamten wahrzunehmen. Jedes Ortskartell soll einen Vorstand bilden, in dem möglichst alle Gewerkschaften vertreten sind, die im Organisationsbereich des Kartells Mitglieder haben. Die Vorstandsmitglieder bedürfen für ihre Amtsführung der Bestätigung durch den Kreis- bzw. Ortsausschuß des DGB. Für Mitglieder sollen regelmäßig Zusammenkünfte durchgeführt werden. Wo die Voraussetzungen für die Bildung eines Ortskartells nicht vorhanden sind, sollen die Kreis- bzw. Ortsausschüsse Vertrauensleute bestellen, die soweit möglich die Aufgaben der Ortskartelle erfüllen.

1 Nach dem 1972 herausgegebenen Geschäftsbericht des Bundesvorstandes des DGB S. 77 bestanden neben den Kreisen noch 65 hauptamtlich besetzte Nebenstellen. Daneben gab es 2086 Ortskartelle und 2166 Orte mit DGB-Vertrauensleuten.

2 Die am 3. Juli 1961 vom geschäftsführenden Bundesvorstand beschlossenen Richtlinien gelten weiter, soweit nicht durch die 1971 verabschiedete Satzung Änderungen eingetreten sind.

§ 13 Aufbau der Kreisebene

Organe auf Kreisebene sind die Kreisdelegiertenversammlung und der Kreisvorstand.

Während bis 1971 nur vorgeschrieben war, daß alle drei Jahre spätestens drei Monate vor der jeweiligen Landesbezirkskonferenz eine Kreisdelegiertenversammlung stattzufinden hatte, die hauptsächlich den Kreisvorstand wählte, sollen nach der neuen Satzung zusätzlich jährlich Delegiertenversammlungen stattfinden, in denen ein Rechenschaftsbericht und ein Ausblick auf die kommende Arbeit gegeben wird.

Die Versammlungen bestehen aus den gewählten Mitgliedern der Gewerkschaften, wobei die Mitgliederstruktur berücksichtigt werden soll[1]. Außerdem nehmen je drei Vertreter des Kreisangestellten-, Kreisarbeiter-, Kreisbeamten-, Kreisfrauen- und Kreisjugendausschusses mit beratender Stimme an den Delegiertenversammlungen teil. Die Zahl der Delegierten einer Gewerkschaft ergibt sich aus deren Mitgliederstärke im Gebiet des DGB-Kreises. Die Mitglieder des Kreisvorstandes nehmen nur mit beratender Stimme an der Konferenz teil.

Während nach den bisherigen Richtlinien der hauptamtliche Kreisvorsitzende oder ein vom Kreisvorstand Beauftragter den Vorsitz auf der Delegiertenversammlung führte, ist in der neuen Satzung festgelegt, daß sich die Delegiertenversammlung ein Präsidium und eine Geschäftsordnung selbst gibt. Auch die Einberufung von außerordentlichen Kreisdelegiertenversammlungen ist erleichtert und mehr in die Zuständigkeit der Organe auf Kreisebene verlagert worden. Während sie bisher nur auf Veranlassung des Landesbezirksvorstandes, auf Beschluß des Kreisvorstandes mit Zustimmung des Landesbezirksvorstandes, oder auf Antrag von mehr als der Hälfte der Delegierten mit Zustimmung des Landesbezirksvorstandes einberufen werden konnte, ist sie nach der neuen Satzung auf Beschluß des Kreisvorstandes oder auf Antrag von mehr als der Hälfte der im Kreis vertretenen Gewerkschaften oder auf Antrag von Gewerkschaften, die mehr als die Hälfte der Mitglieder im Kreis vertreten, einzuberufen.

Anträge an die Kreisdelegiertenversammlung können gestellt werden von den Vorständen der Gewerkschaften im Kreis[2], dem Kreisvorstand, dem Kreisan-

---

1 Die Art der Bestellung der Delegierten sowie die Dauer der Delegation ist in den Gewerkschaften verschieden.

2 Bis 1971 hatten die im DGB-Kreis vertretenen Gewerkschaften das Antragsrecht, wodurch die Zuständigkeit der Delegiertenversammlungen nicht ausgeschlossen wurde.

gestelltenausschuß, dem Kreisarbeiter-, dem Kreisbeamten, dem Kreisfrauen- und dem Kreisjugendausschuß.

Der Kreisvorstand wählt aus den Delegierten eine Antragskommission aus, die die Anträge vorher vorbereitend behandelt. Die Mitglieder des Kreisvorstandes sind berechtigt, an den Sitzungen der Antragskommission teilzunehmen und ihre Stellungnahme abzugeben.

Die Kreisdelegiertenversammlung hat den Kreisvorstand zu wählen, über dessen Geschäftsbericht Beschluß zu fassen, Anträge und Anregungen an den Landesbezirksvorstand zu richten und Vorschläge, Stellungnahmen und Forderungen zu örtlichen, regionalen und landespolitischen Fragen, die Arbeitnehmerfragen berühren, der Öffentlichkeit zu unterbreiten.

Die Kreisvorstände bestehen aus dem hauptamtlichen Vorsitzenden, der die Geschäfte führt, je einem Vorstandsmitglied der im Bereich des Kreises vertretenen Gewerkschaft, je einem Vertreter des Kreisangestellten-, Kreisarbeiter-, Kreisbeamten-, Kreisfrauen- und Kreisjugendausschusses und höchstens drei weiteren Mitgliedern. Eine ständige Vertretung mit Stimmrecht ist möglich. Sie werden von der Versammlung gewählt, wobei die Vorstandsmitglieder der im Kreis vertretenen Gewerkschaften von ihrer Gewerkschaft[3], die Vertreter der Personengruppenausschüsse von ihren Ausschüssen benannt werden. Der Landesbezirksvorstand unterbreitet für die Wahl der Kreisvorsitzenden Vorschläge, die jedoch nicht unbedingt zu beachten sind.

Die Mitglieder der Kreisvorstände sind vom Landesbezirksvorstand zu bestätigen. Die Bestätigung kann versagt werden, wenn ein gewerkschaftspolitischer oder ein in der Person liegender Grund es erfordert.

Ein Mitglied scheidet aus, wenn ihm ein Organ des Kreises oder des Landesbezirks mit Zweidrittelmehrheit das Vertrauen entzogen hat und der Bundesvorstand dann entsprechend entscheidet. Handelt es sich um den Vertreter einer Gewerkschaft, so ist das Einvernehmen mit der zuständigen Organisation herbeizuführen. Der Betroffene ist vorher zu hören und kann gegen die Abberugung Einspruch beim Bundesausschuß einlegen, der endgültig entscheidet.

Hinsichtlich der Aufgaben des Kreisvorstandes wird betont, daß er den Bund im Kreis vertritt und die Weisungen von Bundes- und Landesbezirksvorstand durchzuführen hat.

---

3 Die zuständigen Organe sind verschieden.

§ 14 Aufbau der Landesbezirksebene

Die Organe auf Landesbezirksebene entsprechen denen der Kreisebene. Die Landesbezirkskonferenzen finden jedoch nur alle drei Jahre spätestens drei Monate vor dem jeweiligen Bundeskongreß statt. In ihrer Zusammensetzung entsprechen sie den Kreiskonferenzen. Auch die Regelungen hinsichtlich der Geschäftsordnung, des Präsidiums, des Einberufens einer außerordentlichen Versammlung, der Antragsberechtigung (hinzu kommen die Kreisvorstände im Landesbezirk) und der Antragskommission entsprechen den Regelungen auf Kreisebene.

Die Befugnisse der Konferenz sind durch die Satzungsänderung 1971 insofern beschnitten worden, als sie neben der Beschlußfassung über den Geschäftsbericht des Landesbezirksvorstandes, dessen Wahl, gewerkschaftpolitischen und organisatorischen Anträgen und Anregungen an den Bundesvorstand, Vorschläge für die Landesgesetzgebung und Stellungnahmen zu landespolitischen Fragen nur noch insoweit abgeben kann, als Arbeitnehmerinteressen betroffen sind. Aus der Tatsache, daß beim Bundeskongreß keine entsprechende Einschränkung besteht, ist zu schließen, daß eine bundeseinheitliche Stellungnahme erfolgen soll.

Die Landesbezirksvorstände bestehen aus dem Landesbezirksvorsitzenden, zwei weiteren hauptamtlichen Mitgliedern, je einem Bezirksleiter der im Landesbezirk vertretenen Gewerkschaften, je einem Vertreter des Landesangestellten-, Landesarbeiter-, Landesbeamten-, Landesfrauen- und Landesjugendausschusses sowie höchstens fünf weiteren Mitgliedern. Gewerkschaften und Personengruppenausschüsse können im Verhinderungsfalle ihres ordentlichen Mitgliedes dessen ständigen Vertreter entsenden, der dann an den Sitzungen mit Stimmrecht teilnimmt. Die Bezirksleiter werden von ihrer Gewerkschaft, die Vertreter der Personengruppenausschüsse von ihren Ausschüssen der Konferenz benannt. Der Bundesvorstand unterbreitet den Landesbezirkskonferenzen Vorschläge für die Wahl des Landesbezirksvorsitzenden und der beiden hauptamtlichen Mitglieder des Landesbezirksvorstandes. Diese sind jedoch nicht an die Vorschläge gebunden. Der Bundesausschuß hat die Wahl des gesamten Vorstandes zu bestätigen. Die Bestätigung kann wie bei den Kreisvorständen versagt werden, wenn ein gewerkschaftspolitischer oder ein in der Person liegender Grund dies erfordert. Hinsichtlich der Abberufung gelten analoge Bestimmungen wie beim Kreisvorstand.

Die Landesbezirksvorstände haben den Bund innerhalb des Landesbezirks zu vertreten, Weisungen des Bundesvorstandes im Landesbezirk durchzuführen, diesem Bericht zu erstatten und Anträge der Kreise und des Landesbezirks dem Bundesvorstand zur Weiterbehandlung vorzulegen.

§ 15 Aufbau der Bundesebene

Neben dem Bundeskongreß und dem Bundesvorstand besteht auf Bundesebene noch der Bundesausschuß als höchstes Organ zwischen den Bundeskongressen. Die Delegierten und Stellvertreter zum Bundeskongreß werden in den einzelnen Gewerkschaften in unterschiedlicher Weise gewählt. Die DGB-Satzung schreibt nur vor, daß dies „nach demokratischen Grundsätzen" geschehen soll[1]. Die Mitgliederstruktur soll dabei berücksichtigt werden. Da dies nie angemessen geschieht[2], ist wie auf Kreis- und Landesebene Vertretern der Bundespersonenausschüsse beratendes Stimmrecht gegeben. Auch der Bundesvorstand hat nur beratendes Stimmrecht.

Der Bundeskongreß wird geprägt durch die erheblich unterschiedliche Stimmenverteilung zwischen den wenigen großen und den vielen kleinen Gewerkschaften[3]. Die IGM kann fast allein jede Satzungsänderung verhindern und wenn sie neben der ÖTV noch eine andere Gewerkschaft auf ihre Seite zieht, haben sie zusammen die absolute Mehrheit[4].

Beim DGB-Kongreß ist die Anzahl der hauptamtlichen Delegierten größer als bei den Gewerkschaftstagen, da die Einzelgewerkschaften oft ihre hauptamtlichen Funktionäre schicken[5].

Die ordentlichen Bundeskongresse finden jedes dritte Jahr statt. Die Regelungen hinsichtlich der Antragskommission weichen insoweit von denen auf Kreis- und Landesebene ab, als alle Gewerkschaften vertreten sein müssen[6].

---

1 Der Bundesjugendausschuß hatte dagegen zum Gewerkschaftskongreß 1971 beantragt, daß einheitlich auf den Gewerkschaftstagen gewählt werden soll.

2 Auf dem 8. ordentlichen Bundeskongreß waren von 430 Delegierten nur 19 Frauen, 102 Arbeiter und 27 Beamte (Protokoll S. 77). Der Antrag der DPG, die Soll- in eine Mußbestimmung umzuwandeln, wurde abgelehnt.

3 So gehörten auf dem 7. ordentlichen Bundeskongreß 1966 von 440 Delegierten 134 der IGM, 67 der ÖTV, 34 der IG Bau, 34 der IG Chemie und 34 der IGBE an. Auf dem Satzungskongreß 1971 hatte bei 430 Delegierten die IGM 131 und die ÖTV 66 Delegierte.

4 Buchholz, S. 137, ist sogar der Meinung, daß der sich in den Satzungen zeigende Machtvorsprung nur einen Teil des wirklichen darstellt. Um dies schlüssig behaupten zu können, bedürfte es jedoch genauerer empirischer Untersuchungen. Auch die FAZ vom 17.5.1971 meinte, daß die großen Gewerkschaften beim Satzungskongreß ihren Willen durchsetzen konnten.

5 So waren 1971 von 430 Delegierten 238 hauptberufliche Gewerkschaftsfunktionäre (FAZ 17.5.1971).

6 Auch in der Satzungskommission war jede Gewerkschaft und der Bundesvorstand durch einen Vertreter vertreten.

Die Regelungen für das Einberufen eines außerordentlichen Gewerkschaftskongresses, die Antragsberechtigung, das Präsidium und die Geschäftsordnung entsprechen dagegen bei sinngemäßer Abänderung denen auf Kreis- und Landesebene.

Der Bundeskongreß hat die allgemeinen Richtlinien der Gewerkschaftspolitik festzulegen, Satzungsänderungen und Anträge zu beschließen, den geschäftsführenden Bundesvorstand zu wählen und über dessen Tätigkeitsbericht Beschluß zu fassen. Seine Befugnisse wurden durch die Satzungsänderung 1971 dadurch verstärkt, daß er nunmehr als Berufungsinstanz über Einsprüche und Berufungen zu beschließen hat (z.B. über die Abberufung eines Mitglieds des geschäftsführenden Bundesvorstandes) und ein Präsidium zu wählen ist[7].

Der Bundesausschuß hat durch die Satzungsreform noch mehr die Stellung eines föderativen Organs erhalten. So wurden die Einzelgewerkschaften stärker und die kleineren Gewerkschaften erhielten gegenüber den großen Gewerkschaften ein größeres Gewicht. Nunmehr stehen 100 anstatt 48 Funktionäre der Einzelgewerkschaften den 18 Bundesvorstandsmitgliedern und Landesbezirksvorsitzenden gegenüber. Während die Gewerkschaften bisher als Stamm nur zwei Delegierte erhielten, erhalten sie nunmehr zunächst je drei Delegierte, und der Rest wird nach dem Höchstzahlverfahren ermittelt. Je ein Vertreter der Personengruppenausschüsse nimmt an den Sitzungen mit beratender Stimme teil.

Die Befugnisse des Bundesausschusses sind weitreichend, so daß er als das faktische Hauptorgan angesehen werden kann. Er hat den Haushalt des Bundes zu beschließen, Ergänzungswahlen zwischen den Bundeskongressen vorzunehmen[8], über die Abberufung eines Mitglieds des geschäftsführenden Bundesvorstands mit Zweidrittelmehrheit zu beschließen, die Mitglieder der Landesbezirksvorstände zu bestätigen, über deren Einspruch gegen die Abberufung durch den Bundesvorstand zu entscheiden, Richtlinien zur Ausführung der Satzungen zu erlassen, für besondere Aufgaben Ausschüsse einzusetzen, Gehalts- und Anstellungsbedingungen der Angestellten des Bundes zu bestätigen sowie über die Aufnahme oder den Ausschluß einer Gewerkschaft zu beschließen. Der Bundesausschuß übt also eine Anzahl von Befugnissen aus, die in den Einzelgewerkschaften selbstverständliches Recht der Bundesvorstände sind.

---

7 obwohl sowohl die Satzungskommission wie auch der Bundesvorstand dem Vorsitzenden automatisch den Vorsitz übertragen wollten.

8 wozu nach der Satzungsreform eine Zweidrittelmehrheit notwendig ist.

Dem Bundesvorstand gehören neben dem Vorsitzenden, zwei stellvertretenden Vorsitzenden und sechs weiteren Vorstandsmitgliedern als dem geschäftsführenden Vorstand noch die Vorsitzenden der DGB-Gewerkschaften an. Der geschäftsführende Bundesvorstand kann Sofortmaßnahmen beschließen, wenn die Entscheidung unaufschiebbar ist, was sich aber auch auf die Wahrnehmung des Widerstandsrechts nach Art. 20 GG erstrecken kann.

Der Bundesvorstand hat darauf zu achten, daß die Satzung eingehalten und eine vertrauensvolle Zusammenarbeit im Bund gewahrt wird. Sanktionsmöglichkeiten gegen die Einzelgewerkschaften hat er nicht. Er kann kaum selbständige, noch weniger abschließende Entscheidungen treffen. So kann er dem Bundesausschuß nur Richtlinien für die Geschäftsführung der Landesbezirke und Kreise vorschlagen, die Personal- und Finanzhoheit nur im Rahmen des vom Bundesausschuß beschlossenen Haushaltsplanes ausüben und dem Bundesausschuß Vorschläge für die Tagesordnung des Bundeskongresses unterbreiten. Wenn er ein Mitglied des Vorstandes eines DGB-Landesbezirks oder DGB-Kreises vorläufig abberuft, ist trotz des Einspruchsrechts an den Bundesausschuß ein Präjudiz nicht zu verkennen. Ob das Vorschlagsrecht zum Landesbezirksvorsitzenden auch zur endgültigen Wahl führt, hängt von dem Kandidaten und dem jeweiligen Einfluß des Bundesvorstandes ab[9].

Der Bundesvorstand hat zwar insofern ein Einwirkungsrecht in das Leben der Einzelgewerkschaften, als er beim Hauptvorstand den Ausschluß eines Mitglieds beantragen kann, das von ihm angestrebte beratende Teilnahme- und Antragsrecht an Konferenzen und Vorstandssitzungen der Bundesorgane der Gewerkschaften wurde ihm jedoch auf dem Satzungskongreß 1971 verweigert, obwohl die Satzungskommission sich dafür ausgesprochen hatte.

So ist ein Einfluß der DGB-Bundesebene auf die unteren DGB-Ebenen, was Personen- und Sachfragen angeht, nicht zu verkennen, der Bundesvorstand hat jedoch gegenüber den 16 Einzelgewerkschaften keine verbindlichen Befugnisse. Eine Gewerkschaft, die denselben Organisationsbereich wie eine DGB-Gewerkschaft umfaßt, ist seit 1971 nicht mehr absolut vom DGB ausgeschlossen. Ein Eintritt verlangt jedoch die Zustimmung der Gewerkschaft, deren Organisationsbereich berührt ist, und eine Zweidrittelmehrheit des Bundesausschusses[10].

---

9 Bei der Wahl des hessischen DGB-Landesvorsitzenden im Januar 1972 wurde nicht der Vorschlag des Bundesvorstandes akzeptiert, sondern der von der IGM favorisierte Kandidat gewählt.

10 Dies wird evtl. relevant im Verhältnis GdP–ÖTV, DAG–HBV.

Der DGB hat keine eigene Finanzhoheit, sondern ist auf die Beiträge der Einzelgewerkschaften angewiesen. Bei dem unterschiedlichen Beitragswesen hat er keine Koordinierungsbefugnis.

Der DGB hat auch kaum einen ihm allein zustehenden Zuständigkeitsbereich. Große Gewerkschaften wie die IGM und die ÖTV können seine Leistungen z.B. im gewerkschaftsinternen Bildungsbereich dadurch schmälern, daß sie sich denselben Aufgaben zuwenden. Aufgrund größerer Macht der Vorstände können die Einzelgewerkschaften dabei bessere Ergebnisse erzielen als der Bundesverband.

Zweiter Teil:
Anforderungen des Grundgesetzes an den Aufbau der Gewerkschaften

Während die Parteien in Art. 21 GG unter den Staatsaufbaubestimmungen geregelt werden, erfaßt das GG die Interessenverbände und insbesondere die Koalitionen über Art. 9 GG scheinbar als reines Grundrechtsproblem[1]. Daraus kann zunächst geschlossen werden, daß die Interessenverbände als rein gesellschaftliche Institutionen gesehen wurden, die in ihrer Stellung gegenüber dem Staat zu schützen waren. So ist auch grundsätzlich davon auszugehen, daß die Vereinigung des Art. 9 GG das Recht zur eigenen Ordnung ihrer inneren Angelegenheiten hat. Dies beinhaltet die Einzelrechte der Satzungsgebung, die Bestimmung des zeitlichen, sachlichen, persönlichen und räumlichen Verbandsbereichs, der Verbandsaufgaben, der Einnahmen und Ausgaben, die Regelung der Willensbildung und möglicherweise einer Ehrengerichtsbarkeit.

Daraus folgt jedoch nicht, daß Vereinigungen und somit auch die hier zu behandelnden Gewerkschaften hinsichtlich ihrer Tätigkeit und ihres Aufbaus keinen rechtlichen Vorschriften unterliegen. So können Vereinigungen nach Art. 9 Abs. 2 GG verboten werden, wenn ihre Zwecke und Tätigkeiten den Strafgesetzen zuwiderlaufen oder sich gegen die verfassungsmäßige Ordnung oder den Gedanken der Völkerverständigung richten[2]. Die Gewerkschaften unterliegen weiter als nichtrechtsfähige Vereine den Vorschriften des BGB.

---

1 Auch die Parteien werden erst vom GG ausdrücklich erwähnt, während die Weimarer Reichsverfassung, obwohl sie unter deren Geltung dieselben Funktionen innehatten, sie nur bei der Bestimmung der Stellung des Abgeordneten in einer Negativformulierung beachtete.

2 Das Vereinsgesetz vom 5.8.1964 stellt keine materiellen Anforderungen an Vereine, sondern regelt nur die Durchführung des Verbots nach Art. 9 Abs. 2 GG.

§ 16 Einschränkungen der Verbandsautonomie durch das BGB

Bei einer Orientierung an den Vorschriften des BGB muß beachtet werden, daß Gewerkschaften durch ihre effektive Macht und ihre repräsentative Funktion ihre Rechtsnatur als privatrechtlicher Verband zugunsten einer öffentlich-rechtlichen Einordnung in den Hintergrund gedrängt haben[1].

Trotz § 54 BGB, wonach für nichtrechtsfähige Vereine die Vorschriften für BGB-Gesellschaften Anwendung finden, wendet die Rechtsprechung einheitlich auf Gewerkschaften die Bestimmungen für rechtsfähige Vereine, d.h. die §§ 21 ff. BGB entsprechend an[2]. Dies geschieht aus der richtigen Erkenntnis, daß sie, betrachtet man sie unter den Normen des Privatrechts, in ihrer Struktur eher einem rechtsfähigen Verein als einer Gesellschaft ähneln. Denn Verein im Sinne des BGB im Gegensatz zur Gesellschaft ist eine auf eine gewisse Dauer berechnete Personenvereinigung mit körperschaftlicher Verfassung, die als einheitliches Ganzes gedacht wird und im Bestande vom Wechsel der Mitglieder unabhängig ist[3]. Die Bestimmungen des BGB treffen nicht nur die Gewerkschaften als Bundesgruppierungen, sondern auch die Ortsgruppen bzw. Verwaltungsstellen, soweit sie selbständig sind und eine eigene Organisation besitzen[4]. Dies kann jedoch nur bei den mehr föderalistisch aufgebauten Gewerkschaften wie GEW und Gewerkschaft Kunst angenommen werden.

Die Vorschriften des BGB sind meist jus dispositivum, so daß abweichende Satzungsbestimmungen möglich sind. Folgende Regelungen sind jedoch zwingend mit der Folge der Nichtigkeit widersprechender Satzungsbestimmungen[5]:

1. Der Verein muß einen Vorstand haben, der in der Regel durch Beschluß der Mitgliederversammlung bestellt wird[6].
2. Ein Mitglied ist nicht stimmberechtigt, wenn die Beschlußfassung die Vornahme eines Rechtsgeschäfts zwischen ihm und dem Verein betrifft[7].

---

1 Kurt Biedenkopf, JZ 1961, 350
So sagt auch Hans Huber, in Recht und Staat Nr. 218 S. 8, daß die Entsetzung des Menschen aus einem Teil seiner Lebensmitte durch den Verband sicherlich nicht dem Bild entspreche, das sich seinerzeit der Privatrechtsgesetzgeber von den nichterwerbstätigen Verbänden gemacht habe.

2 RG Seuff A 77, 53; BGHZ 13, 11; Palandt, Kommentar zum BGB § 54 Anm. 2 B b m.w.N.

3 Palandt, Vorbem. vor § 21; ähnlich RGZ 76, 28.

4 Vgl. RGZ 118, 198.

5 BGHZ 49, 179.

6 §§ 26, 27 BGB.

3. Sonderrechte eines Mitglieds können nicht ohne dessen Zustimmung durch Beschluß der Mitgliederversammlung beeinträchtigt werden[8].
4. Die Mitgliederversammlung ist in den durch die Satzung bestimmten Fällen sowie dann zu berufen, wenn das Interesse des Vereins es erfordert[9].
5. Mitglieder müssen zum Austritt aus dem Verein berechtigt sein, wobei die Kündigungsfrist bis zwei Jahre betragen kann[10].
6. Der Verein muß durch Beschluß der Mitgliederversammlung aufgelöst werden können.

Außer diesen Mindestvoraussetzungen[11] sind die Vereine und damit auch die Gewerkschaften in der Regelung ihrer Interna nach dem BGB autonom. Die Rechtsprechung der Zivilgerichte hat einige weitere Einschränkungen vorgenommen[12]:

Die Rechtsnatur der Satzung, die als Rechtsgeschäft[13] oder als Rechtsnorm angesehen wird, kann dabei, wie in den meisten Fällen[14], auf sich beruhen.

Eine bestimmte Zuständigkeitsverteilung zwischen Vorstand und Mitgliederversammlung ist nach dem BGB nicht vorgeschrieben. In § 32 BGB ist nur geregelt, daß die Angelegenheiten des Vereins, soweit sie nicht von dem Vorstand oder einem anderen Vereinsorgan zu besorgen sind, durch Beschlußfassung in einer Mitgliederversammlung geregelt werden. Die Mitgliederversammlung ist also nicht zwingend höchstes Organ. Ihr steht daher die Beaufsichtigung der anderen Organe nur dann zu, wenn die Satzung nichts anderes bestimmt. Eine beliebige Erweiterung der Rechte des Vorstandes sowie eine Beschränkung derjenigen der Mitgliederversammlung ist also möglich, sofern in der Satzung

7 § 34 BGB.

8 § 35 BGB.

9 § 36 BGB.

10 § 39 BGB.

11 Die nach der Begründung zum Regierungsentwurf des Parteiengesetzes, Bundestagsdrucks. III, 1509, S. 19 auch eine Organisation bar jeglicher demokratischer Strukturen ermöglichen, a.A. Dieter v. Schmädel, S. 33.

12 Soweit dabei über §§ 134, 138, 826 BGB eine mittelbare Anwendung der Grundrechte stattfindet, ist diese systematisch erst in einem späteren Abschnitt zu behandeln.

13 BGHZ 47, 172 (179).

14 obwohl der BGH in ihr ein Rechtsgeschäft sieht, könne sie nur aus sich heraus und nur einheitlich ausgelegt werden, da sie für einen unbestimmten Personenkreis gilt BGH WM 1971, 538.

vorgesehen[15]. Nach Palandt[16] ist dies „für heutige Verhältnisse dann zu bezweifeln, wenn der Vorstand übermächtig ist und kein anderes Kontrollorgan, wie ein übergeordneter Verein oder ein unabhängiger Ausschuß vorhanden ist". Da eine solche Regelung eine Willkür des Vorstandes ermögliche, müsse sie als unsittlich angesehen werden, wenn den Mitgliedern nicht jederzeit ein Austritt ohne jeden Nachteil freistehe[17]. Aus dem Passus „für heutige Verhältnisse" ist zu entnehmen, daß von einem Wandel der an einen Verein zu stellenden Anforderungen hinsichtlich seiner inneren Struktur ausgegangen wird, obwohl sich seit der Entscheidung des Kammergerichts die durch das BGB an Vereine gestellten Anforderungen nicht geändert haben. Eine solche Änderung kann richtigerweise nur aus der Verfassung hergeleitet werden. Da zwar ein Austritt aus einer Gewerkschaft nicht ohne Nachteil ist[18], aber in allen Gewerkschaften als Kontrollorgan ein unabhängiger Ausschuß (Beirat oder Kontrollausschuß) besteht, ist auch nach dieser Ansicht eine Erweiterung der Rechte des Vorstandes beliebig weit möglich.

Die Mitgliedschaft in einem Verein wird nach dem BGB, soweit sie nicht durch Teilnahme an der Gründung erworben worden ist und die Satzung nichts anderes vorschreibt, durch Abgabe einer Beitrittserklärung und anschließender Aufnahme in den Verein durch eines von dessen Organen erlangt, Erfüllt der Bewerber die satzungsgemäßen Voraussetzungen der Mitgliedschaft nicht, so kann der Antrag abgelehnt werden, da mit Rücksicht auf den personenrechtlichen Charakter der Mitgliedschaft ein Rechtsanspruch auf Aufnahme in den Verein grundsätzlich abgelehnt wird[19]. Den Vereinen ist es gestattet, die Satzungsvorschriften so auszugestalten, daß der Kreis der Vereinsmitglieder nach ihrem Ermessen abgegrenzt werden kann, oder nur eine begrenzte Zahl von Mitgliedern erreicht wird[20]. Aber auch wenn der Bewerber die satzungsgemäßen Voraussetzungen erfüllt, hat er keinen klagbaren Anspruch auf Aufnahme.

---

15 KG JW 34, 3000; Sauter, Der eingetragene Verein, S. 80; RGZ 117, 203; Sauter meint einschränkend, daß die Satzung die Rechte der MV weitgehend beschränken, sie aber nicht ganz beseitigen könne. (a.A. noch KG DJ 1936, 1948).

16 § 25 Anm. 2 BGB.

17 So auch BGH NJW 1962, 1917.

18 Verlust der Unterstützung im Falle eines Streiks, keine Möglichkeit der Teilnahme an der Willensbildung innerhalb der Gewerkschaften, keine Inanspruchnahme der sonstigen Leistungen wie Rechtsberatung, Rechtsschutz usw.

19 Enneccerus-Nipperdey, Allgemeiner Teil des Bürgerlichen Rechts, 1. Halbband, S. 672, h.L.; Sauter, S. 37; OLG Köln OLGZ 1966, 133.

20 Dietz, Koalitionsfreiheit in: Bettermann-Nipperdey-Scheuner, Die Grundrechte,

Ein Eingriff in die Freiheit des Vereins, seine Mitglieder autonom auszuwählen, wird nur für außergewöhnliche Fälle anerkannt.

Rechtsprechung und überwiegende Meinung des Schrifttums leiten einen Aufnahmeanspruch nur aus § 826 BGB her[21], d.h. die Zurückweisung des Aufnahmeantrages muß ein sittenwidriger Mißbrauch der Vereinigungsfreiheit zum Schaden des Bewerbers sein. Dies wird bei mißbräuchlicher Ausnutzung einer Monopolstellung angenommen[22]. Die Monopolstellung eines Vereins, d.h. das Fehlen eines Wettbewerbs und damit einer Ausweichmöglichkeit allein begründet danach noch keinen Kontrahierungszwang. Zwar hat der BGH in mehreren Entscheidungen festgestellt, daß Berufsvereine mit Monopolcharakter einen Aufnahmeantrag nicht ohne trifitge Gründe ablehnen können, wenn die satzungsgemäßen Voraussetzungen für die Mitgliedschaft erfüllt sind[23]. § 826 BGB schließt aber nicht aus, daß durch entsprechende Ausgestaltung der Satzung die Aufnahme künftiger Bewerber erschwert oder sogar vereitelt wird. Der Koalition ist nur die Aufstellung solcher Satzungsbestimmungen untersagt, die die Aufnahme neuer Mitglieder von willkürlichen und unbilligen Voraussetzungen abhängig macht. So hat der BGH auch darauf hingewiesen, daß die Ablehnung eines Bewerbers im allgemeinen nicht sittenwidrig sein könne, wenn er die satzungsmäßigen Voraussetzungen des Vereins nicht erfülle. Nach einer neueren Entscheidung des BGH[24] sind jedoch Fälle denkbar, in denen bei einem Monopolverein die Rechtsordnung auch eine satzungsgemäße Ablehnung des Beitritts nach § 826 BGB nicht hinnehmen kann, wenn sich der Bewerber der Satzung nur durch ein unverhältnismäßiges Opfer anpassen kann und dem Verein selbst eine Änderung der Satzung ohne weiteres zuzumuten ist. § 826 BGB bietet jedoch keinen genügenden Schutz, da danach jede Ablehnung zulässig ist, die eine Stütze im Selbstverständnis der Gewerkschaft findet[25] und ein materieller

---

Band III, 1, S. 440; ebenso Alexander v. Stechow, Die Frage des Rechts auf Aufnahme in Koalitionen, S. 31.

21 Hans Henrici, Aufnahmepflicht für Koalitionen, aus Art. 3 GG.

22 So Enneccerus-Nipperdey, a.a.O.; Palandt, § 38 BGB; BGHZ 29, 347; dagegen auch in diesem Fall Soergel-Siebert, § 38 Anm. 7.

23 Enneccerus-Nipperdey, § 112 II; BGHZ 21, 1; 29, 347; ebenso KG NJW 1962, 1918; Birk JZ 1972, 348 schließt zu Recht aus § 27 GWB, daß der Gesetzgeber einen Eingriff in die Vereinsautonomie unter geringeren Anforderungen als denen des Monopolmißbrauchs für zulässig und notwendig hält.

24 NJW 1969, 316; dagegen Galperin, DB 1969, 705.

25 So auch Henrici, S. 68, nach dem zwar § 826 BGB eine Ablehnung ohne Begründung verbietet (KG NJW 1962, 1917), aber immer dann nicht greife, wenn der Be-

Schaden vorausgesetzt wird, während das Kriterium der Mitwirkung an der innergewerkschaftlichen Willensbildung ganz außer Betracht bleibt[26]. Läßt man in § 826 BGB die Grundrechte einfließen, so leitet sich letztlich der Anspruch aus ihnen her und es bedarf nicht des Weges über § 826 BGB[27].

Die Satzung eines Vereins kann nach dem BGB auch Mitgliedergruppen verschiedener Rechtsstellung vorsehen[28]. Grundsätzlich sind die Vereine hinsichtlich der Gründe für Ordnungsstrafen und dem einzuschlagenden Verfahren autonom[29].

Es müssen jedoch bestimmte rechtsstaatliche Mindestanforderungen erfüllt werden. Nach dem von der Rechtsprechung auch hier angewandten Grundsatz „nulla poena sine lege“ bedarf es für eine Ordnungsstrafe einer Grundlage in der Satzung[30]. Die Ausschließung einer ganzen Gruppe auf einmal wird nicht als zulässig angesehen[31]. Eine Gewaltenteilung ist nicht vorgeschrieben. Die Entscheidung über die Ordnungsstrafe kann also grundsätzlich vom Vorstand getroffen werden, wobei es auch als unbedenklich angesehen wird, wenn das einleitende und entscheidende Organ personengleich sind[32]. Das in der Satzung vorgeschriebene Verfahren muß den Grundsatz des rechtlichen Gehörs, eine faire Untersuchung der Vorwürfe und den Gedanken ne bis in idem gewährleisten[33]. Die Ordnungsstrafe bzw. der Ausschluß darf nicht auf längst bekannte

---

werber nicht mit den konkreten Zielen oder Gewerkschaft einverstanden sei oder wenn bei der Aufnahme eines Bewerbers zu erwarten sei, daß ein Mitglied austritt.

26 Henrici, S. 46 ff. untersucht daher bei der Schadensfeststellung nur die materiellen Leistungen der Gewerkschaften.

27 Henrici bejaht eine unmittelbare Wirkung der Grundrechte, sieht jedoch in § 826 BGB eine Verweisung auf außerrechtliche Kriterien, so daß die Grundrechte ihn nicht ausfüllen können.

28 Palandt, § 38 Anm. 1; Sauter S. 175.

29 Während nach RGZ 73, 187 die Satzung auch bestimmen kann, daß die Ausschließung nach freiem Belieben zulässig sein soll, ist nach RGZ 130, 375 – wenn die Satzung keine Bestimmung enthält – ein Ausschluß nur dann zulässig, wenn das weitere Verbleiben dem Verein schaden würde. Es wird dabei kein Unterschied zwischen einem rechtsfähigen oder nichtrechtsfähigen Verein gemacht; ebenso BGHZ 21, 370 (373).

30 BGHZ 21, 373; RGZ 73, 193; a.A. Sauter, S. 44, nach dem das Gesetz nicht verlangt, daß die Satzung eine Regelung trifft, ob und unter welchen Voraussetzungen ein Mitglied aus dem Verein ausgeschlossen werden kann.

31 LG Köln NJW 1968, 992.

32 BGH NJW 1967, 1658; a.A. möglicherweise KG NJW 1962, 1917 nach dem die Bestimmung gegen § 138 BGB verstößt und damit nichtig ist, die den Präsidenten eines Vereins zum Ausschluß von Mitgliedern ermächtigt.

Tatsachen gestützt werden[34], und die Entscheidungsgründe müssen mitgeteilt werden[35].

Gegen Ordnungsstrafen muß zunächst der vereinsinterne Rechtsweg ausgeschöpft werden. Eine vorherige gerichtliche Nachprüfung findet nur dann statt, wenn der Fortgang des Vereinsverfahrens ungebührlich verzögert oder dem Mitglied ein Abwarten wegen überwiegender Interessen nicht zuzumuten ist[36]. Ein völliger Ausschluß des staatlichen Rechtsweges durch die Satzung ist nur dann unwirksam, wenn die Anrufung eines verbandsinternen Schiedsgerichts nicht vorgesehen ist[37]. Die Aufhebung des Schiedsspruchs kann jedoch unter den in § 1041 ZPO genannten Gründen beantragt werden.

Der Nachprüfung durch die Gerichte sind nach der Rechtsprechung und h.L. enge Grenzen gesetzt. Danach kann nur geprüft werden, ob die Strafe, insbesondere der Vereinsausschluß, eine Stütze in Gesetz oder Satzung hat, ob das satzungsmäßig vorgeschriebene Verfahren beachtet und somit keine Gesetzes- oder Satzungsverstöße vorgekommen sind und ob die Ausschließung offenbar unbillig ist[38]. Es wird also eine Überprüfung der von den Vereinsorganen festgestellten Tatsachen ausgeschlossen[38a] und eine Subsumtionskontrolle nur dann zugelassen, wenn ein Vereinsorgan einen bestimmten Sachverhalt willkürlich einer Satzungsbestimmung unterstellt hat[39].

---

33 BGH NJW 1959, 982; BayObLG Seuff A 55 Nr. 193; BGHZ 29, 352; Peter Schlosser, S. 102 ff.; Soergel-Siebert, § 25 Rdnr. 22 ff.

34 RG HRR 1930 Nr. 2164; Sauter, S. 45.

35 RGZ 129, 49; BGH NJW 1959, 982; a.A. Sauter, S. 53 nach dem die Gründe nur anzugeben sind, wenn die Satzung nicht eine willkürliche Ausschließung zuläßt.

36 BGHZ 49, 398; RGZ 106, 120; Sauter, S. 55 m.w.N.; kritisch Schlosser, S. 124 m.w.N.

37 BGHZ 29, 354; KG NJW 1962, 1817; kritisch dazu Schlosser S. 113 ff.

38 BGHZ 47, 385; 45, 314 ff.; ständige Rechtsprechung, BGH II ZR 5/70 vom 28.9.1972, unveröffentlicht zum Ausschluß eines NPD-Mitgliedes aus der GdP; ebenso der überwiegende Teil des Schrittums: Meyer-Cording, Die Vereinsstrafe, S. 112; Soergel-Siebert, § 25 Rdnr. 28; Enneccerus-Nipperdey, S. 680; Erman, § 39 Anm. 5; Denecke, in BGB-RGRK § 39 Anm. 9; Sauter, S. 58; nach LG Hamburg MDR 1971, 132, hat das Gericht bei Ausschluß aus einer Gewerkschaft das Recht zur unbeschränkten Nachprüfung der sachlichen Berechtigung des Ausschlusses, da es sich um einen Verein von überragender wirtschaftlicher und sozialer Bedeutung handele; gegen die herrschende Rechtsprechung auch Bessell, Zur richterlichen Überprüfung von internen Vereins- und Betriebsbeschlüssen, S. 37 ff., Schlosser, S. 93 ff., Wiedemann JZ 1968, 219, Beuthien, Die richterliche Kontrolle von Vereinsstrafen und Vertragsstrafen S. 3, Westermann, Die Verbandsstrafgewalt und das Allgemeine Recht, insbesondere S. 100 f.

38a Für willkürliche Tatsachenfeststellung offengelassen von BGHZ 29, 352 (361).

Die eingeschränkte Überprüfungsmöglichkeit wird in erster Linie mit der Vereinsautonomie begründet[40]. Es wird jedoch zu Recht darauf hingewiesen[41], daß Maßnahmen in Ausübung der Vereinsautonomie nicht anders zu behandeln sind als sonstige einseitige Rechtsakte, die in Ausübung von Privatautonomie gesetzt werden[42]. Eine Unterwerfung unter die einseitige Rechtsgestaltung eines anderen bedeutet nicht gleichzeitig den Verzicht auf die richterliche Überprüfung der Gestaltungsvoraussetzungen[43].

Nach anderer Ansicht[44] soll dem Verein bei der Beurteilung, ob das Verhalten des Mitglieds dem Vereinsinteresse schadet oder Vereinsbestrebungen zuwiderläuft, ein Ermessungs- bzw. Beurteilungsspielraum zustehen[44a].

Zwar muß nach dem BGB der Verein einen Vorstand haben, doch ist es nicht notwendig, daß dieser aus mehreren Personen besteht, die Bestellung durch die Mitgliederversammlung erfolgt[45] und der Vorstand Vereinsmitglied ist[46]. Die Satzung kann den jeweiligen Inhaber eines bestimmten öffentlichen Amtes zum Vereinsvorstand erklären[46a].

Der Vorstand kann sich auch selbst durch Zuwahl ergänzen[47]. Der Widerruf der Bestellung muß nicht durch das bestellende Organ erfolgen[48]. Teilweise

---

39 BGHZ 29, 352 (361); BGHZ 45, 314.

40 s. BGHZ 13, 10 f.; 43, 314 ff. m.w.N.

41 Schlosser, S. 99 f.; vgl. Fußn. 38.

42 Schlosser weist dabei auf die Überprüfung der Betriebsbußen durch das BAG AP Nr. 1 zu § 56 BetrVG 52 und die der Ausschlüsse aus Personengesellschaften durch BGHZ 31, 295 hin.

43 Zur näheren Auseinandersetzung mit der Rechtsprechung, vgl. Schlosser S. 100 f.

44 Karl Larenz, Allgemeiner Teil des Bürgerlichen Rechts, S. 197; Eduard Bötticher, ZfA 70 S. 44 f.

44a kritisch dazu Schlosser S. 102 f.

45 Sauter S. 66, 138; LG Krefeld, Rechtspfleger 68, 17: Wenn der Mitgliederversammlung erhebliche Rechte verbleiben, steht der Bestellung des Vorstandes durch Dritte nichts im Wege; Palandt, § 27.

46 Sauter, S. 137 f., wonach sich jedoch auch ohne ausdrückliche Satzungsbestimmung aus dem Gesamtinhalt der Satzung das Verbot ergeben kann, einen Außenstehenden in den Vorstand zu wählen; Soergel-Siebert, § 27 Anm. 6; Staudinger, § 27 Anm. 6; Bay ObLG, OLG 15, 306.

46a Soergel-Siebert, § 27 Anm. 13; Bay ObLG OLG 15, 306; Enneccerus-Nipperdey, § 109 I, Fußn. 5.

47 Sauter, S. 139; Soergel-Siebert, § 27 Anm. 13.

48 Sauter S. 144; Soergel-Siebert, § 27 Anm. 18.

wird angenommen, daß auch ohne Satzungsbestimmung die Mitgliederversammlung das Recht hat, den Vorstand aus wichtigem Grund abzuberufen[49].

Die Satzung soll die Voraussetzungen und die Form der Berufung der Mitgliederversammlung bestimmen. Nichtbeachtung der in der Satzung vorgeschriebenen Voraussetzungen bewirkt die Ungültigkeit der in der Versammlung gefaßten Beschlüsse. Nach § 37 BGB ist die Mitglieder- bzw. Vertreterversammlung zu berufen, wenn der durch die Satzung bestimmte Teil oder in Ermangelung einer Bestimmung ein Zehntel der Mitglieder die Berufung unter Angabe des Zweckes und der Gründe verlangt. Die Rechtsprechung und die herrschende Lehre[50] entnehmen dieser Bestimmung ein Minderheitenrecht und halten Satzungsbestimmungen, die die erforderliche Mitgliederzahl auf die Hälfte oder mehr festsetzen, für ungültig.

Zwar geht § 40 BGB auch davon aus, daß zur Satzungsänderung eine Dreiviertelmehrheit der erschienenen Mitglieder erforderlich ist, zur Änderung des Zweckes die Zustimmung aller Mitglieder, doch sind diese Regelungen nicht zwingend[51]. Die Satzung kann Satzungs- und Zweckänderungen dem Vorstand überlassen[52].

Erstaunen bewirkt die zwingende Vorschrift, daß Sonderrechte eines Mitglieds nicht ohne dessen Zustimmung durch Beschluß der Mitgliederversammlung beeinträchtigt werden können. Bei einem für die Existenz des Vereins wichtigen Grund können Organrechte auch ohne Zustimmung des Mitglieds entzogen werden[53]. Ist ein solches Sonderrecht – wie meist – nur für eine bestimmte Zeit gewährt, so erlischt es nach Ablauf dieser Zeit.

Die allgemeinen Mitgliedschaftsrechte, zu denen das Recht zur Ausübung des Stimmrechts in der Mitgliederversammlung gehört, sind grundsätzlich der Regelung durch die Satzungsgewalt des Vereins unterworfen, können also beschränkt oder entzogen werden. Da es sich dabei um Ordnungsstrafen handelt, sind die gebrachten Einschränkungen zu beachten. Unterschiedliche Regelungen der Mitgliedschaftsrechte, die durch sachliche Erwägungen gerechtfertigt werden, sind möglich. Sachliche Gründe sind z.B.: Beitragsschulden, Ordnungsverfahren,

---

49 Staudinger, § 27 Rdnr. 16; BGB-RGRK, § 27 Anm. 2; Sauter, S. 144; verneinend Soergel-Siebert, § 27 Rdnr. 18.

50 KG NJW 1962, 1917; Soergel-Siebert, § 37; Sauter, S. 83; Staudinger, § 37, Anm. 18.

51 Es können kleinere oder größere Mehrheiten festgelegt werden; Sauter, S. 67.

52 Palandt, § 33, Anm. 1; Sauter, S. 70; nach Palandt darf der Vorstand diese Ermächtigung nur im Rahmen von Treu und Glauben ausüben; Soergel-Siebert, § 33 Anm. 3.

53 Soergel-Siebert, § 35, Anm. 20; Enneccerus-Nipperdey, § 112 Fußn. 20.

Dauer der Mitgliedschaft, Bevorzugung der Mitglieder des Vorstandes[54]. So ist zwar grundsätzlich das Stimmrecht für alle gleich, die Satzung kann jedoch eine abweichende Regelung vorsehen[55].

Die Kündigungsfrist kann zwei Jahre betragen. Bei Vorliegen wichtiger Gründe hat jedoch der BGH trotz vorgesehener Kündigungsfrist einen fristlosen Austritt für zulässig erklärt[56]: „Mitglieder, die mit den durch die Mehrheit bestimmten Entschließungen des Vereins nicht einverstanden sind, sollen das nicht unbegrenzt hinnehmen müssen, sondern sich in nicht zu ferner Zeit der Vereinsmacht entziehen können"[57]. Nach anderer Ansicht[58] kann der leitende Gedanke des BGB, daß ein in die Lebensbetätigung der Beteiligten stark eingreifendes Rechtsverhältnis dann vor Ablauf der festgesetzten Zeit gelöst werden kann, wenn ein wichtiger Grund es erfordert, dagegen nur in Fällen ganz besonderer Art auch im Vereinsrecht Anwendung finden. Im Regelfalle würden die Belange des Vereins dem Interesse des Mitglieds vorgehen.

Nach einer Betrachtung der vereinsrechtlichen Bestimmungen und der allgemein zu Vereinen entwickelten Rechtsprechung kann der Begründung des Regierungsentwurfs zum Parteiengesetz gefolgt werden, „daß sie eine Selbstorganisation in nahezu völliger Abwendung von demokratischen Grundsätzen gestatten"[59]. Die Rechte der Mitglieder können beliebig beschränkt und die Rechte des Vorstandes dementsprechend erweitert werden. Die Bestellung und Abberufung des Vorstandes muß nicht unbedingt durch die Mitgliederversammlung erfolgen. Satzungsänderungen, ja selbst Zweckänderungen können durch den Vorstand beschlossen werden. Die Satzung kann Mitgliedergruppen verschiedener Rechtsstellung vorsehen, ein Ausschluß ist fast aus beliebigem Grunde möglich, wird nur beschränkt nachgeprüft, und ein Aufnahmeanspruch wird nur in Einzelfällen gegeben.

---

54 Nach KG NJW 1962, 1917 ist die Besserstellung des Vorstandes im Stimmrecht nur dann ungerechtfertigt, wenn der Vorstand oder Personen kraft Amtes so viele Stimmen haben, daß sie eine Satzungsänderung sperren können.

55 Erman, § 32 Anm. 2; Larenz, S. 186.

56 BGH LM Nr. 2 zu § 39 BGB; RGZ 130, 375; RGRK, § 39 Anm. 1; ebenso zu fristlosem Ausschluß Sauter, S. 44; BGHZ 9, 157; Erman, § 39 Anm. 6.

57 BGHZ 48, 210.

58 Sauter, S. 44.

59 Auch nach dem Bericht der Parteienrechtskommission S. 162 setzt das BGB nur Normativbestimmungen zur Sicherung des Rechtsverkehrs der Vereine. Um einen Aufbau nach demokratischen Grundsätzen zu gewährleisten, seien ganz andere Anforderungen erforderlich.

§ 17 Die Methode der Verfassungsinterpretation

Sollen für die Gewerkschaften noch festzustellende Sollensurteile aus dem Grundgesetz gezogen werden, so ist dieser Interpretationsvorgang offenzulegen, um ihn nachkontrollierbar zu machen.

Die herkömmliche Interpretationslehre geht von einem objektiven Willen der Norm aus und versucht diesen zu ermitteln, indem sie den Wortlaut, die Entstehungsgeschichte, den systematischen Zusammenhang der Norm und ihren Sinn und Zweck ins Auge faßt[1]. Danach ist Interpretation Nachvollzug einer bereits getroffenen Aussage.

Wie in neuerer Zeit jedoch bereits mehrfach[2] festgestellt wurde, zeigen diese Kriterien nicht den wirklichen Entscheidungsfindungsvorgang. So besagt der Wortlaut häufig nichts Eindeutiges, eine systematische Interpretation kann sich auf den formalen wie den sachlichen Zusammenhang beziehen, und mit der Regel, daß nach dem Sinn eines Rechtssatzes zu fragen ist, ist nichts für die Frage gewonnen, wie dieser Sinn zu ermitteln ist[3].

Ähnlich unbrauchbar sind Kriterien wie[4]: der Richter soll „nicht nur logische und historische Regeln heranziehen, sondern die Verfassung als einheitliches Sinngefüge begreifen", „in den Kreis seiner Erwägungen jene Rechtsauffassung einbeziehen, die der in der Verfassung getroffenen politischen Rechtsentscheidung am ehesten gerecht wird", „sich bei unerträglichen politischen Folgen über formelle Bedenken hinwegsetzen, andererseits aber nicht seine eigenen politischen Vorstellungen an die Stelle derjenigen des Gesetzgebers setzen".

Bei dieser Methode besteht die Gefahr, daß vom Ergebnis her argumentiert und einem politisch gewünschten Resultat eine juristische Konstruktion beigelegt wird[5]. Eine so vorgenommene Interpretation dreht sich im Kreis, denn der Wille des Gesetzes, der erst gefunden werden soll, kann nicht gleichzeitig

---

1 Siehe BVerfGE 11, 126.

2 Konrad Hesse, Grundzüge des Verfassungsrechts der BRD, S. 25; Martin Kriele, Theorie der Rechtsgewinnung, S. 310 f.

3 Hesse, S. 24.

4 Aufgezählt bei Ernst Martin, Rechtsprechung als politische Entscheidung, Beilage zum Parlament, B 38/71, S. 26.

5 So auch Martin, a.a.O.; so sieht das BVerfGE 8, 41 im Wortlaut eine unübersteigbare Grenze, läßt andererseits im BVerfGE 9, 104 f. den Wortlaut vor dem Sinn zurücktreten.

Richtlinie für die Auslegung sein[6]. Die Gründe für die Heranziehung oder Nichtheranziehung eines Gesichtspunktes sind die eigentlich bestimmenden Entscheidungsgründe und bleiben in der Regel unausgesprochen[7].

Es gilt anzuerkennen, daß die verfassungs- oder gesetzgebende Gewalt kein Rechtsetzungsmonopol, sondern nur eine Rechtsetzungsprärogative hat. Der Richter oder der sonstige Verfassungsinterpret hat originäre rechtsschöpferische Gewalt mit der Einschränkung, daß der Gesetz- und Verfassungsgeber für die Entscheidung jeder rechtspolitischen Frage Richtpunkte setzen kann, an die der Interpret gebunden ist[8]. In allen Fällen der Verfassungsinterpretation hat der Verfassungsgeber in Wahrheit noch nicht entschieden, sondern nur mehr oder weniger zahlreiche unvollständige Anhaltspunkte für die Entscheidung gegeben[9].

Es müssen also Gesichtspunkte gefunden werden, die eine weiterbildende Konkretisierung ermöglichen. Solche Prinzipien sind nach Hesse u.a.[10]:

1. der Maßstab integrierender Wirkung, d.h. den Gesichtspunkten ist der Vorzug zu geben, die einheitsstiftend und einheitserhaltend sind. Widersprüche zu anderen Verfassungsnormen sind zu vermeiden.
2. Verfassungsrechtlich geschützte Rechtsgüter müssen einander so zugeordnet werden, daß jedes von ihnen Wirklichkeit gewinnt.
3. denjenigen Gesichtspunkten ist der Vorzug zu geben, die unter den jeweiligen Voraussetzungen der normativen Verfassung zu optimaler Wirkungskraft verhelfen.

In diesem Zusammenhang erhalten auch die herkömmlichen Auslegungsmethoden ihren Stellenwert. Davon zu unterscheiden ist die Frage nach der Legitimierung der Entscheidung aus Gesetz oder Verfassung, d.h. welcher Begriff an welcher Gesetzesstelle wie definiert werden müßte, oder welche Gesetzesstelle am zweckmäßigsten die Lückenergänzung abstützen soll, damit die Entscheidung als aus dem positiven Recht herleitbar gerechtfertigt werden kann[11].

---

6 Ähnlich Kriele, S. 311: Analoge Anwendung setzt einen Gesichtspunkt voraus, der darüber entscheidet, welche Ähnlichkeitsmerkmale jeweils als relevant anzusehen sind.

7 Kriele, S. 310.

8 Kriele, S. 311; Hesse, S. 25.

9 Hesse, S. 23; Ehmke, VVdStL 20, 54 f.

10 a.a.O., S. 28 f.

11 Kriele, S. 312.

Setzt die Konkretisierung ein „Verstehen" des Inhalts der zu konkretisierenden Norm voraus, so läßt sich dieses nicht von dem Vorverständnis des Interpreten und dem jeweils zu lösenden konkreten Problem lösen[12]. Der Interpret kann den Inhalt der Norm nur aus der konkreten geschichtlichen Situation heraus erfassen, in der er sich befindet[13]. Er sieht mit gewissen Erwartungen auf die Norm, diese sind aber nicht seine ureigenen, sondern abhängig von den sozial, politisch und weltanschaulich fundierten Wertgrundlagen seiner Umgebung, wenn auch nicht notwendig der Gesamtordnung.

Gibt es logisch zwingende Schlüsse im Verfassungsrecht nur in sehr begrenztem Maße[14] und verbergen die am naturwissenschaftlichen Wissenschaftsideal ausgerichteten sich exakt gebenden Methoden nur hinter scheinlogischen Argumenten ihre Vorurteile, so kann man nicht, wie Ehmke[15], sagen, daß sich das (richtige) verfassungstheoretische Vorverständnis nur nach der Überzeugungskraft der verfassungstheoretischen Argumentation ergibt, die der Konsensus aller vernünftig und gerecht Denkenden bestimmt. Dann schleichen sich in den teilweise rationalisierten Interpretationsvorgang wieder irrationale oder willkürliche Elemente ein[16]. Das Vorverständnis ist als soziale Kategorie zu begreifen und soweit wie möglich zu legitimieren. Dies kann weitgehend durch die Verfassungstheorie geschehen[17].

Neben den subjektiven Verständnisvoraussetzungen schaffen die geschichtlichen Bedingungen, d.h. die natürlichen, technischen, politischen und ökonomischen Verhältnisse wie die sozialen Anschauungen oder Wertverhältnisse bestimmte Voraussetzungen für die Konkretisierung einer Norm[18]. Sowohl die Verständnisvoraussetzungen wie die geschichtlichen Bedingungen unterliegen einem Wandel und können daher, obwohl der Text der normativen Verfassung derselbe bleibt, zu einem Wandel der Interpretation der Norm führen[19]. Deshalb kann bei der Auslegung einer Bestimmung auch niemals der Hinweis

---

12 So auch Hesse, S. 26.

13 Hesse, a.a.O.

14 Ehmke, S. 71.

15 a.a.O.; ähnlich Kriele, S. 311, der von einer vernunftrechtlichen Erwägung von Normhypothesen spricht.

16 Martin, S. 29; siehe Jürgen Habermas, Theorie und Praxis, S. 177.

17 Ehmke, S. 64.

18 Hesse, S. 18.

19 Hesse, S. 19; Gerhard Leibholz, Strukturprobleme der modernen Demokratie, S. 278; BVerfGE 2, 401.

auf Entstehungsgeschichte und Wille des Gesetzgebers den Ausschlag geben. Grenze ist dabei der eindeutige Sinn der Regelung.

Steht Verfassungsinterpretation immer in einem engen Bezug zur Verfassungswirklichkeit, so wird damit anerkannt, daß die Begriffe, wenn auch vielleicht unbewußt, an politischen Zielsetzungen orientiert und von einer bestimmten Wertung bestimmter Interessenkonflikte getragen sind[20]. Dem Vorwurf einer Politisierung des Rechtsgedankens ist entgegenzuhalten, daß das Verfassungsrecht noch viel mehr als jedes andere Recht von der politischen und sozialen Wirklichkeit abhängig ist. „Die Trennung von den politischen Grundlagen bedeutet hier nichts anderes als die Hinnahme des Bestehenden (und oft des Vergangenen), den Verzicht auf eine prinzipielle Auseinandersetzung mit der gegebenen politischen Ordnung und damit faktisch die unreflektierte Übernahme von Begriffen, die in einer bestimmten Zeit ihre Grundlage hatten, aber heute neu zu überdenken sind[21]".

Begreift man die Normen in steigendem Maße von der Wirklichkeit her und versucht sie von dieser her inhaltlich zu bestimmen[22], so darf dies doch nicht dazu führen, daß die Verfassungswirklichkeit die geschriebene Verfassung ins Schlepptau nimmt und ihr ihre eigenen Elemente und Ordnungsstrukturen aufoktroyiert[23]. Die Verfassung greift ihrerseits regulierend in die Wirklichkeit ein. Es gibt nicht nur eine normative Kraft des Faktischen, sondern auch eine faktische Kraft des Normativen[24]. Geschriebene Verfassung und die Wirklichkeit der sozialen Machtverhältnisse stehen in einem Verhältnis enger gegenseitiger Vermittlung[25], sie sind voneinander abhängig und prägen sich gegenseitig[26].

Je mehr die Sätze der Verfassung an die Gegebenheiten der geschichtlichen Situation anknüpfen und sie zu bewahren und fortzubilden suchen, desto eher

---

20 So Gerhard Leibholz, Das Wesen der Repräsentation, S. 14.

21 Scheuner, in: Festschrift für Rudolf Smend, Staatsverfassung und Kirchenordnung, S. 227.

22 Gerhard Leibholz, Strukturprobleme, S. 278.

23 Dagegen mit Recht Gerhard Wittkämper, Grundgesetz und Interessenverbände, S. 36.

24 Wilhelm Hennis, Meinungsforschung und repräsentative Demokratie, S. 52 spricht von der normativen Kraft des Normativen.

25 Dietrich Schindler, Verfassungsrecht und soziale Struktur, S. 118 f.

26 Hermann Heller, Staatslehre, S. 252 f.; Konrad Hesse, Die normative Kraft der Verfassung, in Recht und Staat Nr. 222, S. 7 f.

können sie normative Wirkung entfalten[27]. Die konkreten sozialen Strukturen sind daher immer neu zu analysieren, um der Norm zur möglichst großen Durchsetzung zu verhelfen. „Der Intensitätsgrad, nicht aber die Richtung der jeweils unmittelbaren Durchsetzung der Norm ist dabei je nachdem verschieden, ob es sich um Rechtsgrundsätze oder um unmittelbar anwendbare Rechtssätze handelt. Das Demokratiegebot ist seinem Wesen nach Rechtsgrundsatz und nicht Rechtssatz“[28]. Es ist einerseits einer detaillierten rechtlichen Normierung nur schwer zugänglich, andererseits ist es das Bestreben der Verfassung – wie noch zu zeigen sein wird –, der freien Gestaltung der Gruppen einen möglichst weiten Spielraum zu gewähren. Es kann also grundsätzlich nur eine Verfassungstendenz und selten ein Verfassungsgebot aufgezeigt werden.

---

27 ähnlich Hesse: Grundzüge, S. 11 f.

28 Wolfgang Abendroth, Antagonistische Gesellschaft und politische Demokratie, S. 286.

§ 18 Öffentliche Funktionen der Gewerkschaften

Die Darstellung der öffentlichen Funktionen der Gewerkschaften strebt nicht an, ein vollständiges Bild der Aufgaben der Gewerkschaften zu entwerfen[1]. Sie soll nur dazu dienen, vor Augen zu führen, wie weit die Gewerkschaften bereits über den ihnen in Art. 9 Abs. 3 GG zugewiesenen Bereich hinausgewachsen sind[2]. und um die Verfassungswirklichkeit genau zu erkennen, ohne die eine Verfassungsinterpretation nach Ansicht des Verfassers nicht möglich ist[3]. Es erscheint angebracht, die öffentlichen Funktionen der Gewerkschaften in die autonome Zusammenarbeit mit anderen Verbänden und die Mitwirkung bei der staatlichen Rechtsprechung, Verwaltung und Gesetzgebung zu unterteilen. Überschneidungen dieser Bereiche treten dann auf, wenn öffentliche Institutionen wie die Sozialversicherungsträger und Wirtschaftskammern zwar juristisch zur mittelbaren Staatsverwaltung gehören, praktisch aber einem weitgehend autonomen Einfluß der Verbände unterworfen sind.

A. Autonome Regelung öffentlicher Angelegenheiten

I. Verbandsautonome Rechtssetzung

2. Tarifvertrag[4]

Mit dem Tarifvertrag legen Gewerkschaft und Arbeitgeber bzw. Arbeitgeberverband Löhne und Arbeitsbedingungen für einzelne Wirtschaftszweige befristet fest. Abweichungen sind nur zugunsten der Arbeitnehmer möglich. Zwar bezieht sich die Wirkung zwingend nur auf die beiderseitigen Verbandsmitglieder, doch erstreckt sich die praktische Wirkung auf alle Arbeitnehmer des Bereichs, da ein Arbeitgeber, der den Tarifvertrag unterschreitet, die übrigen Arbeitnehmer in

---

1 Der DGB selbst besitzt nach einer Mitteilung keine vollständige Liste seiner Funktionen. Bei der anschließenden Darstellung wird hauptsächlich die umfassende Arbeit von Joachim Hirsch, Die öffentlichen Funktionen der Gewerkschaften, S. 155 f. benutzt, der sich wiederum teilweise auf Günther Drewes, Die Gewerkschaften in der Verwaltungsordnung, stützt. Dabei werden die seit 1966 eingetretenen Veränderungen durch das Berufsbildungsgesetz, das Betriebsverfassungsgesetz und das Arbeitsförderungsgesetz berücksichtigt. Richtlinien und Dienstanweisungen der obersten Bundes- und Länderbehörden konnten nicht herangezogen werden.

2 Dies erkennt auch Werner Weber, Die Sozialpartner in der Verfassungsordnung, in: Festschrift für OLG Celle, S. 250 an.

3 Eine bis ins einzelne gehende Darstellung der öffentlichen Funktionen kann nicht Aufgabe dieser Arbeit sein, würde ihren Rahmen sprengen und erscheint angesichts der beiden vorliegenden Arbeiten nicht notwendig.

4 Tarifvertragsgesetz in der Fassung vom 25. August 1969.

die Arme der Gewerkschaft treiben würde. Eine Ausnahme bilden Regelungen über betriebliche und betriebsverfassungsrechtliche Fragen, deren Gültigkeit sich nach § 3 Abs. 2 TVG zwingend auch auf nichtorganisierte Arbeitnehmer erstreckt. Staatliche Gesetze, die für das Gebiet der Arbeitsbedingungen erlassen werden, gelten als subsidiäre Mindestvorschriften, die teilweise durch kollektive Vereinbarungen der Sozialpartner abänderbar sind[5]. So ist nach § 3 der Arbeitszeitordnung eine Verlängerung der regelmäßigen Arbeitszeit von 8 Stunden durch Tarifvertrag möglich. Die Gewerkschaften üben hier auch im juristischen Sinne hoheitliche Gewalt aus, da die Vereinbarungen für alle Betriebe und alle Arbeitnehmer ohne Rücksicht auf deren Zugehörigkeit zur Gewerkschaft gelten.

2. Unfallverhütungsvorschriften der Berufsgenossenschaften

Sie werden von der Zentralstelle für Unfallverhütung beim Hauptverband der gewerblichen Berufsgenossenschaften aufgestellt und sind Bestandteil des öffentlichen Arbeitsschutzrechts. In den ca. 30 Fach- und Arbeitsausschüssen wirken die Gewerkschaften als Versichertenvertreter entsprechend der paritätischen Zusammensetzung der Berufsgenossenschaften mit.

II. Verbandsautonome Verwaltung

1. Sozialversicherungsträger[6]

Die meisten Träger der öffentlichen Sozialversicherung unterliegen einer weitgehend autonomen Kontrolle durch die Sozialpartner. Der Einfluß der Regierung beschränkt sich im wesentlichen auf eine Gesetzmäßigkeitskontrolle, soweit die Sozialversicherungsträger als Körperschaften oder Anstalten des öffentlichen Rechts organisiert sind. Bei den privatrechtlich organisierten Ersatzkassen entfällt dieses Kontrollrecht. Die Organe der Sozialversicherungsträger, Vertreterversammlung und Vorstand, sind grundsätzlich paritätisch aus Vertretern der Arbeitgeber und der Versicherten zusammengesetzt. Bei der Knappschaft stellen die Versicherten zwei Drittel der Mitglieder in den Organen[7]. Ersatzkassen werden nur von den Versichertenvertretern verwaltet und die Organe der Trä-

---

5 Vgl. Gesetz über die Festsetzung von Mindestarbeitsbedingungen vom 11.1.1952.

6 Vgl. das Gesetz über die Selbstverwaltung auf dem Gebiet der Sozialversicherung vom 23.8.1967. Darunter fallen die Berufsgenossenschaften, Landesversicherungsanstalten, Bundesversicherungsanstalt für Angestellte, Krankenkassen und Knappschaften.

7 Vor 1933 bestand dieses Verhältnis bei allen Sozialversicherungsträgern.

ger der landwirtschaftlichen Unfallversicherung bestehen zu je einem Drittel aus Vertretern der Arbeitgeber, der Selbständigen ohne fremde Hilfskräfte und der Versicherten. Beachtlich ist die paritätische Besetzung bei den Berufsgenossenschaften, da die Beiträge zur Unfallversicherung ausschließlich von den Arbeitgebern aufgebracht werden.

Da die Versichertenvertreter in den Selbstverwaltungsorganen grundsätzlich in Urwahl durch die Versicherten selbst gewählt werden, haben die Gewerkschaften – entgegen der Regelung bei der Bundesanstalt für Arbeit – nur das Recht, eigene Vorschlagslisten aufzustellen. Die Verbände können sich aber auf gemeinsame Listenvorschläge einigen und auf diese Weise Urwahlen überhaupt verhindern, denn diese werden nur dann durchgeführt, wenn es zu keiner Einigung über eine gemeinschaftliche Liste kommt.

2. Sozialpolitische Ausschüsse und Arbeitsgemeinschaften[8]

3. Berufsausbildung

Nach dem ab 1. September 1969 geltenden Berufsbildungsgesetz nehmen die Gewerkschaften in diesem Bereich folgende Funktionen wahr: In die Prüfungsausschüsse, die zu zwei Dritteln aus Beauftragten der Arbeitgeber und Arbeitnehmer und mindestens einem Lehrer einer berufsbildenden Schule bestehen müssen, werden die Arbeitnehmermitglieder auf Vorschlag der im Bezirk bestehenden Gewerkschaften und selbständigen Vereinigungen von Arbeitnehmern mit sozial- oder berufspolitischer Zwecksetzung berufen. Der Bundesausschuß für Berufsbildung setzt sich zusammen aus je 6 Beauftragten der Arbeitgeber und der Arbeitnehmer, 5 Beauftragten der Länder sowie einem Beauftragten der Bundesanstalt für Arbeit. Die Beauftragten der Arbeitnehmer werden auf Vorschlag der auf Bundesebene bestehenden Gewerkschaften und selbständigen Vereinigungen von Arbeitnehmern berufen. Der Landesausschuß für Berufsbildung besteht aus der gleichen Zahl von Beauftragten der Arbeitgeber, der Arbeitnehmer und der obersten Landesbehörden. Entsprechend setzt sich der Berufsbildungsausschuß bei der zuständigen Stelle (Industrie- und Handelskammer, Handwerkskammer, Landwirtschaftskammer) zusammen.

Der Bundesausschuß hat u.a. Grundsätze für die Eignung der Ausbildungsstätte und für die Durchführung von Ausbildungsmaßnahmen außerhalb der Ausbildungsstätte aufzustellen, sowie Grundsätze für die Beratung und Überwachung der Ausbildungsstätten zu entwickeln. Der Berufsbildungsausschuß hat die

---

8 Siehe Hirsch, S. 108.

von der zuständigen Stelle zu erlassenden Rechtsvorschriften für die Durchführung der Berufsbildung zu beschließen.

Die Deutsche Angestellten-Gewerkschaft und der Deutsche Gewerkschaftsbund sind neben dem Bundesverband der Deutschen Industrie, dem Bundesverband der Deutschen Arbeitgeberverbände, dem Bundesverband der Fachverbände des Deutschen Handwerks, dem Deutschen Handwerkskammertag, dem Deutschen Industrie- und Handelstag und dem Bund zusätzlich Mitglieder des Bundesinstituts für Berufsbildungsforschung.

Beim Handwerk bestehen abweichende Regelungen insoweit, als die Arbeitnehmervertreter in den Prüfungsausschüssen auf Vorschlag der Mehrheit der Gesellenvertreter in der Vollversammlung der Handwerkskammer berufen werden, entsprechendes gilt für die Arbeitnehmervertreter in dem Berufsbildungsausschuß der Handwerkskammer.

4. Wirtschaftskammern

a) Industrie- und Handelskammer[9]

Die Gewerkschaften sind in der Industrie- und Handelskammer außer in den Lehrlingsprüfungsausschüssen nicht vertreten.

b) Arbeitnehmerkammern im Saarland und in Bremen

Den Kammern gehören alle Arbeitnehmer an. Als höchstes Organ fungiert eine Voll- oder Vertreterversammlung, deren Mitglieder in Bremen von den Arbeitnehmern in gleicher, geheimer und direkter Wahl, im Saarland vom Landtag gewählt werden. Vorschlagsberechtigt für die Kandidaten sind Gewerkschaften und Berufsvereinigungen.

Sie sollen als gleichberechtigte Partner der Unternehmerkammern Regierung, Behörden, Gewerkschaften und Berufsvereinigungen beraten und Aufgaben, wie z.B. Fragen des Arbeitsschutzes, durchführen.

c) Bremer Wirtschaftskammer und Hauptwirtschaftskammer in Rheinland-Pfalz

Neben Selbstverwaltungsfunktionen nehmen sie Beratungs- und Initiativrechte gegenüber der Landesregierung wahr. Sie sind paritätisch aus Vertretern der

9 Vgl. Gesetz über die Industrie- und Handelskammern im Lande NRW vom 23. Juli 1957.

Gewerkschaften und der Arbeitgeber zusammengesetzt. Gewerkschaftsvertreter werden von ihrer Organisation direkt entsandt.

d) Landwirtschaftskammern[10]

Sie setzen sich in Nordrhein-Westfalen zu einem Drittel aus Vertretern der Arbeitnehmer und zu zwei Dritteln aus Betriebsinhabern zusammen. Die Arbeitnehmervertreter werden durch die Landarbeiter selbst gewählt. Die Gewerkschaften haben Vorschlagsrecht.

e) Handwerkskammern[11]

Die Gesellen stellen ein Drittel der Vertreter. Es besteht jedoch kein Mitspracherecht der Gewerkschaften bei Bestellung der Gesellenvertreter. Ebenso wird bei den Gesellenausschüssen der Innungen verfahren.

5. Sonstige wirtschaftspolitische Institutionen und Vereinigungen[12]

6. Betriebliche Mitbestimmung

a) Betriebsverfassungsgesetz[13]

Die Gewerkschaften können nach dem neuen Betriebsverfassungsgesetz entweder über den Betriebsrat oder unmittelbar im Betrieb tätig werden. Arbeitgeber und Betriebsrat sind verpflichtet, mit den im Betrieb vertretenen Gewerkschaften zusammenzuarbeiten. Die Gewerkschaften nehmen an Betriebsratssitzungen und Betriebsversammlungen beratend teil. Ihnen ist nach Unterrichtung des Arbeitgebers Zugang zum Betrieb zu gewähren.

Der Betriebsrat hat nunmehr Mitbestimmungs- und Mitwirkungsrechte bei der Gestaltung des Arbeitsplatzes und Arbeitsablaufes, im Bereich der Personalplanung und Personalführung, bei der Durchführung betrieblicher Berufsbildungsmaßnahmen, bei Einstellungen, Eingruppierungen, Versetzungen und Umgruppierungen. Bei Widerspruch des Betriebsrates gegen eine Kündigung bleibt, wenn der Arbeitnehmer gegen die Kündigung Klage erhoben hat, das Arbeitsverhältnis mindestens bis zum rechtskräftigen Abschluß des Rechtsstreites bestehen.

10 Siehe Gesetz über die Errichtung von Landwirtschaftskammern in NRW vom 11.2.1949.

11 Siehe Handwerksordnung vom 17.9.1953 in der Fassung vom 28.12.1965.

12 Siehe Hirsch, S. 182.

13 Vom 15. Januar 1972. Das am 1.4.1974 in Kraft getretene Bundespersonalvertretungsgesetz konnte noch nicht berücksichtigt werden.

Auch die Mitbestimmungsrechte des Betriebsrats in sozialen Angelegenheiten, in allen Arbeitszeitfragen, bei der Einführung und Anwendung von technischen Einrichtungen, die dazu bestimmt sind, das Verhalten oder die Leistung der Arbeitnehmer zu überwachen, bei der Verteilung von Werkswohnungen und bei der Festsetzung von leistungsbezogenen Entgelten wurden durch das neue Betriebsverfassungsgesetz erweitert.

Bei Meinungsverschiedenheiten in Mitbestimmungsangelegenheiten zwischen Arbeitgeber und Betriebsrat entscheidet eine paritätisch besetzte Einigungsstelle unter angemessener Berücksichtigung der Belange des Betriebes und der betroffenen Arbeitnehmer. Bei den aufzustellenden Sozialplänen bei Betriebsänderungen und der Stillegung von Betrieben, die dem Betriebsrat rechtzeitig mitzuteilen und mit ihm zu beraten sind, erhielt der Betriebsrat ein volles Mitbestimmungsrecht. Der Betriebsrat kann daneben durch Abschluß von Betriebsvereinigungen mit dem Arbeitgeber für die betrieblichen Arbeitnehmer objektives Recht setzen.

Die Gewerkschaften sind zwar nicht offiziell an der Bestellung und der Tätigkeit des Betriebsrates beteiligt, die meisten Betriebsratsmitglieder (70 bis 90%) sind jedoch Gewerkschaftsmitglieder, und nach dem neuen Betriebsverfassungsgesetz haben sie ausdrücklich das Recht, ihre Tätigkeit als Gewerkschaftsmitglied im Betrieb weiterzuführen. Die Gewerkschaften sind bestrebt, engsten Kontakt mit den Betriebsräten zu halten, was dadurch bewirkt wird, daß Gewerkschaftsmitglieder nur auf den offiziellen Gewerkschaftslisten kandidieren dürfen, gewerkschaftliche Vertrauensleute Kandidaten vorschlagen (und kontrollieren) und Gewerkschaften Schulungen für Betriebsräte abhalten. Es kann davon ausgegangen werden, daß die Betriebsräte in den meisten Fällen Vertreter gewerkschaftlicher Politik sind.

b) Mitbestimmung von Arbeitnehmern im Aufsichtsrat

Im Aufsichtsrat nach dem Betriebsverfassungsgesetz, d.h. grundsätzlich bei allen Aktiengesellschaften und bei allen GmbHs, bergrechtlichen Gewerkschaften neuen Rechts, Versicherungsvereinen auf Gegenseitigkeit und eingetragenen Genossenschaften[14] mit mehr als 500 Arbeitnehmern, muß ein Drittel der Mitglieder des Aufsichtsrates aus Vertretern der Arbeitnehmer bestehen. Der Einfluß der Gewerkschaften ist dadurch beschränkt, daß sie kein Vorschlags-

---

14 Vgl. § 76 BetrVG 1952.

recht haben und mindestens zwei der Arbeitnehmer dem Betrieb angehören müssen.

Die Aufsichtsräte im Geltungsbereich des Montan-Mitbestimmungsgesetzes[15] sind dagegen paritätisch zusammengesetzt und bestehen aus elf und mehr Personen. Die Arbeitnehmerseite besteht aus vier oder mehr Arbeitnehmervertretern und einem oder zwei unabhängigen weiteren Mitgliedern. Die Gewerkschaften schlagen die Hälfte der Arbeitnehmervertreter und die weiteren Mitglieder zur Wahl vor. Die restlichen Arbeitnehmervertreter werden vom Betriebsrat nach Beratung mit den Gewerkschaften dem Wahlorgan vorgeschlagen. Gegen diese Vorschläge haben die Gewerkschaften ein Einspruchsrecht. Die Vorschlagsrechte sind faktisch Entsendungsrechte, da die Hauptversammlung an die Vorschläge gebunden ist. Der Aufsichtsrat ist allerdings auf Kontrollfunktionen beschränkt.

c) Mitbestimmung des Arbeitsdirektors im Vorstand

Er wird vom Aufsichtsrat nicht gegen die Stimmen der Mehrheit der Arbeitnehmervertreter gewählt[16].

9. *Kulturpolitische Institutionen*

a) Rundfunkräte und Fernsehrat

Sie sind die obersten Aufsichtsorgane der Rundfunk- und Fernsehanstalten. Ihnen gehören neben Vertretern von Bund und Ländern Vertreter einer Vielzahl gesellschaftlicher Organisationen, darunter drei Vertreter der Gewerkschaften, an. Die Verbandsvertreter werden auf Vorschlag der Verbände von den Ministerpräsidenten berufen, wobei die Verbände die dreifache Zahl der auf sie entfallenden Vertreter vorzuschlagen haben. Bei den Rundfunkanstalten entsenden die Gewerkschaften ihre Vertreter ohne die Mitwirkung anderer Stellen. Beim WDR[17] und NDR werden die Rundfunkräte dagegen ausschließlich von den Landtagen gewählt, ohne ein Vorschlagsrecht der Verbände. Die Verbände sind hier auf die Programmbeiräte verwiesen.

b) Freiwillige Selbstkontrolle der Filmwirtschaft

c) Max-Planck-Gesellschaft

15 Vgl. Mitbestimmungsgesetz vom 21. Mai 1951.

16 Vgl. § 13 Mitbestimmungsgesetz.

17 Vgl. Gesetz über den Westdeutschen Rundfunk Köln vom 25. Mai 1954.

8. Bayerischer Senat

Er ist die Vertretung der sozialen, wirtschaftlichen, kulturellen und gemeindlichen Körperschaften des Landes. Er hat im wesentlichen beratende Aufgaben, die teils in Form von Gutachten, teils in Gestalt von Einwendungen gegen vom Landtag beschlossene Gesetze erfüllt werden. Daneben kann er Anträge und Gesetzesvorlagen unmittelbar oder durch die Staatsregierung an den Landtag bringen. Den 60 Mitgliedern des Senats gehören u.a. 9 Vertreter des DGB, 1 Vertreter der DAG und 1 Vertreter des Beamtenbundes an. Sie müssen von diesen nach demokratischen Grundsätzen gewählt werden.

B. Zusammenarbeit mit staatlichen Organen[18]

I. Mitwirkung der Gewerkschaften bei staatlichen Normsetzungsakten

1. Mitbestimmungsrechte der Gewerkschaften

Eine Mitbestimmung der Gewerkschaften bei staatlichen Rechtsetzungsakten bleibt auf die Fälle beschränkt, in denen die Regierung ergänzend zu der Tätigkeit der Gewerkschaften und Arbeitgeberverbände Löhne und Arbeitsbedingungen festsetzt.

a) Mitbestimmung in staatlichen Schlichtungsbehörden

Staatliche Schlichtungsausschüsse werden bei den obersten Landesarbeitsbehörden eingerichtet. Sie sind zuständig für die Beilegung von Streitigkeiten zwischen Gewerkschaften und Arbeitgebern, die der Arbeitsgerichtsbarkeit nicht unterliegen. Sie sind staatliche Behörden, die unter einem neutralen Vorsitzenden aufgrund von Vorschlagslisten der Gewerkschaften und Arbeitgeberverbände paritätisch mit Vertretern beider Organisationen besetzt werden. Auch der Ausschußvorsitzende bedarf der Billigung der beiden Sozialpartner. Die Schlichtungsstelle kann nur auf Antrag beider Parteien in Tätigkeit treten, und ihre Schiedssprüche werden nur bei einer Annahme durch beide Parteien wirksam.

b) Mitbestimmung bei der Allgemeinverbindlichkeitserklärung von Tarifverträgen[19]

Eine Ausdehnung der formalen Rechtswirkung auf Nichtorganisierte ist nur mit Hilfe der staatlichen Exekutive möglich. Voraussetzung für die Allgemein-

18 Siehe Hirsch, S. 158 f.; Drewes, S. 37 ff.

19 Siehe § 5 Tarifvertragsgesetz vom 25.8.1969.

verbindlichkeitserklärung ist, daß ein öffentliches Interesse daran vorliegt und die tarifgebundenen Arbeitgeber mindestens 50% der unter den Geltungsbereich des Tarifvertrages fallenden Arbeitnehmer beschäftigen. Die Gewerkschaften sind bei einem schwachen Organisationsgrad, die Arbeitgeber aus Wettbewerbsgründen an einer Allgemeinverbindlichkeitserklärung interessiert. Diese kann nur auf Antrag einer Partei ausgesprochen werden und kommt nicht zustande, wenn der Tarifausschuß widerspricht. Dieser besteht aus je drei Vertretern der Arbeitgeber und Arbeitnehmer, wobei die Gewerkschaften für die Arbeitnehmervertreter vorschlagsberechtigt sind. Er muß seine Entscheidungen mit einfacher Mehrheit ohne die Stimme des Vorsitzenden fällen.

c) Mitbestimmung bei der Festsetzung von Mindestarbeitsbedingungen[20]

2. Mitgliedschaft der Gewerkschaften in ministeriellen Beiräten

Diese bietet eine Konsultationsmöglichkeit mit der Regierung bei der Vorbereitung und Durchführung politischer Entscheidungen über das Gebiet der Arbeits- und Wirtschaftsbedingungen hinaus. Der effektive Einfluß der Gewerkschaften hängt weitgehend von den jeweils vorhandenen Kräfteverhältnissen ab. Es gibt Beiräte mit Zuständigkeiten für politische Entscheidungen grundsätzlicher Natur und Beiräte für einzelne Sachgebiete, deren Schwergewicht auf administrativem Gebiet liegt. Keine der beiden Gruppen ist jedoch auf Administration oder Gesetzgebung beschränkt[21].

3. Gesetzliche Anhörungs- und Beratungsrechte

Nach § 23 GGO ist bei der Erarbeitung von Gesetzen die Heranziehung der beteiligten Fachkreise in das Ermessen des Ministeriums gestellt. Besonders festgelegte Anhörungs- und Beratungsrechte bestehen daneben nach dem Tarifvertragsgesetz und dem Bundesbeamtengesetz.

II. Mitwirkung der Gewerkschaften in der staatlichen Verwaltung

1. Volle Mitbestimmungsrechte

Vor allem in ausgegliederten Zweigen der staatlichen Verwaltungsorganisation

---

20 Gesetz über die Festsetzung von Mindestarbeitsbedingungen vom 11. Januar 1952, diese sind in der BRD noch nicht aktuell geworden; zu näheren Angaben siehe Hirsch, S. 160.

21 Siehe Hirsch, S. 180 f.

sind Gewerkschaftsvertreter vollberechtigte Mitglieder, in wenigen Fällen auch in Behörden der unmittelbaren Staatsverwaltung.

a) Jugendwohlfahrtsausschüsse[22]

Die Gewerkschaftsvertreter sind nicht ausdrücklich erwähnt, sie sind jedoch unter den Vertretern der Jugendverbände zu finden, denen zusammen mit den freien Vereinigungen der Jugendwohlfahrt mindestens zwei Fünftel der Sitze in den Ausschüssen zustehen.

b) Versorgungsanstalt des Bundes und der Länder[23]

Sie fungiert als Anstalt des öffentlichen Rechts unter Aufsicht des Bundesfinanzministers als Träger einer zusätzlichen Sozialversicherung der öffentlichen Bediensteten. Die Gewerkschaften schlagen 6 der 12 Mitglieder des Verwaltungsrats und 2 der 6 Mitglieder des Vorstands vor. Die Vorschläge sind weitgehend bindend.

c) Verwaltungsrat der Bundespost[24]

Unter den 24 Mitgliedern des Verwaltungsrats befinden sich 7 Vertreter des Postpersonals, die von den Gewerkschaften vorgeschlagen und von der Bundesregierung ernannt werden.

d) Verwaltungsrat der Bundesbahn[24a]

Der Verwaltungsrat besteht aus je 5 Mitgliedern als Vertretern des Bundesrats, der Gesamtwirtschaft, der Gewerkschaften und sonstiger Gremien. Die Gewerkschaftsvertreter werden auf Vorschlag der Gewerkschaften von der Bundesregierung ernannt. Der Vorstand wird auf Vorschlag der Bundesregierung eingesetzt, wobei der Verwaltungsrat nur ein Vorschlagsrecht gegenüber der Bundesregierung hat.

e) Verwaltungsrat der Kreditanstalt für Wiederaufbau

---

22 § 14 Jugendwohlfahrtsgesetz vom 6.8.1970.

23 Die Versorgungsanstalt der Bundespost ist entsprechend aufgebaut.

24 § 5 Postverwaltungsgesetz, nach der im Gesetzgebungsverfahren befindlichen neuen Postverfassung soll die Vertretung des Postpersonals und damit auch die Stellung der Gewerkschaften verstärkt werden.

24a § 10 BuBahnG.

f) Verwaltungsrat der Deutschen landwirtschaftlichen Rentenbank

g) Bundesanstalt für Arbeit[25]

Die BfA ist eine rechtsfähige Körperschaft des öffentlichen Rechts. Ihre Organe (Verwaltungsrat, Vorstand, Verwaltungsausschüsse der Landesarbeitsämter und der Arbeitsämter) setzen sich zu je einem Drittel aus Vertretern der Arbeitnehmer, Arbeitgeber und der öffentlichen Körperschaften zusammen. Vorschlagsberechtigt für die Vertreter der Arbeitnehmer in den Organen sind die Gewerkschaften, die für die Vertretung von Arbeitnehmerinteressen für den Bereich wesentliche Bedeutung haben. Auf Landes- und Ortsebene sind vorschlagsberechtigt nur die für den Bezirk zuständigen Gewerkschaften. Der Berufende (Bundesminister für Arbeit und Sozialordnung bzw. Vorstand) ist an die Reihenfolge gebunden, die der Vorschlagsberechtigte bestimmt. Als Vorsitzender und Stellvertreter können nur Vertreter der Arbeitnehmer oder der Arbeitgeber gewählt werden. Neben der Gesetzmäßigkeitskontrolle hat die Bundesregierung noch das Vorschlags- und Ernennungsrecht für den mit der laufenden Geschäftsführung betrauten leitenden Beamten, wobei der Verwaltungsrat nur ein Recht zur Stellungnahme hat. Bei der Festsetzung des Haushalts und der Satzung besteht daneben noch ein Genehmigungsvorbehalt der Regierung.

In diesem Zusammenhang ist auch der bei den Landesarbeitsämtern eingerichtete Kündigungsausschuß zu beachten, der über die Wirksamkeit von Massenentlassungen nach dem Kündigungsschutzgesetz zu entscheiden hat. Unter Vorsitz des Landesarbeitsamtspräsidenten gehören ihm je 2 Vertreter der Gewerkschaften, der Arbeitgeber und der öffentlichen Körperschaften an, die vom Verwaltungsausschuß des Landesarbeitsamtes benannt werden.

h) Verwaltungsräte der Einfuhr- und Vorratsstellen

Die Einfuhr- und Vorratsstellen sind als bundesunmittelbare Anstalten des öffentlichen Rechts zu dem Zwecke gegründet worden, mittels hoheitlicher Eingriffe die Märkte für verschiedene landwirtschaftliche Produkte zu regulieren. Von den jeweils 24 Mitgliedern der Verwaltungsräte sind 8 Vertreter der Bundes- und Länderministerien, 12 Vertreter von Wirtschaftsverbänden und 4 Verbrauchervertreter. Drei der Verbrauchervertreter werden von den Gewerkschaften vorgeschlagen. Die Verwaltungsräte bestimmen die Grundsätze der Interventionspolitik und schlagen die Vorstände zur Ernennung vor. Der Ernährungsminister besitzt aber den Genehmigungsvorbehalt für alle Maßnah-

25 Nach Arbeitsförderungsgesetz vom 25.6.1969 §§ 189 ff.

men und ist bei Bestellung und Abberufung des Vorstandes nicht an Beschlüsse des Verwaltungsrats gebunden.

2. Gewerkschaftliche Mitgliedschaft in Beiräten bei Verwaltungsbehörden[26]

III. Mitwirkung bei der staatlichen Rechtsprechung

1. Arbeitsgerichtsbarkeit[27]

Die hauptamtlichen Vorsitzenden der Arbeitsgerichte werden nach Beratung mit einem Ausschuß ernannt, der zu gleichen Teilen aus Vertretern der Gewerkschaften, der Arbeitgeber und der Arbeitsgerichtsbarkeit besteht[28]. Die Beisitzer werden je zur Hälfte den Kreisen der Arbeitgeber und Arbeitnehmer entnommen, wobei die Gewerkschaften Vorschlagsrecht haben. Darüber hinaus haben die Gewerkschaften Beratungsrechte bei allen wichtigen Fragen der Organisation und Verwaltung der Arbeitsgerichte (Errichtung, Kammereinteilung, Verwaltungsanordnungen, Dienstaufsicht, usw.)[29].

2. Bundesdisziplinargerichte für Beamte

Sie bestehen aus dem Vorsitzenden und zwei Beisitzern. Der Bundesminister des Innern bestellt die Beisitzer nach Vorschlägen der obersten Bundesbehörden, der Beamtenberufsverbände und der Gewerkschaften, ohne an die Vorschläge gebunden zu sein.

3. Sozialgerichtsbarkeit[30]

Hier besteht eine Mitwirkung nur bei der Richterauswahl, nicht bei Organisation und Verwaltung. Das Vorschlagsrecht für die Beisitzer wird entsprechend der Arbeitsgerichtsbarkeit ausgeübt.

4. Schiedsstellen nach dem Gesetz über Arbeitnehmererfindungen[31]

Sie haben eine gerichtsähnliche Stellung, wobei Beisitzer aus Arbeitnehmer- und Arbeitgeberkreisen hinzugezogen werden können. Die Gewerkschaften sind für die Arbeitnehmervertreter vorschlagsberechtigt.

---

26 Siehe Hirsch, S. 172 f.
27 Arbeitsgerichtsgesetz vom 3.9.1953.
28 § 18 Arbeitsgerichtsgesetz.
29 §§ 14, 15 AGG.
30 Sozialgerichtsgesetz vom 23.8.1958.
31 § 30 Gesetz über Arbeitnehmererfindungen vom 25.7.1957.

5. Finanzgerichtsbarkeit

In einigen Bundesländern wirken die Gewerkschaften bei der Bestellung ehrenamtlicher Beisitzer der Finanzgerichte mit. In Bayern werden von den Gewerkschaften bestimmte Beisitzer turnusmäßig neben den Vertretern anderer Berufsorganisationen vom Gerichtspräsidenten herangezogen. In Hessen und Niedersachsen haben die Gewerkschaften das Vorschlagsrecht zur Wahl der Beisitzer durch den Landtag bzw. dessen Wahlausschuß.

§ 19 Verfassungstheoretische Untersuchung über die Stellung der Verbände im Staatsgefüge

Untersucht man die Stellung der Interessenverbände und damit auch der Gewerkschaften im Verfassungsgefüge, so stößt man automatisch auf die Interdependenz zwischen Staat und Gesellschaft, wobei deren Intensität unterschiedlich gesehen wird[1, 2].

Versucht man dabei eigene Stellung zu beziehen, so ist, „da das phänomenologisch-analysierende Bewußtsein dahin tendiert, das Erkenntnisobjekt aller historisch anhaftender Zufälligkeiten zu entkleiden“[3] und damit auch aus dem historischen Prozeß herauszulösen, ein kurzer geschichtlicher Abriß zu geben und die soziologischen Veränderungen der Gegenwart aufzuzeigen, da staatstheoretische Wesenseinsichten nur anhand empirischer Erkenntnisgegenstände gewonnen werden können[4].

Dabei wird davon ausgegangen, daß der Rechtswissenschaft derselbe Staatsbegriff wie den sozialwissenschaftlichen und geschichtlichen Disziplinen zugrunde liegt, „der wohl unter dem Gesichtspunkt der verschiedenen Wissenschaften unterschiedliche Aspekte seiner selbst offenbaren, hier mehr die strukturellen Gerüste, dort die Geschichtlichkeit und Wandelbarkeit seiner Form, aber nur als das gleiche Erscheinungsbild von allen Standpunkten aus erkannt werden kann“[5].

Erkennt man die Trennung von Staat und Gesellschaft nicht als eine allgemeine, für beliebige geschichtliche Epochen gültige Gegebenheit an, sondern sieht sie in einer bestimmten verfassungsgeschichtlichen Bedingtheit[6], so sind die poli-

---

1 Hesse, Grundzüge, S. 8 f.; Christian Graf von Krockow, Staat, Gesellschaft, Freiheitswahrung, Beilage zum Parlament Nr. 7/72; Wolfgang Abendroth, Antagonistische Gesellschaft, S. 109 f.

2 Ernst Wolfgang Böckenförde, Die Bedeutung der Unterscheidung von Staat und Gesellschaft im demokratischen Sozialstaat der Gegenwart, Beilage zum Parlament Nr. 49/71.

3 Leibholz, Das Wesen der Repräsentation, S. 18.

4 Ähnlich Joseph Kaiser, Die Repräsentation organisierter Interessen, S. 355: Eine wahre Verfassung kann nicht erfunden, sondern nur beobachtet werden.

5 Ulrich Scheuner, Staatsverfassung und Kirchenordnung; in: Festschrift für Rudolf Smend, S. 248.

6 Zum folgenden siehe Böckenförde, S. 4; auch nach Kaiser, S. 348, ist der Dualismus von Staat und Gesellschaft eine höchst dynamische Relation und keine statische Position.

tisch-sozialen Umstände, die die herkömmliche Trennung bedingten, daraufhin zu untersuchen, ob sie weiterhin fortbestehen. Das Auseinandertreten von Staat und Gesellschaft wurde dadurch vorbereitet, daß die vielfach zerstreuten politischen Herrschaftsbefugnisse im Mittelalter zunehmend bei einer Person bzw. Instanz konzentriert und planmäßig zu einer einheitlichen und umfassenden politischen Herrschaftsgewalt organisiert und ausgebaut wurden. Die französische Revolution änderte diese Richtung nicht, sondern wechselte nur den Träger der einheitlichen Staatsgewalt aus und begrenzte dessen Entscheidungsgewalt durch die Menschen- und Bürgerrechte. Indem die Gesetzgebungsgewalt als das damals noch wesentlichste Ordnungs- und Lenkungsmittel des Staates von der Zustimmung der Repräsentanten des Volkes abhängig wurde, entstand eine verfahrensmäßig und institutionell ausgeformte Wechselbeziehung zwischen Staat und Gesellschaft.

Diese Wechselbeziehung bzw. Verflochtenheit ist seit dem ersten Weltkrieg durch verschiedene Umstände, wie die Ersetzung des reinen Repräsentationssystems durch ein parteienstaatliches System, zunehmende kollektive Sicherungsmaßnahmen in Form der Leistungsverwaltung und seit dem zweiten Weltkrieg auch die planmäßige Steuerung wirtschaftlicher Prozesse immer enger geworden. Neben einer Vergesellschaftung des Staates ist durch fortschreitende Gruppenkonzentration und die Ausführung öffentlicher Funktionen durch freie Verbände eine Verstaatlichung der Gesellschaft nicht zu verkennen[7]. Der Staat nimmt für die Gesellschaft eine notwendige, ihren Bestand bedingende Erhaltungs-, Sicherungs- und auch Veränderungsfunktion wahr[8], indem er nicht nur Verfahren und Instanzen zur friedlichen Konfliktregelung bereitstellt und durch Gesetze die Rahmenordnung festlegt und garantiert, in der die freie Entfaltung der Gesellschaft sich abspielen kann, sondern auch, indem er Gefahren für den Bestand und die Sicherheit der Gesellschaft durch eingreifende oder vorbeugende Maßnahmen abwehrt[9]. Daneben versucht er durch eine Regulierungs-, Ausgleichs- und Verteilungsgesetzgebung die sozialen Ungerechtigkeiten zu relativieren.

Damit „wurde die soziale Prämisse des dualistischen Verfassungsmodells, eine

---

7 Dieser Prozeß wird einheitlich festgestellt, z.B. Bericht der Parteienrechtskommission, S. 65 ff.; Wittkämper, S. 38; Herbert Krüger, Allgemeine Staatslehre, S. 503 ff.; einsam dagegen Wilhelm Henke, Das Recht der politischen Parteien, S. 1, der im modernen Staat ein Auseinandertreten von Staat und Gesellschaft feststellt.

8 So Martin Draht, in: Der Staat, Bd. 5, S. 274 ff.

9 Böckenförde, S. 8.

Gesellschaft, die sich unabhängig vom Einfluß des Staates nach den Gesetzen des freien Marktes auf der Grundlage einer relativen Gleichheit und Homogenität der Bürger selbst reguliert – wenn sie je bestanden hat –, endgültig beseitigt"[10]. Dadurch, daß daneben verstärkt Organisationen und Verbände in die politischen Erörterungen eingriffen, diese teils beeinflußten, teils in eigener Regie durchführten (Tarifverträge, Sozialversicherungen), wurde die Grenze zwischen Staat und Gesellschaft fließend[11]. Es gibt kein einheitliches Subjekt der Herrschaft mehr[12], sondern es entsteht ein Machtpluralismus von Parteien, Verbänden und staatlicher Bürokratie, der die staatlichen Organe im Extremfall zu Ausgleichs- und Verrechnungsstellen von Verbandsinteressen werden läßt[13].

Die Rechtsentwicklung folgt diesen soziologischen Wandlungen nur langsam. Man „versucht weiterhin eine in jeder Richtung veränderte Wirklichkeit mit Vorstellungen, Kategorien und Begriffen zu erfassen, die einer vergangenen Zeit entstammen und von sich aus nicht mehr in der Lage sind, die Begegnung mit der Wirklichkeit im täglichen Leben verständlich zu machen"[14]. Dabei wird einerseits versucht, durch Heraufbeschwören der Gefahr einer pluralistischen Auflösung[15] durch einen „Fremdkörper im System der parlamentarischen Demokratie, der das Verfassungsprinzip der politischen Repräsentation der Gesamtheit durch das Parlament infolge des ungeregelten und außerparlamentarischen Druckes verletzt und die Freiheit des einzelnen Staatsbürgers bedroht", die Einheit und Handlungsfähigkeit des Gemeinwesens dadurch zu retten, daß man einen Staat mit anerkannter Obrigkeit und überwölbender Regierungsautorität schafft, der den Pluralismus der Oligarchien in einer überhöhenden Einheit aufhebt[16].

Andererseits wird zwar der Einfluß auf den Staat von ursprünglich rein gesellschaftlichen Gruppen, wie den Parteien, anerkannt, der Einfluß der Interes-

---

10 Hirsch, S. 19; Bericht der Parteienrechtskommission, S. 65 ff.

11 Hans Huber, in: Recht und Staat, Nr. 218, S. 8 f.; Winkler, VVdStRL 24, 52 f.

12 Hesse, Grundzüge, S. 8.

13 Hirsch, S. 24.

14 So Leibholz, Strukturprobleme, S. 78, der selbst nicht ganz davon freizusprechen ist.

15 So insbesondere Werner Weber, Spannungen und Kräfte im westdeutschen Verfassungssystem, S. 44 f.; Carl Schmitt, Verfassungslehre, S. 204 f.; dagegen auch Ernst Fraenkel, Deutschland und die westlichen Demokratien, S. 28.

16 Werner Weber, S. 56.

sengruppen aber weiterhin als nicht legitim betrachtet[17]. Da es Aufgabe der Verbände sei, die antagonistischen differenzierten Gruppeninteressen der Gesellschaft zur Selbstdarstellung zu bringen und wirksam zu machen, könnten sie nicht den Anspruch erheben, wie die politischen Parteien zu den Integrationsfaktoren im staatlichen Bereich zu gehören[18]. Während die Parteien als politisch verfaßtes Volk den Staat konstituierten, seien Verbände nur im gesellschaftlichen Raum beheimatet.

Selbst wenn die Verbände ihre verschiedenen partikularen Interessen miteinander abstimmten, sei damit nicht gesagt, daß das Ergebnis eines solchen Kompromisses den am politischen Gemeinwohl orientierten Forderungen entspreche, da die Summe der partikularen individuellen und Verbandsinteressen nicht mit dem an der Erhaltung von Volk, Nation und Staat ausgerichteten existentiellen Interesse identisch sein müsse[19]. Eine Ablehnung dieser Standpunkte heißt nicht, eine Unterscheidung zwischen Staat und Gesellschaft nicht vorzunehmen, nur ist das Verhältnis ein anderes, als es Leibholz und andere sehen wollen.

Es wird zunächst davon ausgegangen, daß sich in einem parlamentarisch-demokratischen Staat ein freier und offener politischer Integrationsprozeß einer zwangsläufig pluralistischen Gesellschaft vollzieht, mit dem Parlament als Willensbildungszentrum und politisch verantwortlichen Parteien als Integrationsfaktoren ersten Ranges[20]. Der Gedanke einer besonderen Gesellschaftsverfassung ist mit einer materialen Theorie des demokratischen Verfassungsstaates unvereinbar[21].

Staat und Gesellschaft sind also nicht zwei voneinander getrennte Verbände oder Gemeinwesen[22], sondern der Staat oder besser: der engere Staatsapparat ist die politische Entscheidungseinheit und Herrschaftsorganisation für eine

17 Hauptexponent dieser Richtung ist Gerhard Leibholz in seinen verschiedenen Beiträgen, z.B. Das Wesen der Repräsentation, S. 14 f., Strukturprobleme der modernen Demokratie, S. 63 f.

18 Leibholz, VVdStRL 24, 22; Henke, S. 19; Rupert Scholz, Koalitionsfreiheit als Verfassungsproblem, S. 174 f.

19 Ähnlich Wilhelm Grewe, Zum Begriff der politischen Partei, in: Festschrift für Erich Kaufmann, S. 80 f., 1929 meinte Leibholz noch in Das Wesen der Repräsentation, S. 183, daß sie niemals identisch seien.

20 Kaiser, S. 347; Scholz, S. 152 sieht darin ein übersteigertes Einheitsdenken.

21 Ehmke, a.a.O.

22 So auch Horst Ehmke, Staat und Gesellschaft als verfassungstheoretisches Problem, in: Festgabe für Rudolf Smend, S. 25 f.

Gesellschaft[23, 24]. Er steht in mannigfacher Wechselbeziehung zu ihr, ist aber organisatorisch und funktional gesondert[25].

Sowohl der engere Staatsapparat wie die gesellschaftlichen Verbände sind zur Ordnung des Gemeinwesens und zur Erfüllung der nach innen und außen gestellten Aufgaben organisiert. Sie dienen beide der Meinungs- und Willensbildung und üben bestimmte Führungs- und Koordinierungsaufgaben aus. Wie die Verbände in mehr oder weniger großem Rahmen Integrations- und Repräsentationsaufgaben erfüllen und damit Teilaspekte besonders zur Geltung bringen wollen, so repräsentiert der engere Staatsapparat durch seine Institutionen die Gesamtheit. „Dem Parlament, das sich im allgemeinen auf nur wenige politische Parteien stützt, fehlt ohne die Vermittlung organisierter Interessengruppen das notwendige Mindestmaß von lebendiger, wechselseitiger Kommunikation, das zwischen Repräsentierten und Repräsentanten zur Erzeugung einer funktionierenden und vollgültigen Repräsentation im demokratischen Staat erforderlich ist[26]." Interessenvertretungen kann also nicht jeglicher Repräsentationscharakter abgesprochen werden[27]. Von Repräsentation kann nicht nur dann gesprochen werden, wenn „der Träger eine spezifische Würde und Autorität für sich in Anspruch nimmt und wo ideelle Werte, wie Volksgemeinschaft und Gerechtigkeit vertreten werden"[28]. Im demokratischen Gemeinwesen ist mit Repräsentation „die Integrationsfunktion zu bezeichnen, welche sich daraus ergibt, daß der hypothetische Wille der Repräsentierten unter deren demokratischer Zustimmung und Kontrolle zum Ausdruck gebracht wird"[29]. Es kann nur nach dem Grad der geleisteten Integration, nicht wesensmäßig unterschieden werden, andernfalls ist „Repräsentation als Verkörperung eines vorgegebenen Gemeinwillens statischer Wesensbegriff anstelle einer nur funktional zu bestimmenden Beziehung"[30].

---

23 So Hermann Heller, Staatslehre, S. 228 ff.

24 auch Ehmke, a.a.O., spricht von government und politischem Gemeinwesen.

25 Nach Scholz S. 153 heißt Staatlichkeit die zum politischen Staatsverband verfaßte Gesellschaft; Gesellschaftlichkeit die als privater oder sozialer Bürgerverband auftretende Gesellschaft. Beide Bereiche können sich überschneiden.

26 Hirsch, S. 127; ähnlich Fraenkel, S. 150 f.

27 a.A. Scheuner, DÖV 1965, 577 f.; Leibholz, Strukturprobleme, S. 278; Scholz S. 170 f.; dagegen auch Hirsch, S. 14 f.; Rittstieg, JZ 1968, 413.

28 So aber Leibholz, Das Wesen der Repräsentation, S. 32; ähnlich Scholz S. 171: Als repräsentationsfähig gelten nur Werte von konstituierender Allgemeinheit und Gemeinsamkeit, d.h. grundsätzlich keine partikularen Willen oder Interessen; Kaiser S. 357.

29 So Hirsch, S. 15.

Die Institutionen demokratischer Repräsentation sind nicht Staat im herkömmlichen deutschen (metaphysischen) Sprachgebrauch, sondern Organe, die für die Bürger handeln. Dabei sind Staat und Interessenverbände „Einrichtungen ein und desselben politischen Gemeinwesens“[31]. „Ihre Stellung ist nicht originär, sondern abgeleitet, zeitlich und funktional begrenzt. Sie sind auf Konsensus angewiesen und werden kontrolliert“[32]. So ist es auch verfehlt, wenn man die Interessenvertretung als ein Stück „existentieller Repräsentation“ oder „eine Art Repräsentation“ neben die konstitutionelle Repräsentation stellt[33].

„Demokratische Willensbildung vollzieht sich auf verschiedenen Ebenen in ständiger Auseinandersetzung und gegenseitiger Vermittlung zwischen dem empirischen Willen des Volkes und dem von den verschiedenen Trägern des Willensbildungsprozesses (Parlament, Parteien, Verbände, staatliche Bürokratie) formulierten hypothetischen Volkswillen, die beide kaum faßbare Größen, sondern eher gedankliche Ausgangs- und Endpunkte eines nie aufhörenden Vermittlungsprozesses darstellen[34].“ Der Staats- und der Volkswille können nicht isoliert einander gegenübergestellt werden[35], sondern beide befinden sich in gegenseitiger Bedingtheit und Vermittlung.

Die öffentliche Meinung liefert zwar einen wesentlichen Beitrag zur Formung des Willens des Volkes durch die repräsentativen Organe, doch ist dabei deren vielfach manipulativer Gehalt aufgrund einseitiger Information durch Verbände nicht zu verkennen[36]. Sie läuft weitgehend nicht neben den Verbänden her, sondern wird durch diese mitgestaltet.

Demokratie in der organisierten Massengesellschaft setzt ein System differenzierter Gruppenfilter voraus, mit deren Hilfe sich „die vielfach voneinander abhängigen Teilwillensbildungen in einer Stufenleiter fortlaufender Integration (Verbände zu Parteien) schließlich in den Entscheidungen der Regierung verdichten“[37]. Dabei können politische Zielsetzungen und Entscheidungen von oben mitbestimmend wirken, wobei aber immer ein offenes Gegenspiel der po-

---

30 Hirsch, a.a.O.; nach Scholz S. 172 ist Repräsentation sowohl ein realer Integrationsvorgang wie ein geistiger Integrationszustand.

31 Ehmke, Staat, S. 25 f.

32 Heinz Laufer, in Beilage zum Parlament Nr. 44/66, S. 28.

33 So Huber, S. 19; Kaiser, S. 354; Wittkämper, S. 149; dagegen auch Hirsch, S. 127.

34 Hirsch, S. 14; BVerfGE 20, 99.

35 So aber BVerfGE 8, 104.

36 Siehe Jürgen Habermas, Strukturwandel der Öffentlichkeit, S. 193 ff.

37 Hirsch, S. 14; Krüger, S. 400; Bericht der Parteienrechtskommission S. 79.

litischen Auffassungen, seien sie sozialer, wirtschaftlicher und kultureller Art, gewährleistet ist.

Es ist eine Verkennung der Realität und der Versuch der Wiederherstellung einer vergangenen – undemokratischen – Herrschaftsordnung, wenn man Verbände als Störungsfaktoren und Auflösungserscheinungen eines über allem stehenden Staates ansieht. Die Stellung und die Tätigkeiten der Verbände stören den demokratischen Willensbildungsprozeß nicht, solange die Staatseinheit sich nicht in einen Pluralismus oligarchischer Herrschaftsgruppen aufgelöst hat[37a]. Eine Analyse der Funktionen der Verbände ergibt jedoch, daß sie einen im Bereich der vorparlamentarischen Auseinandersetzung kaum mehr entbehrlichen Einfluß ausüben und sich der politischen Gesamtentscheidung nicht zu bemächtigen suchen[38]. Wir leiden nicht an einem über-, sondern unterentwickelten Pluralismus[39]. Will und darf man auch den Gedanken der Gesamtrepräsentation des Volkes durch das Parlament nicht aufgeben, so kann gerade dadurch, daß (nur) das ganze Volk entscheidet, der demokratische Gedanke gestört sein. Wird nicht das ganze Volk von einer bestimmten Regelung betroffen und ist der demokratische Gedanke eine Idee höchstmöglicher Selbstbestimmung, so muß den unmittelbar Betroffenen ein besonderes Mitbestimmungsrecht eingeräumt werden[40]. „Das Bestreben, durch öffentliche Funktionen der Verbände die Staatsbürger möglichst unmittelbar an der Gestaltung der wirtschaftlichen und sozialen Ordnung teilhaben zu lassen, muß andererseits dort eine Grenze finden, wo die institutionelle Form der Teilnahme einen wesentlichen Teil der Betroffenen von der Mitwirkung ausschließt[41].“ Nur wenn die repräsentativen und plebiszitären Elemente in einer Repräsentativdemokratie richtig miteinander ausbalanciert sind, vermag eine moderne Demokratie die Erwartungen zu erfüllen, die an sie gestellt werden. Bei dem Zusammenspiel von Parlament, Regierung, Parteien, Interessengruppen und öffentlicher Meinung darf keinem dieser Faktoren eine überragende Bedeutung zukommen[42]. Es kann also nicht Hennis zugestimmt werden, nach dem „Vertrauen die seelische Grundlage der

37a Winkler VVdStRL 24, 37 glaubt bei Verbänden immer die Tendenz festzustellen, die verfassungsrechtliche Ordnung zu durchstoßen.

38 So auch der Bericht der Parteienrechtskommission S. 79. Siehe jedoch die Bedenken bezüglich möglicher Entwicklungstendenzen bei Böckenförde, S. 15 ff.

39 Fraenkel, S. 66.

40 Böckenförde mit ähnlicher Argumentation, S. 11.

41 Hirsch, S. 135.

42 Ähnlich Fraenkel, Deutschland und die westlichen Demokratien, Erstausgabe 1964, S. 9.

repräsentativen Demokratie“[43] ist. Dies würde zu einem „patriarchalisch intonierten, manipulativ instrumentierten Obrigkeitsstaat neuer Prägung führen“[44]. Eine Diskriminierung der Interessenverbände würde auch die Gefahr einer Entfremdung zwischen Wählern und Gewählten einschließen.

Der Gedanke einer Neutralisierung des Staates gegenüber der pluralistisch gespaltenen Gesellschaft durch seine Überhöhung und Schaffung einer Regierungsautorität verkennt, abgesehen von seinem obrigkeitstaatlichen Ausgangspunkt, eine wahrscheinliche und historisch nachweisbare einseitige Interessenbindung dieser neutralen Gewalten[45]. Schon Radbruch[46] bezeichnete die Ideologie von der Überparteilichkeit des Staates als die „Lebenslüge des Obrigkeitsstaates“. Ähnlich gefährlich ist es, zwar die Integrationsfunktion der Parteien anzuerkennen, den Interessenverbänden aber eine Verfälschung des Volkswillens vorzuwerfen. Damit wird der in der Weimarer Zeit schwebende Streit um die Legitimität der Parteien nur auf Interessenverbandsebene fortgesetzt[46a]. Es ist dabei auch wenig nützlich, auf einer Stufe des demokratischen Willensbildungsprozesses plötzlich vom Staat zu sprechen[47], sei es, daß man wie Leibholz[48] die Parteien in den Staat einbezieht, oder sie wie die Interessenverbände im gesellschaftlichen Raum beläßt. Sieht man in den Parteien „Faktoren des Verfassungslebens“ und „politische Handlungseinheiten des Volkes“, spricht man dagegen den gesellschaftlichen Kräften die Fähigkeit ab, im spezifisch politischen Raum schöpferisch und ordnend zu wirken[49] und ein staatliches Gefüge zu konstituieren, so hat ein substantieller Willensbildungsprozeß wieder keinen Platz, und Verbände erscheinen wiederum als Störungsfaktoren der nun plebiszitär gewonnenen Einheit[50]. „Wer (nur) von den Parteien sagt, daß sie den Volkswillen mediatisieren, geht von der Prämisse eines einheitlichen Gesamt-

43 Amtsgedanke und Demokratiebegriff, S. 56; ähnlich Scheuner, DÖV 1958, 644.

44 So Wolf-Dieter Narr, CDU-SPD-Programm seit 1945, S. 49.

45 Hirsch, S. 18; Helga Grebing, Konservative gegen die Demokratie, S. 104 ff.; dagegen auch Leibholz, VVdStRL 24, S. 29.

46 Handbuch des deutschen Staatsrechts, Bd. 1, S. 28.

46a So Ehmke, VVdStRL 24, S. 95.

47 Auch BVerfGE 2, 73 ersetzt Staat durch Verfassungsgefüge und Staatsorgan durch Verfassungsorgan.

48 Strukturprobleme, S. 92; ähnlich unergiebig ist es, die Verbände in den Raum des Öffentlichen zwischen dem staatlichen und privaten Bereich zu verweisen, wie Wittkämper, S. 8, und Kaiser, S. 29, ohne daraus konkrete Schlußfolgerungen zu ziehen.

49 Leibholz, VVdStRL 24, S. 14 ff.

50 Hirsch, S. 17.

willens aus"[51]. Unterscheidet man weiterhin zwischen dem staatlichen Raum, in dem allein das Volk als politische Einheit verfaßt ist, und der Gesellschaft[52], in der antagonistische Interessen aufeinanderstoßen, so erkennt man nicht an, daß Parteien zwar als Richtschnur das Gemeinwohl haben müssen, aber letztlich auch von partikularen Interessen geleitet werden[53]. „Gemeinwohl ist nie etwas Fertiges, ein vorgegebenes Faktum, sondern weithin erst Ergebnis dialektisch geführter Auseinandersetzung[54]." Daher „setzt der freiheitlich-demokratische Rechtsstaat den Interessenkampf voraus[54a] und steht seinem Wesen nach der Interessenvertretung offen"[55]. Auch wenn man Leibholz sicherlich zugeben muß, daß Parteien in erster Linie die Aufgabe zufällt, die antagonistischen Interessen untereinander auszugleichen, so kann man nicht ihnen allein eine Integrations- und Repräsentationsfunktion sowie ein politisches Handeln zusprechen[56], einem Großverband wie dem DGB dagegen nicht[57]. Damit ist auch der oft hervorgehobene Unterschied zwischen Parteien und Verbänden, daß erstere sich am Gemeinwohl, letztere an partikularen Interessen ausrichten, nur ein gradueller. Auch die Koalitionen müssen sich am Gesamtinteresse ausrichten und gesamtgesellschaftliche Bedürfnisse berücksichtigen, da auch die Gesamtgesellschaft von ihren Entscheidungen tangiert wird[58]. Der Unterschied besteht darin, daß sie nicht wie Parteien tendenziell nach umfassender politischer Repräsentation und Integration der Gesamtbevölkerung streben müssen[59].

---

51 Fraenkel, S. 47.

52 Auch Böckenförde, S. 10 meint, daß das Volk nicht neben oder vor der Gesellschaft existiere, sondern die Gesellschaft sei.

53 Auch unter der Ideologie der Volkspartei vertreten die Parteien jeweils stärker die Interessen von bestimmten Bevölkerungsgruppen.

54 Huber S. 17, Nach der realistischen Theorie des Gemeinwohls, die Fraenkel vertritt, ist dies keine vorgegebene Größe, sondern stellt eine Resultante dar, die sich jeweils aus dem Parallelogramm der ökonomischen, sozialen, politischen und ideologischen Kräfte einer Nation ergibt, wenn ein Ausgleich angestrebt und erreicht wird, der objektiv den Mindestanforderungen einer gerechten Sozialordnung entspricht und subjektiv von keiner maßgeblichen Gruppe als Vergewaltigung empfunden wird. (Fraenkel, S. 21).

54a Ähnlich Winkler, VVdStRL 24, 59 f.; BVerfGE 8, 115.

55 Huber, S. 17.

56 ebenso Scholz, S. 173, dagegen auch Ehmke, VVdStRL 24, S. 94.

57 So auch Abendsroth, GMH 1952, 644.

58 Abendroth, a.a.O.; Säcker, Grundprobleme der kollektiven Koalitionsfreiheit, S. 52 ff.

59 Hirsch, S. 34.

Die Summe partikularer Interessen kann nur dann in einem demokratischen Staat nicht dem „existentiellen" Volksinteresse gleichgesetzt werden, wenn beim Willensbildungsprozeß nicht alle Teile des Volkes angemessen beteiligt sind. Ist dies der Fall, so ergibt sich das Gesamtinteresse im Wege einer dialektisch geführten Auseinandersetzung[60]. Der Ausgleich der verschiedenen Teilinteressen steht also nicht a priori im Gegensatz zum Gesamtinteresse des Volkes. Die Unterscheidung zwischen volonté générale und volonté de tous setzt ein rational erkennbares objektives Wohl des Volkes bzw. einen vorgegebenen einheitlichen Volkswillen voraus, was schon immer Fiktion war.

Dieses Modell des modernen demokratischen Staatswesens hat auch im Grundgesetz seinen Ausdruck gefunden[61]. Nach Art. 21 GG sollen zunächst mehrere Parteien für eine ständige lebendige Verbindung zwischen dem Volk und den Staatsorganen sorgen und die von ihnen erarbeiteten politischen Ziele in den Prozeß der engeren staatlichen Willensbildung, d.h. in Parlament und Regierung einführen. Das GG hat nicht beabsichtigt, wie auch der Wortlaut erkennen läßt, daß die Mitwirkung an der politischen Willensbildung auf die politischen Parteien beschränkt bleibt[62]. Das Volk ist nicht durch die Wahl des Parlaments von anderen Formen der Mitwirkung an der politischen Willensbildung ausgeschlossen. Die Verfassungswirklichkeit zeigt auch, daß es besonders bei der Entwicklung zu Volksparteien dem einzelnen Bürger nicht möglich ist, seine individuellen Interessen in den Parteien genügend stark zu artikulieren[63]. Es bedarf dazu der Verbände, die eine Teilintegration der Interessen vornehmen, und damit gleichzeitig eine Ausgleichs- und ordnungspolitische Funktion wahrnehmen[64].

Die moderne freiheitliche Demokratie ist also keine Demokratie des isolierten Individuums, sondern eine Demokratie, in der die Gesellschaft über Gruppen tätig wird[65]. In Art. 21 GG wird Demokratie nicht als Staatsform mit einer kontinuierlichen und unmittelbaren Willensbildung des Volkes verstanden, son-

60 Wie weit durch das vorhandene Kräfteverhältnis tatsächlich die Interessen der Mehrheit zum Ausdruck kommen, ist eine andere Frage.

61 So auch Ehmke, VVdStRL 24, 94 f.; auch nach Hesse, VVdStRL 17, 17 verfehlt die Ansicht einer vorgegebenen Einheit des Volkes und eines einheitlichen Volkswillens das Wesen der politischen Grundordnung des GG.

62 So h.M. u.a. Maunz-Dürig, Rdnr. 36 zu Art. 21 GG.

63 Thomas Ellwein, Das Regierungssystem der BRD, S. 51 f.; s. auch Evelies Mayer, Theorien zum Funktionswandel der Gewerkschaften, S. 85 f.

64 Hirsch S. 14 f.

65 Maunz-Dürig, Rdnr. 5 zu Art. 21 GG.

dern als eine Staatsform, die durch Einschaltung von Zwischengliedern zwischen dem einzelnen und der politisch ungeformten Masse die Möglichkeit der Selbstorganisation der politischen Gesellschaft eröffnet[66]. In den Garantien für Vereine und Koalitionen sowie dem Schutz der öffentlichen Meinung liegt eine Bejahung des Systems der „differenzierten Gruppenfilter" durch Interessenverbände, mit deren Hilfe politische Meinungen von unten in die staatliche Willensbildung eingehen[67]. Der Anerkennung der Interessenverbände als Teilnehmer des Staatslebens steht auch nicht Art. 20 Abs. 2 Satz 2 GG entgegen. Wollte man darin eine abschließende Regelung der von der Verfassung anerkannten Repräsentationsorgane sehen[68], so würde man den Art. 20 GG isoliert und nicht in Verbindung mit Art. 21 GG sowie Art. 9 GG sehen und den Repräsentationsbegriff auf die allgemeine politische Vertretung beschränken.

Die Verbände und besonders die Koalitionen halten sich nicht nur im Vorfeld der Staatswillensbildung auf, sondern entlasten den Staat weitgehend im wirtschaftlichen, sozialen und kulturellen Bereich. Mit der Verfolgung gesellschaftspolitischer Ziele, der Einflußnahme auf die Gestaltung des Arbeitslebens und erst recht der Mitbestimmung in Selbstverwaltungsorganen der Arbeitsverwaltung und Sozialversicherung sind besonders die Gewerkschaften und Arbeitgeberverbände über den ihnen durch die normierte Verfassung zugewiesenen Rahmen hinausgewachsen[69]. Die Trennungslinie zu den Parteien ist also nicht mehr so eng zu sehen, daß Koalitionen auf den Bereich der Arbeits- und Wirtschaftsbedingungen beschränkt sind, während Parteien den gesamtpolitischen Bereich abdecken. Wurden die erweiterten Befugnisse meist gesetzlich verankert und ist davon auszugehen, daß der demokratische Gesetzgeber verfassungskonforme Regelungen erläßt, so sind auch diese erweiterten Befugnisse, in denen Gewerkschaften generell als Repräsentanten der Arbeitnehmer angesehen werden, dem Willen der Verfassung entsprechend.

---

66 Maunz-Dürig, a.a.O.

67 Krüger, S. 407; Mainz-Dürig, Rdnr. 13 f. zu Art. 9 GG.

68 So Wittkämper, S. 64, 157, der aber anerkennt, daß die Tätigkeit der Interessenverbände Staatsleben darstellt, das integrierender Bestandteil des Staatsorganismus ist.

69 Galperin, Die Stellung der Gewerkschaften im Staatsgefüge, S. 37.

§ 20 Einschränkung der Verbandsautonomie durch die Lehre von der Drittwirkung der Grundrechte

Heute ist anerkannt, daß die Verfassungsordnung, insbesondere die in den Grundrechten enthaltene Wertentscheidung, als Grundlage des gesamten Rechtslebens des Gemeinwesens auch auf das Privatrecht einwirkt.

Es ist allgemeine Meinung, daß der einzelne Staatsbürger nicht so sehr oder nicht mehr nur der Macht des Staates ausgeliefert ist, sondern daß sich in steigendem Maße eine Abhängigkeit von privaten Verbänden, d.h. wirtschaftlichen und sozialen Machtgruppen, entwickelte[1]. Die ursprünglichen Schutzfunktionen der Verbände schlugen in Herrschaftstendenzen um. Der Staat, in Abwehr von dessen Gewalten sich die Verbände zunächst konstituierten, hat nunmehr eine Schutzfunktion für den einzelnen wahrzunehmen.

Auch wenn man sich einig ist, daß der Privatrechtsverkehr an die Grundrechte gebunden ist, so war und ist doch die Art und der Umfang dieser Einwirkung sehr strittig. Während einerseits eine unmittelbare Geltung der Grundrechte für den privaten Rechtsverkehr bejaht wird[2], d.h. sie unmittelbare Bedeutung für den Rechtsverkehr der Bürger untereinander haben sollen, ohne daß es der Zwischenschaltung der Privatrechtsgesetze bedarf, wirken sie nach der herrschenden Meinung auf den Privatrechtsverkehr nur als grundlegende Rechtswerte über die Generalklauseln ein[3].

Gegen eine unmittelbare Wirkung wird ausgeführt, daß eine Entscheidung des Grundgesetzes für eine absolute Wirkung nicht ersichtlich sei, sie der historischen Entwicklung widerspreche, zu Rechtsunsicherheit führe, eine Gefahr für die Vertragsfreiheit darstelle und der Verfassungsgeber keinen Auftrag zur Ordnung der Verhältnisse zwischen den Rechtsgenossen gehabt habe[4].

Wie Leisner[5] richtig anmerkt, stellt das Verlangen nach einer ausdrücklichen Feststellung einer absoluten Wirkung eine petitio principii dar. Ausdrückliche

---

1 Ehmke, Staat, S. 46.

2 So insbesondere Enneccerus-Nipperdey, S. 93 ff.; BAG 13, 174; BAG NJW 1955, S. 606 f.; Walter Leisner, Grundrechte und Privatrecht, S. 285; Gerhard Müller, RdA 1964, S. 122; nach Palandt, § 242 Anm. 1 d tendiert auch der BGH in 26, 354 und 45, 308 zur unmittelbaren Drittwirkung.

3 BVerfGE 7, 198 f.; Günter Dürig, in: Festschrift für Nawiasky, S. 157 ff.; Maunz-Dürig, Anm. 127 ff. zu Art. 1 GG.

4 Genannt bei Wittkämper, S. 69; Leisner, S. 311 f.

5 S. 311 f.

Normierungen wie z.B. Art. 9 Abs. 3 Satz 2 GG zeigten nicht, daß sie erschöpfend gedacht sind, sondern nur, daß bestimmte besondere Wirkungen wie Nichtigkeit und Rechtswidrigkeit der Maßnahme gleich mitnormiert sind. Gegen das Argument der historischen Entwicklung hat Leisner[6] im einzelnen belegt, daß sie mit allseitiger Tendenz entstanden sind, zwar im 19. Jahrhundert eine fast ausschließliche Staatsrichtung erhielten, aber seit der Weimarer Zeit wieder stärker auf das Privatrecht übergegriffen haben. Die Auffassung, daß der Verfassungsgeber privatrechtliche Fragen nicht regeln darf, baut auf einem zu engen Verfassungsbegriff auf und wird bereits durch Art. 3, 5, 9 und 21 GG widerlegt[7]. Kann man – wie dargelegt – eine Trennung Staat–Gesellschaft nicht mehr exakt vornehmen, so wird schon deshalb eine alleinige Staatsrichtung hinfällig. „Angesichts der wachsenden Vertauschbarkeit privater und hoheitsrechtlicher Ordnung bleibt eine ausschließliche Staatsrichtung wirklichkeitsfremd und würde zu einem allgemeinen Niedergang der Grundrechtsgeltung führen[8]."

Auch der Begriff der Grundrechte verlangt nicht, daß sie nur staatsbezogen sind. So stellen sie heute eine allgemeine Wertentscheidung dar, während sie im 19. Jahrhundert nur als Abwehrrechte gegen den Staat angesehen wurden.

Die Überlegung, daß eine unmittelbare Wirkung wegen zu geringer Konkretisierung zur Rechtsunsicherheit führt und eine Gefahr für die Vertragsfreiheit darstellt, läßt sich nicht ohne weiteres von der Hand weisen. Doch trifft dies auch auf die mittelbare Drittwirkung über die Generalklauseln zu und ist ein allgemeines Phänomen der Generalklauseln[9]. Es wird immer unmöglicher, mit Spezialnormen der Vielfalt der Lebensverhältnisse Herr zu werden und zugleich einen Weg zur rechtlichen Differenzierung zu eröffnen, die im Einzelfall eine gerechte Entscheidung oft erst ermöglicht[10].

Wie weit die Grundrechte im Einzelfall in ein Vertragsverhältnis unmittelbar eingreifen und es evtl. ändern oder aufheben, muß von Fall zu Fall entschieden werden. Dabei ist dem von den Gegnern einer unmittelbaren Drittwirkung angeführten Argument, daß der eigentliche Geltungsgrund des Grundrechtsschutzes die Gewährleistung der Freiheit bilde und die Grundrechte nicht in zwingende Normen für die Gestaltung der Beziehungen der Menschen untereinander

---

6 S. 52 ff.
7 So auch Leisner, S. 313.
8 Leisner, S. 333.
9 Ähnlich Enneccerus-Nipperdey, a.a.O.
10 So Leisner, S. 313.

umzudeuten seien, weitgehend Rechnung zu tragen[11]. Entscheidend kann dabei nur sein, ob sich zwei gleich starke Partner gegenüberstehen, die in vertraglicher Freiheit Grundrechtsbestimmungen abändern können, oder ob mehr ein Über-Unterordnungsverhältnis vorliegt, in dem die eine Seite der anderen die Bedingungen diktieren kann und wo de facto keine Vertragsfreiheit mehr besteht[12]. Ein Eingriff in die Vertragsfreiheit findet also nicht statt.

Wenn sich dabei keine allgemeinen Regeln für die Frage aufstellen lassen, wann die Gestaltung des Rechtsverhältnisses den Vertragspartnern allein überlassen ist, so ist dieses nicht wegzudenkende Problem der Abgrenzung auch bei der mittelbaren Grundrechtswirkung hinsichtlich der Anwendung der Generalklauseln festzustellen. Es ist also in jedem Einzelfall zu prüfen, ob die Grundrechtsnorm hinsichtlich ihres konkreten Inhalts, ihres Wesens und ihrer Funktion im Privatrecht unmittelbar Anwendung findet[13].

Überprüft man unter diesem Gesichtspunkt die Stellung des Mitglieds in einem Großverband, wie den Gewerkschaften, und berücksichtigt die Art der Unterworfenheit und nicht die Personen, zwischen denen das betreffende Verhältnis besteht[14], so ist festzustellen, daß das Moment der Fremdgesetzlichkeit und Fremdautorität bei der Satzungsgebung nicht wesentlich schwächer ist als beim staatlichen Recht[15]. Eine staatsähnliche Besonderheit eines Großverbandes liegt auch darin, daß die Stellung des einzelnen im Verband ohne seine Zustimmung meist verändert werden kann und ihm nur das Auswanderungsrecht bleibt[16].

Es kann dabei nicht grundsätzlich zwischen einer juristischen Person des öffentlichen Rechts und der Normsetzungs-(Satzungs-)befugnis eines privaten Verbandes unterschieden werden[17], wobei jedoch ein Unterschied in der Freiheit der

---

11 Siehe Weber, in Weber-Scheuner-Dietz: Koalitionsfreiheit, S. 10; Krüger, Verhandlungen des 46. DJT, S. 78.

12 Auch Leisner, S. 379, will nicht darauf abstellen, ob ein Vertrag geschlossen wurde, sondern ob von einer Freiheitsbetätigung überhaupt noch die Rede sein kann. Dabei würden alle monopolartigen Verhältnisse ausscheiden.

13 Enneccerus-Nipperdey, a.a.O.

14 Leisner, S. 380.

15 So meint auch Wittkämper, S. 70, obwohl Anhänger der mittelbaren Drittwirkung: Hier handelt es sich um eine Umwälzung von Staatsverantwortung und um eine Begründung neuer Unterworfenheit des Menschen. Trotz ihrer privatrechtlichen Form treten solche sozialen Großverbände als dem Rechtsgenossen faktisch übergeordneter und gefestigter Rechtssetzer auf. Hier ist die absolute Drittwirkung zu bejahen, da das Privatrecht nur noch eine leere Hülle ist.

16 Leisner, S. 382.

17 So aber Mainz-Dürig, Rdnr. 113 zu Art. 1 GG.

Gestaltung der internen Verhältnisse nicht verkannt und später erörtert wird. Abgesehen davon, daß die Macht eines privaten Verbandes teilweise größer sein kann als einer juristischen Person des öffentlichen Rechts, erscheint eine Unterscheidung nur aus der juristischen Stellung her formalistisch. Art. 9 GG schützt nicht nur den Verband gegen den Staat, sondern auch das Koalitionsrecht des einzelnen gegen den Verband[18]. Für die Koalitionen gilt die Besonderheit, daß auch sämtliche Gegner einer unmittelbaren Wirkung der Grundrechte eine Bindung der Tarifverträge an die Grundrechte annehmen[19]. Aus den Begründungen wird deutlich[20], daß nicht allein auf die Delegation staatlicher Befugnisse, sondern auf die innere Natur des betreffenden Verhältnisses abgestellt wird. Dann kann aber auch für die Gestaltung des innergewerkschaftlichen Lebens nichts anderes gelten.

Welchen Schutz hat das einzelne Mitglied durch eine Drittwirkung der Grundrechte? Da nach allgemeiner Ansicht[21] Art. 2 Abs. 1 GG, der die freie Entfaltung der Persönlichkeit schützt, durch die Vereinigungs- bzw. Koalitionsfreiheit als lex specialis ausgeschlossen ist[21a], kommen daneben nur noch Art. 3, 5 GG und die judiziellen Grundrechte in Betracht, die den Grundsatz des rechtlichen Gehörs und den Ausschluß rückwirkender Strafbestimmungen beinhalten.

Der Gleichheitssatz ist ein allgemeiner Rechtssatz, der seiner Natur nach in allen Bereichen und für alle Personengemeinschaften gilt[22]. Er ist verletzt, wenn sich ein vernünftiger, aus der Natur der Sache ergebender oder sonstwie sachlich einleuchtender Grund für die gesetzliche oder satzungsgemäße Differenzierung nicht finden läßt, kurzum die Bestimmung als willkürlich bezeichnet werden muß[23]. Er untersagt, gleichliegende Sachverhalte, die unter dem Gesichtspunkt der Gerechtigkeit eine gleichartige Regelung fordern, also wesentlich Gleiches

---

18 So auch der Bericht der Parteienrechtkommission für Parteien, S. 122 f.; dagegen Luthmann, DVBl. 62, 166.

19 Z.B. Beitzke, RdA 1953, 283.

20 Leisner, S. 338; Das bereits bei der Fisklabindung anerkannte Primat der juristischen Vergleichbarkeit der jeweiligen Rechtsbeziehung mit dem staatlichen Hoheitsgewaltverhältnis vor der Richtung hat hier eine neue Begründung erfahren.

21 BVerfGE 19, 303 f. (314) m.w.N.

21a Nach a.A. gibt Art. 2 I GG nur ein Abwehrrecht, nicht jedoch einen positiven Anspruch (Henrici S. 83 unter Hinweis auf Forsthoff VVdStRL 12, 18, dagegen LG Berlin NJW 1962, 206), da status positivus als Ausnahme nur dann gegeben sei, wenn besondere Anhaltspunkte vorliegen.

22 BVerfG NJW 1957, 377.

23 BVerfGE 18, 46, 124.

willkürlich ungleich zu behandeln[24]. Art. 3 GG verbietet also nur eine willkürliche Schlechterstellung einzelner Mitglieder oder Bewerber. Die Gesichtspunkte der Effizienz und der Handlungsfähigkeit der Gewerkschaften bieten immer genügend sachliche Gründe für eine unterschiedliche Behandlung von Funktionären und einzelnen Mitgliedern. Dadurch wird dem über alle Unterschiede hinausgreifenden Grundsatz der gleichen Rechtsstellung der Mitglieder nicht Genüge getan. Nun ist zwar festzustellen, daß „der Gleichheitssatz sich fortschreitend radikalisiert und an die Stelle der austeilenden Gerechtigkeit des 19. Jahrhunderts, die jedem das Seine gibt, in zunehmendem Maße die schematische Gleichheit tritt. Die nicht zu leugnenden individuellen Verschiedenheiten werden gegenüber den überwiegenden Gemeinsamkeiten hintenan gestellt. Dies wird am deutlichsten in der politischen Sphäre spürbar und hat z.B. in der Wahlrechtsgleichheit allgemein anerkannte Gestalt angenommen[25]."

Zwar ergreift diese weitgehende Formalisierung der Gleichheit der Bürger neben der politischen Willensbildung[26] auch die sozialen und wirtschaftlichen Bereiche. In diesem Prozeß ist jedoch nicht Art. 3 GG der Leitfaden, sondern der demokratische Grundsatz des Art. 20 GG, der auch in den gesellschaftlichen Raum hineintendiert[27]. Gerade der dabei entscheidende Gesichtspunkt der demokratischen Teilhabe des einzelnen wird nicht durch Art. 3 GG erfaßt[27a].

Diesen erfaßt auch Art. 5 GG nicht. Ist die Freiheit der Meinungsäußerung kein absolutes Grundrecht des isolierten Individuums, sondern auf soziale und politische Gemeinschaften bezogen[28], d.h. muß sie sich zur Sicherung der Ordnung in der Gemeinschaft Einschränkungen gefallen lassen, so ist Art. 5 GG immer so weit einschränkbar, wie dies nach der Funktion des jeweiligen Vereins erforderlich ist. Grenzen dieser Einschränkungen ergeben sich nicht aus Art. 5 GG direkt, sondern aus der Funktion der öffentlichen Meinung im demokratischen Willensbildungsprozeß.

---

24 BVerfGE 2, 118 f.

25 Leibholz-Rinck, Grundgesetz-Kommentar, Art. 3 Anm. 19.

26 BVerfGE 8, 69.

27 Scheuner, in: Weber-Scheuner-Dietz, Koalitionsfreiheit, S. 74.

27a Henrici S. 84 ff. sieht in Art. 3 I GG die geeignete Anspruchsgrundlage für einen Aufnahmeanspruch. Die Kollision zwischen der aus Art. 2 GG fließenden Privatautonomie und dem Gleichheitsgrundsatz zwinge zu Einzelfallentscheidungen (S. 95 f.). Bei diesen kommt er weitgehend zu denselben Ergebnissen, die in § 27 gefunden werden.

28 BVerfGE 5, 134 ff.

Art. 9 GG stellt sicherlich das wichtigste Grundrecht für die Stellung der Mitglieder innerhalb der Verbände dar. Auch wenn mit der h.M. Art. 9 Abs. 3 GG nicht als Unterfall des Art. 9 Abs. 1 GG zu sehen ist, da er einen anderen historischen Ursprung und eine andere Richtung als die Vereinigungsfreiheit hat[29], sind hinsichtlich der Stellung der Mitglieder innerhalb der Koalition oder des Vereins die gleichen Betrachtungen anzustellen[30]. Nach Art. 9 GG hat jeder Staatsbürger das Recht, Vereinigungen zu bilden, schon bestehenden Zusammenschlüssen beizutreten und sich vereinsmäßig zu betätigen. Dies beinhaltet aber nicht ein absolutes Recht der Bürger, in eine Vereinigung einzutreten oder sich in dieser zu betätigen, denn nach allgemeiner Meinung folgt aus der Vereinigungsfreiheit das Recht der Aufnahme- und Ausschlußfreiheit, der Satzungsautonomie und der Freiheit der inneren Willensbildung[31], d.h. dem Verein obliegt grundsätzlich autonom die Regelung der Organisationsform und damit der Rechtsstellung seiner Mitglieder[32]. Art. 9 III S. 2 GG greift dort nicht ein, wo die freiheitsbeschränkende Wirkung einer Abrede oder Maßnahme gerade die Kehrseite der Auswirkung des positiven Koalitionsrechts darstellt. Die in Ausübung des Koalitionsrechts freiwillig übernommenen Selbstbegrenzungen fallen nicht unter Behinderungen. Dies gilt für das ganze Organisationsrecht einer Vereinigung, dem sich der einzelne beim Eintritt in einen Verband unterwirft. Die Richtung der Beschränkung ist wesentlich, sie darf nicht das Individuum durch sozialen Zwang oder Druck in der Verfolgung seiner Berufsinteressen einschränken[33].

Zwar begrenzen kollektives und individuelles Vereinigungsrecht einander[34],

---

29 Maunz-Dürig, Rdnr. 8 zu Art. 9 GG; Galperin, DB 1969, S. 706: Das allgemeine Vereinsrecht betrifft nach Geschichte und Inhalt lediglich die Erlaubnis zu einem privaten summierenden Zusammenschluß von Mitgliedern und somit ein im wesentlichen negatives Statusrecht. Das Koalitionsrecht schafft dagegen ein zweckbestimmtes verfassungsrechtliches Strukturprinzip, mit dem eine betonte Privilegierung der kollektiven Wesenheiten verbunden ist, die sich aus der solidarischen Verbundenheit der sozialen Gruppen ergeben.

30 Maunz-Dürig, Rdnr. 103 zu Art. 9 GG; Dietz, Grundrechte S. 436 ff.

31 Maunz-Dürig, Rdnr. 106 f. zu Art. 9 GG.

32 so für Koalitionen Scheuner, Koalitionsfreiheit S. 53.

33 Scheuner, Koalitionsfreiheit, S. 48; nach Galperin, S. 10, wirkt Bestandsschutz auch nach innen, v. Münch BK Anm. 45 zu Art. 9 GG schließt aus Art. 9 III 2 GG ein Beitrittsrecht zu einer bestimmten Gewerkschaft. Dagegen zu Recht Henrici S. 76, der jedoch in Art. 9 III GG nur Abwehrrecht sieht.

34 Maunz-Dürig, Rdnr. 18, 104 f. zu Art. 9 GG; Scholz S. 67 sieht daher in der Koalitionsfreiheit nur ein individuelles Freiheitsrecht und ein kollektives Ausübungsrecht.

d.h. die kollektive Vereinigungsfreiheit in Art. 9 GG findet keinen Schutz, wenn dadurch die individuelle eingeschränkt wird, doch ist damit kein taugliches Kriterium für die Feststellung möglicher Rechte des Mitglieds innerhalb der Vereinigung gegeben[35]. Art. 9 GG stellt keine Norm für die innere Ordnung der Vereine auf, sondern betrachtet dies als eine Frage, die ihrer autonomen Verfügung innerhalb des ihnen grundrechtlich gesicherten Bereichs der freien Betätigung unterliegt.

Auch wenn das Individualrecht des Art. 9 III GG und der koalitionsrechtliche status socialis jede kollektivierende Verbandsorganisation untersagt, eine transparente kontrollierbare Verbandsorganisation i.S. der freiheitlichen Öffentlichkeit und die organisationsmäßigen Grundlagen für das Verfahren maximaler Allgemeinheit fordert[36, 37] mag daraus zwar in weiten Bereichen dieselbe Schlußfolgerung wie aus einer analogen Anwendung der Art. 20, 21 I 3 GG gezogen werden, doch wird dabei übersehen, daß Art. 9 GG seine Funktion als Aufbauelement des demokratischen Staates erst in Verbindung mit Art. 20 GG erhält[37a].

Man wird den Verbänden und erst recht den Koalitionen dadurch, daß man sie nur bei den Grundrechten behandelt, in ihrer Funktion als Aufbauelement des demokratischen Staates nicht gerecht[38]. Die Grundrechte haben von ihrer geschichtlichen Funktion her doch primär die individuelle Freiheit zu sichern und nicht die demokratische Teilnahme des einzelnen. Besteht keine Kongruenz zwischen dem Schutz durch „demokratische Aufbauprinzipien“ und „Drittwirkung der Grundrechte“[39], so erscheint es nicht nur methodisch falsch, Prinzipien, die den Staat binden, nicht auch auf andere Träger öffentlicher Funktionen anzuwenden.

Der Staat als government ist nicht nur durch die Grundrechte gegenüber dem einzelnen in seiner Macht beschränkt, sondern durch weitere in Art. 20 GG und

35 So auch Bericht der Parteienrechtskommission, S. 158.

36 So Scholz S. 374.

37 Scholz S. 314, 374.

37a Auch Ekkehard Keller, Die Aufnahmepflicht der Interessenverbände, S. 68 f. geht davon aus, daß dem Freiheitsrecht des Art. 9 GG nur ein Nichtstörungsgedanke, nicht jedoch ein Teilhaberecht entspricht.

38 ebenso Herzog in Maunz-Dürig, Rdnr. 14 zu Art. 9 GG.

39 ebenso Maunz-Dürig, Rdnr. 121 zu Art. 9 GG; Leisner S. 381; Franz Knöpfle, Der Zugang zu den politischen Parteien, S. 325; auch bei Auslegung des Art. 21 I 3 GG fand keine Bezugnahme auf Grundrechte statt.

anderen Bestimmungen niedergelegte Organisationsprinzipien, wie die Prinzipien der Volkssouveränität, der Gewaltenteilung, der Rechtsstaatlichkeit und der Bundesstaatlichkeit usw. Diese Prinzipien können natürlich nicht unbesehen auf Verbände übertragen werden. Erkennt man jedoch an, daß auch Verbände eine gewisse Integrationsaufgabe haben und in steigendem Maße öffentliche Funktionen wahrnehmen, so kann es nicht grundsätzlich abzulehnen sein, die Anwendung dieser Prinzipien auf ihren Aufbau zu überprüfen und bei vergleichbarer Stellung zu fordern. Zwar wird eingewandt, daß „eine allgemeine Angleichung von Staat und Verbänden über den engen Bereichsschutz der Grundrechte hinaus unabsehbare allgemeine und organisatorische Folgerungen nach sich ziehen müßte. Solange keine den Schwierigkeiten der angedeuteten Unterschiede voll Rechnung tragende systematische Untersuchung zum Problem der Verbandsfreiheit vorliege, empfehle es sich, einem Situationsvergleich der konkreten Lage vor dem Organisationsvergleich den Vorzug zu geben“[40]. Soweit sich damit gegen eine pauschale Übernahme von Staatsaufbauprinzipien gewandt wird, ist dem voll zuzustimmen. Untersucht man jedoch jeden Verband nach den ihm zugewiesenen Funktionen, und überprüft man an diesen die Mitwirkungsmöglichkeiten der Mitglieder, so sind – und in diesen Grenzen zu ziehende – Rückschlüsse auf Staatsaufbauprinzipien nicht a priori abzulehnen.

Gilt im Grunde für eine Vielzahl von Verbänden, was allgemein nur bei den Sozialpartnern anerkannt wird, daß sie über den ihnen durch Art. 9 GG zugewiesenen Rahmen hinausgewachsen und neben den Parteien wichtige Integrations- und Repräsentationsorgane bei der demokratischen Willensbildung und Willensausführung geworden sind, dann muß sich die Verfassungsauslegung dieser veränderten Verfassungswirklichkeit anpassen und kann ihre Stellung nicht nur aus dem Grundrechtsteil entnehmen[41].

Gegen eine Anwendung der Drittwirkungslehre spricht endlich, daß sie von einer Trennung von Staat und Gesellschaft ausgeht, während gerade aus der Nähe zum Staat in Verbindung mit dem Grundgedanken des Art. 20 GG eine sachgemäße Abgrenzung der Einschränkung der Vereinsfreiheit möglich ist[42].

---

40 Leisner, S. 384.

41 So Krüger, Verhandlungen, S. 24, für Sozialpartner, entgegen Werner Weber, Sozialpartner in der Verfassungsordnung, Festschrift für OLG Celle, S. 242.

42 Ähnlich Keller, S. 78.

§ 21 Übertragung verfassungsrechtlicher Grundprinzipien auf Verbände

Obwohl die Übertragung des demokratischen Prinzips des Art. 20 GG auf gesellschaftliche Verbände überkommenem Verfassungsverständnis zu widersprechen scheint, ist diese Schlußfolgerung zumindest für die Koalitionen nicht neu[1]. Dabei wird darin nicht nur eine politische, sondern eine verfassungsrechtliche Notwendigkeit gesehen. Eine genauere Begründung dieser an sich umwälzenden Schlußfolgerung wird meist nicht gegeben.

Wird dies in dieser Arbeit versucht, so soll Art. 20 GG damit nicht in einen Gegensatz zu den Grundrechten gesetzt werden, sondern das demokratische Prinzip soll vielmehr eine Konkretisierung und Ergänzung derselben darstellen[2]. Das demokratische Prinzip gibt den Individualrechten einen organisatorischen Rahmen und sichert die Möglichkeit der Teilhabe des einzelnen am Willensbildungsprozeß[3].

Wie die Grundrechte als grundlegendes Wertsystem nicht auf die hoheitsrechtlichen Beziehungen beschränkt werden können, da dies weder der bereichs-

---

1 So verlangt Scheuner, Koalitionsfreiheit, S. 43, S. 68 einen demokratischen Aufbau beider Koalitionen, da die Autonomie unter dem obersten Prinzip der Rechtsordnung stehe; Biedenkopf, Grenzen der Tarifautonomie, S. 47 f. und JZ 1961, 352 fordert sie zumindest für Tarifparteien als rechtsetzende Organe; ebenso Ridder, Zur verfassungsrechtlichen Stellung der Gewerkschaften nach dem Grundgesetz, S. 29; Ramm, Die Freiheit der Willensbildung, S. 118; Köhler, BB 1952, 149 ff.; Maunz-Dürig, Art. 9 GG, Rdnr. 121; Galperin, S. 39 verlangt eine Bindung an die Prinzipien des Art. 20 GG und erwähnt dabei ausdrücklich den demokratischen Aufbau; ebenso Ellwein, Die großen Interessenverbände und ihr Einfluß, S. 30.
ebenso Leibholz, VVdStRL 24, 24; von Münch, in: Bonner Kommentar Zweitbearbeitung Art. 9 GG, Rdnr. 149; Lerche, Verfassungsrechtliche Zentralfragen des Arbeitskampfes, S. 29; Preuss, Zum staatsrechtlichen Begriff des Öffentlichen, S. 171, 182 für Gewerkschaften als Willensverband; Hueck-Nipperdey, LB, 7. Aufl. II 1. Halbband S. 101 ff.; Hamann, Gewerkschaften, S. 30 ff.; Säcker, Grundprobleme, S. 29; Kriele, Das demokratische Prinzip im Grundgesetz, VVdStRL 29, 77; ähnliche Schlußfolgerungen trifft Otto Kahn-Freund, Rechtliche Garantien der innergewerkschaftlichen Demokratie, in: Festschrift für Ernst Fraenkel, S. 340: Wenn die Gewerkschaften dazu berufen werden, durch Beratung und Beschlußfassung an der Gesetzgebung teilzunehmen usw., müssen Garantien dafür bestehen, daß ihre Sprecher den Willen und die Interessen der Mitglieder repräsentieren (diese Interpretation beschränkt sich auf Gewerkschaften in England und Amerika)

2 a.A. Scholz S. 165, der darin das verfassungsrechtliche Postulat einer Wirtschaftsdemokratie sieht, während doch nur die Organisation bestimmter Verbände gewissen Prinzipien unterworfen wird.

3 a.A. Scholz, S. 165, der dann darin einen Vorrang der kollektiven Koalitionsseite sieht.

schützenden Parallelentwicklung im Privatrecht, noch den mit den hoheitsrechtlichen Verhältnissen vergleichbaren, dort auftretenden Gewaltbeziehungen entspricht[4], werden in Art. 20 GG verfassungsrechtliche Grundsätze und Grundentscheidungen getroffen, die nicht nur für die engere Staatsorganisation zutreffen.

Aus den Bestimmungen Rechtsstaat, Sozialstaat[5], freiheitliche Demokratie[6] oder Art. 21 GG wird allgemein geschlossen, daß das GG eine Regelung nicht nur für den engen Staatsrahmen treffen, sondern in den gesellschaftlichen Raum hineinwirken wollte[7]. Dies jedoch nicht in dem Sinne, daß der Gesellschaft ein geschlossenes Ordnungssystem aufgezwungen wird, sondern daß bei einer bestimmten verfassungsrechtlichen Grundhaltung der Dynamik der Gesellschaft freier Raum gelassen bleibt[8].

Das heißt nicht nur, daß der Staat durch Erweiterung seiner herkömmlichen Funktionen über die politische Stellung hinaus auch die soziale Stellung seiner Bürger zu regeln übernimmt, sondern auch, daß gewisse Wertungen – wie zum Beispiel Demokratie – tendenziell auch für den gesellschaftlichen Raum gelten sollen[9]. Hier findet auch der Kern der Methode der verfassungskonformen Auslegung Anwendung: Wie die Auslegung von Einzelnormen immer von den Grundentscheidungen der Verfassung zu bestimmen ist, so ergibt sich für Verfassungsgrundentscheidungen zwangsläufig der Grundsatz der Auslegung nach dem Generalanliegen der Verfassungsschöpfung.

Das Bonner GG ist als eine Art Gegenverfassung zur Weimarer Reichsverfassung konzipiert und versucht, die dort festgestellten Mängel zu vermeiden. Die Wei-

4 Leisner, S. 340.

5 Siehe Dieter Suhr, Rechtsstaatlichkeit und Sozialstaatlichkeit, in: Der Staat, Bd. 9, S. 67 ff. Die gesellschaftsverfassende Kraft des Sozialstaatsprinzips allein begründet jedoch keine innergesellschaftliche Zuständigkeitsordnung, ebenso Scholz, S. 185 f., gegen Ridder, S. 11 ff. m.w.N.; Mangoldt-Klein, Anm. VII zu Art. 20 m.w.N. Scholz, S. 180 f.

6 Ridder, S. 17.

7 Scholz, S. 155: „ein gesellschaftsordnendes Verfassungsmandat ist grundsätzlich zu bejahen", der jedoch die Gefahr der Verleugnung der Substanz der gesellschaftlichen Privat- und Sozialfunktionen sieht.

8 siehe Scholz S. 156.

9 Biedenkopf, Grenzen, a.a.O., S. 51: Es ist nicht einzusehen, warum grundsätzliche Verfassungsentscheidungen, wie das Erfordernis demokratischer Legitimation, auf den Bereich hoheitlicher Gesetzgebung beschränkt bleiben muß. Grundsätze wie diese enthalten ein allgemeingültiges Rechtsprinzip, das nicht an einer Gesetzeskategorie, sondern an einem Grundtatbestand von gleicher grundlegender Bedeutung anknüpft.

marer Demokratie liefert den Beweis, daß es dem Staat nicht gleichgültig sein kann, ob die gesellschaftliche Ebene die staatlichen Strukturen widerlegt oder bestätigt. „Der Staat muß auf die Dauer darauf drängen, daß Prinzipien, in denen er sich selbst integriert, sich auch in andere Lebensbereiche durchsetzen. Auf die Dauer ist es nicht möglich, daß ein demokratisch integriertes Staatswesen auf einer Gesellschaftsordnung autoritären Gepräges ruht. Der Staat kann es nicht zulassen, daß sich soziale Autonomie gegen die Grundordnung des Staates entwickelt[10]."

Die Intensität dieses Hineinwirkens in den gesellschaftlichen Bereich sowie das anzustrebende Ziel sind allerdings sehr umstritten und weitgehend ungeklärt[11]. Unbestritten ist jedoch, daß Art. 20 GG nicht nur die Institution Staat erfaßt, sondern durch den Satz „Alle Staatsgewalt geht vom Volke aus" auch den zu diesem führenden Willensbildungsprozeß sichern will[12]. Man kann nicht eine bestimmte Staatsform gewährleisten, ohne die konstituierenden Elemente dieser Staatsform mit zu garantieren. So setzt die parlamentarische Demokratie als Staatsform eines freien und offenen politischen Willensbildungsprozesses zunächst den Bestand der Parteien voraus[13]. Dies bedeutet gleichzeitig, daß die verfassungsrechtliche Stellung der Parteien nicht als Folge ihrer „Inkorporation in das Verfassungsgefüge", sondern als Voraussetzung optimaler Erfüllung der ihnen verfassungsmäßig zugewiesenen Funktionen zu verstehen ist[14].

Auch der Bericht der Parteienrechtskommission[15] geht davon aus, daß sich aus der Anerkennung der Parteien als Beteiligte am Verfassungsleben die Forderung ergibt, daß sie in ihrer Organisation und internen Willensbildung demokratische Grundsätze zur Geltung bringen müssen, wie sie dem Bau des Grundgesetzes

10 Carlo Schmid, in: Soziale Autonomie und Staat, S. 30–37, ähnlich Ridder S. 24.

11 Während Leisner, S. 162, annimmt, daß die soziale Demokratie schon besteht, geht Abendroth, Antagonistische Gesellschaft, S. 111 f. davon aus, daß erst eine Umwandlung der bestehenden Gesellschaft in diejenige der sozialen Demokratie zu erfolgen hat.

12 Siehe u.a. Düx, DVBl. 66, 554; Preuss, S. 28, 94, wobei allerdings der Beginn dieses staatlichen und politischen Willenbildungsprozesses umstritten ist.

13 So Hesse, VdStRL 17, 46; Ehmke, Grenzen der Verfassungsänderung, S. 103 ff.; Scholz S. 172 f.

14 Hesse, VVdStRL 17/50; Ramm, S. 118; Böckenförde, S. 12: Aus der Funktion der Parteien geht eine Rückwirkung auf ihren Status aus. Auch nach Wittkämper, S. 18 bedingt die Stellung der Parteien als Sprachrohr des Volkes, daß sie eine ihrer Stellung entsprechende Ordnung und Zielsetzung aufweisen. Er sieht darin aber gerade den Unterschied zu Verbänden.

15 S. 154.

zugrunde liegen. Dies wird zwar nicht erst aus Art. 21 Abs. 1 Satz 3 GG, sondern aus dem den Parteien durch das Grundgesetz zugewiesenen Status gefolgert, der jedoch nicht – wie hier aus den von den Parteien ausgeübten Funktionen, sondern aus ihrer Stellung im Grundgesetz hergeleitet wird[16]. So werden folgerichtig die Parteien unter der Weimarer Reichsverfassung, da dort nicht als Staatsorgane geregelt, trotz gleicher Funktionen als rein gesellschaftliche Gebilde angesehen. Diese Ansicht ist als zu formalistisch abzulehnen. Andererseits[17] begründet er den Eingriff des Grundgesetzgebers durch Art. 21 Abs. 1 Satz 3 GG mit dem wichtigen Anteil, der den Parteien an der Bestimmung des staatlichen Willens zufällt, sowie ihrer engen Verbindung mit den Funktionen des Parlaments: „Das GG hat sich zwar für eine repräsentative Demokratie entschieden, umso mehr kommt es jedoch darauf an, eine enge Verbindung zwischen der politischen Führungsschicht und der gesamten Bevölkerung herzustellen. Es ist ein Grunderfordernis eines demokratischen Systems, daß Bürger innerhalb der Parteien einen ständigen Einfluß ausüben können."

Sind aber die Parteien unmittelbar Art. 20 Abs. 2 GG zugeordnet[18], dann sind dies auch die anderen Organisationen, die nach Art. 21 Abs. 1 Satz 1 GG an der Willensbildung mitwirken[19]. Mit anderen Worten: Folgt die Forderung, daß der innere Aufbau demokratischen Grundsätzen entsprechen muß[20], aus den von den Parteien wahrgenommenen Funktionen, so ist dies auch für die Verbände zu fordern, deren Funktionen diesen, den Aufbau der Parteien konstituierenden Aufgaben weitgehend entsprechen. Wird der Satz „Alle Staatsgewalt geht vom Volke aus" durch Art. 21 GG dahin konkretisiert, daß der Bürger zunächst über die Parteien die Möglichkeit hat, an der Willensbildung des Volkes zum Staat i.S. von Staatsapparat teilzunehmen, so muß dann, wenn die Quelle dieses Prozesses nicht die Parteien[21], sondern die Interessenverbände sind, die die partikularen Interessen des Bürgers innerhalb der differenzierten Massenge-

16 S. 155.

17 S. 156.

18 Bericht der Parteienrechtskommission S. 127.

19 Nach Hesse, VVdStRL 17, 30 ist es dagegen bei allen anderen Vereinigungen außer Parteien für das Verfassungsleben ohne Belang, ob ihre innere Ordnung eine freiheitliche ist; ebenso Scholz S. 174, denn das gesellschaftliche freie Kommunikationswesen sei keineswegs von vornherein an demokratische Verhaltens- oder Organisationsformen gebunden. Diese folgten nur aus dem Repräsentationsgedanken.

20 BVerfGE 20, 109: Zur Sicherung der freiheitlichen demokratischen Grundordnung hat der Verfassungsgeber die Beschränkungen der Freiheit der Partei wie Art. 21 II, 21 I 3, 21 I 4 GG vorgesehen.

21 So aber konsequenterweise Hesse, a.a.O.

sellschaft vertreten, auch deren demokratischer Aufbau gefordert werden. Wie die Parteien eine Förderung und Artikulierung des Willens des Volkes nur durch einen demokratischen Aufbau bewirken können und nur dieser ihre Funktion legitimiert[22], so gilt dies auch für Interessenverbände, solange sie parteiähnliche Repräsentations- und Integrationsaufgaben im Vorfeld der Staatswillensbildung oder gar in Ersetzung des Staates vornehmen. Wie Art. 21 Abs. 1 Satz 3 GG und das in seiner Konkretisierung erlassene Parteiengesetz die Freiheit des Willensbildungsprozesses innerhalb der Parteien nicht beschränkt[23], sondern diese innere Freiheit gerade herstellen, gewährleisten und bewahren will, so wird auch durch diese Auslegung des Art. 20 GG der freie materielle Willensbildungsprozeß anderer Willensträger nicht beeinflußt.

Dies heißt nicht, bestehende Unterschiede zwischen Parteien und Verbänden in anderen Bereichen zu leugnen. Auch soll von vornherein klargestellt werden, daß aus der gleichen oder nur graduell unterschiedlichen Ausübung von Funktionen wie Parteien durch bestimmte Verbände noch nicht zwingend geschlossen werden kann, daß ihr Aufbau den demokratischen Strukturen der Parteien entsprechen muß.

Welches sind nun im einzelnen die von den Parteien wahrgenommenen Funktionen, die einen demokratischen Aufbau bedingen? Die Kriterien überschneiden und bedingen sich teilweise. So wird hervorgehoben, daß durch Parteien die Bürger an der politischen Willensbildung teilnehmen[24], die Parteien Beteiligte am Verfassungsleben sind[25], ihnen ein wichtiger Anteil an der Bestimmung des staatlichen Willens zufällt[26] und sie in einer engen Verbindung mit dem Parlament[27] stehen.

An der politischen Willensbildung des Volkes nehmen auch Verbände teil[28]. Auch durch sie, nur nicht in dem umfassenden Maße wie durch Parteien findet

22 So auch Wittkämper, S. 19; Bericht, S. 156.

23 So aber Rabus, AöR 78, 163 ff.; dagegen auch Hesse, a.a.O.

24 Wittkämper, S. 18.

25 Bericht, S. 154.

26 Bericht, S. 156.

27 Bericht, a.a.O.

28 So auch Maunz-Dürig, Rdnr. 14 zu Art. 9 GG: Man vermißt im organisatorischen Teil des Grundgesetzes die Feststellung, daß die Verbände in ähnlicher Weise wie die Parteien, nur weniger intensiv und staatsnah als diese, an der politischen Willensbildung des Volkes mitwirken. Dies wird als eine durchaus legitime und für den demokratischen Prozeß notwendige Aufgabe angesehen.

eine Integration und Repräsentation der Interessen des einzelnen statt. Dabei sind hinsichtlich der Integrations- und Repräsentationsfunktion der einzelnen Verbände erhebliche Unterschiede festzustellen. Neben den Massenorganisationen, die immer wieder in den Blickpunkt der Öffentlichkeit treten (DGB, DAG, DBB, BDA, Deutscher Bauernverband, Vertriebenenverbände), nehmen auch kleinere Organisationen, wie z.B. der Bund deutscher Architekten, an diesem Prozeß teil.

Das Bundesverfassungsgericht[29] hat festgestellt, daß sich das Recht des Bürgers auf Teilhabe an der politischen Willensbildung in einer lebendigen Demokratie nicht nur in der Stimmabgabe bei den Wahlen, sondern auch in der Einflußnahme auf den ständigen Prozeß der politischen Meinungsbildung äußert. Funktioniert aber ohne das komplexe System der von den Verbänden bewirkten Teilintegrationen der Gesamtprozeß demokratischer Willensbildung nur schwer, so wird dieses vom Bundesverfassungsgericht angestrebte Ziel nur dann erreicht, wenn nach innen die Vermittlung zwischen dem von den Verbandsorganisationen dargestellten Willen und dem tatsächlichen Willen der Vertretenen möglichst intensiv ist[30]. Allein die Einflußnahme der Mitglieder legitimiert die Teilnahme der Verbände am Willensbildungsprozeß, bewahrt die Unabhängigkeit vom Staat und sichert die Integrationsfunktion der Verbände.

Die Forderung eines demokratischen Aufbaus ergibt sich auch aus dem Zweck des Art. 21 Abs. 1 Satz 3 GG, nämlich der Erhaltung der Willenskundgabe des Volkes. Sind nicht die Parteien, sondern die Verbände die Quelle des freien politischen Willensbildungsprozesses geworden, so ist dieser nur bei Erstreckkung des Art. 21 Abs. 1 Satz 3 GG auf Verbände gewährleistet. Nur so bewahrheitet sich auch die resignierende Feststellung von Hans Huber nicht, daß „durch Einfluß und Einwirkung der Verbände das Volk als letzter Auftraggeber aller Herrschaft nicht mehr bestehe“[31]. Kann der einzelne über Verbände seinen Willen artikulieren und erkennt man an, daß das Volk keine mystische Einheit, sondern weitgehend in Interessen und Gruppen gespalten ist, dann ist das Volk weiterhin der letzte Auftraggeber aller Herrschaft[32].

---

a.A. Scholz S. 177: Das Koalitionsrecht begründet eine besondere Form der innergesellschaftlichen Selbstverantwortung und ist nicht im vertikalen Sinne staatsbezogen, untersteht daher nicht der Kategorie des Status politicus.

29 BVerfGE 8, 68.

30 Ähnlich Hirsch, S. 15.

31 S. 26.

Bezieht man den Terminus „Beteiligte am Verfassungsleben“ nur auf die Fixierung in der geschriebenen Verfassung, so unterscheiden sich Verbände und Parteien dadurch, daß Parteien im organisatorischen Teil (Art. 21 GG) ausdrücklich als Mitwirkende an der Willensbildung des Volkes genannt werden, während Verbände dabei nur als mögliche Mitwirkende in Betracht kommen und ansonsten vom Grundgesetz nur über die Vereinigungs- bzw. Koalitionsfreiheit erfaßt werden. Bezieht man dagegen richtigerweise die Verfassungswirklichkeit[33] in die Interpretation mit ein, so sind aus den Verbänden als mögliche Mitwirkende tatsächlich Mitwirkende geworden, die sich also insoweit nicht mehr von den Parteien unterscheiden.

Den Koalitionen ist über den Status der übrigen Verbände hinaus auch ausdrücklich eine Verfassungsaufgabe, nämlich die Repräsentation der Arbeitnehmer und Arbeitgeber übertragen bzw. gewährleistet worden. Eine Unterscheidung kann sich auch nicht daraus ergeben, daß sie formell auf den Bereich der Arbeits- und Wirtschaftsbedingungen beschränkt sind, während den Parteien die umfassende politische Willensbildung zusteht. Das Verfassungsleben beschränkt sich nicht auf einen engen politischen Bereich, jenseits aller wirtschaftspolitischen Probleme (Sozialstaat), sondern als politisch muß jede Willensbildung gelten, die sich auf die Tätigkeit der öffentlichen Gewalt bezieht[34]. Auch sind Koalitionen über den Bereich des Art. 9 Abs. 3 GG hinausgewachsen[35]. Sie nehmen nicht mehr nur die beruflichen Interessen ihrer Mitglieder wahr, sondern sind als Vertreter der gesamten Arbeitnehmerschaft staatsbildende Elemente geworden[36]. Sie sind neben den Parteien Beteiligte am Verfassungsleben. Hinsichtlich der über Art. 9 Abs. 3 GG hinaus wahrgenommenen Aufgaben, die auch weitgehend gesetzlich abgesichert sind, befinden sich die Koalitionen in einer Lage, wie sie vor Aufnahme des Art. 21 GG den Parteien zukam. Haben Koalitionen nach der Entstehung des Grundgesetzes neue Aufgaben erhalten, die nicht durch den Rahmen des Art. 9 Abs. 3 GG abgedeckt werden, so kön-

32 Zwar mag reine Demokratie den Verband handlungsunfähig machen – so Huber, S. 23 –, doch können dann demokratische Grundsätze nicht außer Betracht gelassen werden.

33 Worunter nur die Wirklichkeit verstanden wird, die der Verfassung nicht widerspricht.

34 Abendroth, Antagonistische Gesellschaft, S. 272.

35 Galperin, S. 38: hinsichtlich des Bereiches der Sozialversicherung, der Mitwirkung bei der Bundespost usw.

36 Brisch, Die Rechtsstellung der deutschen Gewerkschaften, S. 10; a.A. Scholz S. 175, da er in der konstitutionellen Repräsentation ein politisches Formprinzip sieht und koalitionsrechtliche Parallelvorschriften zu Art. 21 I 3, 38 I 2 GG fehlen.

nen allein aus diesem keine Antworten für ihren Status gewonnen werden, sondern der Verfassungsinterpret ist gehalten, diese veränderte Verfassungswirklichkeit an den Leitgedanken des Grundgesetzes auszurichten[37].

Ein erheblicheres Kriterium für einen demokratischen Aufbau der Parteien ist die Tatsache, daß ihnen ein wichtiger (wenn nicht der bestimmende) Anteil an der Bestimmung des staatlichen Willens, wie er in Gesetzen zum Ausdruck kommt, zufällt. Damit wird folgerichtig das demokratische Prinzip auf die an der Ausübung der Staatsgewalt unmittelbar beteiligten Gruppen erstreckt. Das Gesetz darf als Ausdruck des Volkswillens (Art. 20 Abs. 2 GG) nicht dadurch verfälscht werden, daß an seinem Zustandekommen undemokratische Organisationen beteiligt sind[38]. Es wird dabei stillschweigend davon ausgegangen, daß die Abgeordneten Mitglieder einer Partei sind und diese entscheidenden Einfluß ausübt.

Auch die Verbände müssen daher demokratisch organisiert sein, denen – legitimerweise – ebenfalls ein erheblicher Einfluß auf die Staatswillensbildung zukommt. Ihr Anteil an dem Inhalt des Gesetzes oder sonstiger Regelungen läßt sich jedoch nicht so klar feststellen wie der der Parteien, deren verschiedene Stellungnahmen, verkörpert durch ihre Fraktionen, der Öffentlichkeit ohne weiteres bekannt werden. Es gibt jedoch einige Arbeiten[39], die diesen Einfluß an dem Zustandekommen einiger Gesetze genau nachgewiesen haben.

Interessenvertreter, die von den Parteien auch deshalb als Abgeordnete nominiert werden, weil sie einen bestimmten Wählerstamm hinter sich haben, versuchen, diesen Kreis auch zu befriedigen.

Die Einflußnahme auf das Gesetzgebungsverfahren ist naturgemäß, je nachdem welche Interessen berührt werden, sehr unterschiedlich[40].

Ist der Einfluß der Verbände legitim und durch Geschäftsordnungen sanktioniert, sowie in Einzelfällen nachgewiesen, so ist davon auszugehen, daß ihnen

---

37 Ähnlich Galperin, S. 39; Wittkämper, S. 49 sieht in ihnen Verfassungsinstitutionen wie Parteien, da es sich bei den übertragenen Aufgaben um institutionelle und funktionelle Garantien handelt, die über die bloße Gewährleistung der Koalitionsfreiheit hinausgehen. Ebenso E.R. Huber: Wirtschaftsverwaltungsrecht, Bd. 2, S. 377.

38 Ramm, S. 118.

39 z.B. Varain, Parteien und Verbände; v. Bethusy-Huc, Demokratie und Interessenpolitik; Volpel, Rechtlicher Einfluß von Wirtschaftsgruppen auf die Staatsgestaltung; Stammer, Verbände und Gesetzgebung; Versteyl, Einfluß der Verbände auf die Gesetzgebung.

40 Auch das Maß der Öffentlichkeit der Einflußnahme ist in den einzelnen Verbänden verschieden und beim DGB gegenüber dem BDI sehr ausgeprägt.

wie den Parteien, nur weniger offen und unmittelbar, ein Anteil an der Bestimmung staatlichen Willens zukommt.

Zwar sind Verbände nicht so eng mit dem Parlament verbunden wie Parteien, doch ist eine solche Verbindung in ausgeprägtem Maße verdeckt vorhanden. Abgeordnete sprechen und handeln meist nicht nur als Vertreter einer Partei, sondern auch eines Verbandes, sei es Gewerkschafts-, Bauern- oder Vertriebenenverband[42]. Insbesondere in entsprechenden Ausschüssen sind Verbandsvertreter anzutreffen[41]. So hat der DGB, zu dessen Mitgliedern und Funktionären eine große Anzahl von Abgeordneten gehört[43], sicherlich eine engere Verbindung zum Parlament und eine größere Möglichkeit der Einflußnahme, als eine kleine Partei, die möglicherweise noch nicht einmal im Parlament (sei es Bundes- oder Landtag) vertreten ist.

Die Gründe, die einen demokratischen Aufbau der Parteien verlangen, wie die Teilnahme an der politischen Willensbildung, der wichtige Anteil an der Bestimmung des staatlichen Willens und die enge Verbindung mit dem Parlament liegen also, zwar in weniger ausgeprägtem Maße, auch bei Verbänden vor. Es handelt sich dabei aber nicht um prinzipielle, sondern nur um graduelle Unterschiede.

Um einen prinzipiellen Unterschied zwischen Parteien und Verbänden handelt es sich dagegen bei der Tatsache, daß Parteien im Gegensatz zu Verbänden die Bereitschaft und Möglichkeit zur eigen- oder mitverantwortlichen staatlichen Herrschaftsausübung haben müssen. Diese umfassende politische Repräsentation verlangt, daß sie ihre politischen Vorstellungen am Gemeinwohl bzw. Gesamtinteresse ausrichten, wobei partikulare Interessen nur Durchgangsstadium sein können. Abgesehen von der Tatsache, daß Parteien auch mehr oder weniger stark bestimmte partikulare Interessen vertreten, kann daraus keine unterschiedliche Behandlung hinsichtlich der zu fordernden demokratischen Legiti-

---

41 s. Versteyl S. 98, 99.

42 Versteyl hat S. 70 aufgezeigt, daß die Landwirtschaftsminister früher Funktionäre des Bauernverbandes und die Arbeitsminister frühere Gewerkschaftssekretäre waren.

43 Von 518 Abgeordneten des 6. Deutschen Bundestages waren 286 Mitglieder von Gewerkschaften, dabei waren von 213 SPD-Bundestagsabgeordneten 198 in DGB-Gewerkschaften. Von den 286 waren 218 im DGB, 16 im DJV, 1 GDP, 23 im DBB, 9 in der DAG und 19 im CGB (SPD-Pressedienst vom 12.1.1972). Nach der „Welt der Arbeit" vom 8.12.1972 gehören im 7. Deutschen Bundestag 244 Abgeordnete dem DGB, 5 der DAG, 13 dem CGB an.

mation folgen[44]. Solange sich Verbände nicht in bloßer Selbstdarstellung erschöpfen, sondern ihre partikularen Interessen in den Vorgang der Bildung des einheitlichen staatlichen Willens einfließen lassen, sind sie Parteien gleichzustellen[45].

Ein weiterer Unterschied zu den meisten Verbänden besteht darin, daß Parteien grundsätzlich nur Kandidaten benennen können, die der Legitimierung durch die Allgemeinheit bedürfen. Abgesehen davon, daß auch die Koalitionen zu den Organen der Sozialversicherung und teilweise zu Arbeitnehmerkammern keine Vertreter entsenden, sondern nur Kandidaten aufstellen, wird dadurch nur eine weitere Kontrollmöglichkeit der von den Parteien ausgeübten Macht geschaffen. Neben dem teilweisen Fehlen dieser Kontrolle unterliegen die frei gebildeten Verbände im Gegensatz zu öffentlichen Körperschaften und Kammern keiner Staatsaufsicht und im Gegensatz zu Parteien auch keiner parlamentarischen Kontrolle. Sie sind nur der Öffentlichkeit und ihren Mitgliedern verantwortlich. Ist die Kontrolle durch die Öffentlichkeit weitgehend unmöglich oder manipulativ, dann muß die Kontrolle durch die Mitglieder verfassungsrechtlich gewährleistet sein. Eine andere Regelung würde dem Grundprinzip der Verfassung, daß jede durch diese gewährte Macht mit einer Kontrolle verbunden ist, widersprechen. Beruht das System des repräsentativen Parlamentarismus auf periodisch stattfindenden Wahlen, in denen die Repräsentierten regelmäßig ihre Zustimmung oder Kritik zu dem von den Repräsentanten formulierten Willen zur Geltung bringen können, so muß sich auch Repräsentation im sozialen Bereich auf diese Weise legitimieren[46]. Repräsentation und demokratische Legitimation stehen nicht nur beim Gesetzgebungsvorgang[47], sondern

44 anders Scholz S. 174 der gerade aus dieser Funktion der Parteien die Regelung der Art. 21 Abs. I 3 GG erklärt. Dieser bezwecke die Gewährleistung eines repräsentativen Systems innerhalb der politischen Parteien.

45 Insoweit gleiche Überlegungen wie Scholz S. 174: Die Funktionen der Parteien orientieren sich am Prinzip der staatlich-politischen Einheit und unterscheiden sich wesentlich von der bloßen Selbst- oder Verbandsdarstellung partikularer Interessen (ebenso Leibholz VVdStRL 24, 24 f., Strukturprobleme S. 331 ff.). Die Darstellung solcher Interessen gelangt über den quantitativen Zustand der Volonté de tous nicht hinaus, die Tätigkeit der politischen Parteien ziele jedoch auf die Herstellung der qualitativen volonté générale.
Damit spricht er den Verbänden jede Integrationswirkung ab und läßt den Willensbildungsvorgang erst bei den Parteien beginnen. Wird der Repräsentationsgedanke auf Verbände erstreckt, dann würde auch nach Scholz Art. 21 Abs. I S. 3 GG analog anzuwenden sein.

46 Hirsch, S. 124.

47 so anscheinend Biedenkopf, Grenzen, S. 50.

bei jedem öffentlichen Handeln für einen andern in unauflösbarem Zusammenhang.

Neben dem veränderten Ablauf des Willensbildungsprozesses, in dem die Verbände nunmehr eine entscheidende Integrationsfunktion erfüllen[50], ist als weiteres Phänomen des modernen Sozialstaates festzustellen, daß gesellschaftliche Organisationen in steigendem Maße Aufgaben erfüllen, die bisher dem Staat vorbehalten waren. „Für das Gemeinwesen wichtige Entscheidungen werden zunehmend dezentralisiert und damit nicht als Ergebnis eines umfassenden, alle Staatsbürger einbeziehenden Willensbildungsprozesses getroffen[48]“, sondern „weitgehend entweder in autonomer Verbandsselbstverwaltung oder durch Kooperation zwischen staatlichen Organen und Verbänden in öffentlichen Selbstverwaltungseinheiten entschieden. Öffentlichrechtliche Körperschaften haben sich der staatlichen Kontrolle weitgehend entzogen und sind zu Domänen sozialer Verbände geworden[49]“.

Würde man bei dieser festzustellenden Tendenz einer Ausgliederung der Staatsaufgaben auf gesellschaftliche Institutionen, also einer Vergesellschaftung des Staates, diese von den im Grundgesetz für den Staat aufgestellten Verfassungsprinzipien – wobei hier der demokratische Aufbau des Art. 20 GG besonders interessiert – freisprechen, so würde die Verfassung einen immer kleineren Bereich umfassen[51]. Das Sozialstaatsprinzip, das eine Ausweitung der Regelungen des Grundgesetzes auf den gesellschaftlichen Bereich erstrebt, würde in sein Gegenteil verkehrt. Die Gesellschaft und damit auch die Verfassungswirklichkeit würde sich immer mehr jenseits der Verfassungsnormen entwickeln. Eine Aushöhlung dieser Prinzipien würde stattfinden. Aufgabe des Verfassungsinterpreten ist es aber gerade, der sich laufend verändernden Verfassungswirklichkeit die Verfassung anzupassen im Sinne einer optimalen Verwirklichung der Norm. So kann sich bei veränderter Aufgabenverteilung auch die Verfassungsauslegung ändern und Prinzipien, die bisher nur dem Staat als government auf-

---

48 Hirsch, S. 122.

49 Hirsch, S. 67; vgl. die dargestellten von den Gewerkschaften wahrgenommenen Funktionen.

50 so Krüger, Staatslehre S. 388 ff. für Koalitionen.

51 Es liegt nahe, die Überlegungen aufzugreifen, die BVerfGE 12, 205 ff. aufgestellt hat.
Wie die Wahrnehmung von Rundfunksendungen vom Grundgesetz auch dann erfaßt wird, wenn sie sich in privatrechtlichen Organisationsformen abspielt, so gilt dies auch für die Durchführung sonstiger traditionell öffentlicher Aufgaben.

erlegt wurden, nunmehr auch andere Organisationen binden[52]. Nur dann findet die gesellschaftliche Normalität noch eine Entsprechung in der verfassungsrechtlichen Normativität. Ist es erste Aufgabe der Verfassung, die Gewalten und ihre Träger zu bestimmen und zu legitimieren, und sind erst unter der Geltung der geschriebenen Verfassung Gebilde entstanden, die von ihrer Mächtigkeit und Art her an sich taugliche Gegenstände der Regelung durch einen Verfassungssatz wären, so müssen diese Sozialphänomen der Verfassungswirklichkeit eine Homogenität mit der Struktur der politischen Verfassung aufweisen[53]. Die Stellung der Verbände im Willensbildungsprozeß und als Inhaber öffentlicher Funktionen sind sicherlich taugliche Gegenstände der Regelung durch einen Verfassungssatz. Es ist Hirsch voll zuzustimmen, wenn er feststellt, daß „das Repräsentationsproblem im pluralistischen Gemeinwesen nicht so sehr, wie es die traditionelle Verfassungstheorie in Deutschland unterstellt, darin liegt, daß das Parlament nicht abstrakt das Gemeinwohl diskutiert, sondern einen Ort der Verhandlungen und Interessenkompromisse darstellt. Viel wichtiger ist, daß die sich real vollziehenden Willensbildungsprozesse nur zum Teil in den von der Verfassung vorgesehenen und damit demokratisch klar kontrollierbaren Bahnen verlaufen. Es ist nicht die Frage, ob Verbände repräsentativ sind, der Staat hat mit dem Monopol der Entscheidung über die Öffentlichkeit auch das alleinige Recht auf Repräsentation verloren[55], sondern für wen sie es sind, wenn sie für das gesamte Gemeinwesen wichtige Entscheidungen treffen und durchführen[54]".
Eine faktische Repräsentation, d.h. die Wahrnehmung objektiv konstatierter Interessen der Repräsentierten ohne deren direkte und kontrollierte Zustimmung, kann unter dem GG nicht anerkannt werden, auch wenn es sie de facto gibt[56]. Ansonsten besteht die Gefahr, daß eine kleine Gruppe von Verbandsfunktionären im eigenen Interesse oder im Interesse organisierter Minderheiten

---

52 So meint auch Ramm, S. 117, daß die Erfüllung wichtigster Aufgaben durch die Koalitionen sich auf ihren inneren Aufbau auswirken muß. Wie sehr der Wandel der Verfassungswirklichkeit die Auslegung des Verfassungsrechts maßgeblich beeinflussen kann, zeigt Leibholz, Strukturprobleme, S. 278, an dem Bedeutungswandel der Gleichheit.

53 Krüger, Verhandlungen des 46. DJT S. 28 f.

54 S. 123.

55 Rüdiger Altmann, Zur Rechtsstellung der öffentlichen Verbände, ZfP 1955, 226; Hirsch, S. 28.

56 Anders Hirsch, S. 125, nach dem faktische Repräsentation zumindest teilweise als ausreichender Legitimationsgrund für Herrschaft anzuerkennen sei.

für eine nicht vertretene oder nicht repräsentierte Mehrheit die Angelegenheiten der Allgemeinheit entscheidend beeinflußt[57].

Eine faktische Repräsentation widerspricht auch dem vom Bundesverfassungsgericht aufgezeigten Menschenbild des Grundgesetzes[58]. „Der Mensch ist eine mit der Fähigkeit zur eigenverantwortlichen Lebensgestaltung begabte Persönlichkeit. Der einzelne wird als fähig angesehen, seine Interessen und Ideen mit denen der anderen auszugleichen. Um seiner Würde willen muß ihm eine möglichst weitgehende Entfaltung seiner Persönlichkeit gesichert werden. Für den politisch-sozialen Bereich bedeutet das, daß es nicht genügt, wenn eine Obrigkeit sich bemüht, noch so gut für das Wohl von Untertanen zu sorgen. Der einzelne soll vielmehr in möglichst weitem Umfange verantwortlich an den Entscheidungen für die Gesamtheit mitwirken. Der Staat hat ihm dahin den Weg zu öffnen. Ob die Verfassungswirklichkeit in der BRD sich mit diesem Bild allenthalben deckt, ist ohne Bedeutung. Entscheidend kann nur das Bild der freiheitlichen Demokratie sein, das dem Grundgesetzgeber als Leitbild vorgeschwebt und das er im Normenkomplex des Grundgesetzes zu realisieren versucht hat. Der der freiheitlichen Demokratie zugrunde liegenden Denkweise entspricht es gerade nicht, eine Übereinstimmung von Ideal und Wirklichkeit zu behaupten. Sie kann nur fordern, daß das politische und soziale Leben auf dieses Leitbild hin entwickelt wird. Damit ist eine nie endende Aufgabe gegeben. Sie muß in Anpassung an die sich wandelnden Tatbestände und Fragen des sozialen und politischen Lebens durch stets erneute Willensentschließungen gelöst werden, wobei jedes Glied der Gemeinschaft freier Mitgestalter bei den Gemeinschaftsentscheidungen ist.“ An anderer Stelle stellt das Bundesverfassungsgericht fest[59], daß sich der verfassungsgeschichtliche Standort daraus ergebe, daß das Grundgesetz eine freiheitliche Ordnung erst wieder einzurichten hatte.

Dient die Abspaltung von Staatstätigkeit auf öffentliche Körperschaften und Verbände der Vermeidung übermäßiger Machtkonzentration an einer Stelle im Staat[60], und damit auch einer stärkeren Beteiligung des Volkes an der staatlichen Willensbildung[61], so ist letzteres Ziel dann verfehlt, wenn in diesen Ver-

57 So Hirsch selbst, S. 123.
58 BVerfGE 5, 196 f.
59 BVerfGE 5, 138.
60 BVerfGE 5, 199.
61 W. Köhler, BB 52, 149.

bänden nicht der Wille der Mitglieder zum Ausdruck kommt. Wie Köhler[62] richtig ausführt, sind die Freiheit des Individuums und seine soziale Sicherheit unter den Bedingungen der industriellen Massengesellschaft nur unter zwei Voraussetzungen gewährleistet:

1. Staatsunabhängige Organisationen müssen in der Lage sein, die Interessen der Einzelperson und der Gruppen gegenüber anderen Gruppen und der Staatsgewalt wahrzunehmen.
2. Der einzelne muß gegen die willkürliche Handhabung der Organisationsmacht und die nationale Gemeinschaft gegen den Machtmißbrauch einer Minorität durch den Staat geschützt werden[63].

Auch unter dem Gesichtspunkt der Erhaltung einer (unmanipulierten) öffentlichen Meinung als einem Wesenselement der freiheitlichen Demokratie[64] ist die Vereinigungsfreiheit zu betrachten. Dabei ist, wie bereits angedeutet, zu berücksichtigen, daß öffentliche Meinung sich als Kommunikation zwischen den institutionalisierten sozialen Gruppen und Parteien und zwischen diesen und der nichtorganisierten Bevölkerung darstellt. „Als Kommunikation zwischen den Institutionen ist sie aber nur teilweise öffentlich und daher der Kritik und möglicher Reaktion in der Willensbildung der Bürger häufig unzugänglich. Soweit sie durch Massenmedien der nichtorganisierten Masse vermittelt wird, ist diese Publizität weitgehend manipulativ[65]."

Die Vereinigungen, durch die die in ihrer Isoliertheit ohnmächtigen Einzelnen zu einer sozialen Macht werden, welche die gesellschaftliche Wirklichkeit zu verändern und die Ausübung der Staatsmacht zu beeinflussen vermögen[66], sind nur dann Elemente zur Verwirklichung der Demokratie, wenn eine demokratische Meinungs- und Willensbildung innerhalb der einzelnen Organisationen stattfindet[67].

So kann nicht unbesehen jeder Pluralismus der Gruppen als demokratische Vielfalt bejaht werden, sondern es ist zu fragen, wie der einzelne und kleinere Grup-

62 a.a.O.
63 So auch Kaiser, S. 338; ähnlich Scheuner, in Koalitionsfreiheit, S. 42 f.
64 Maunz-Dürig, Rdnr. 13 zu Art. 9 GG.
65 Abendroth, Antagonistische Gesellschaft, S. 281 f.
66 So Ekkehart Stein, Lehrbuch des Staatsrechts, S. 153 f.
67 So auch Abendroth, S. 282.

pen sich in diesem Kräfteparallelogramm ausnehmen. „Die antitotalitäre Vielfalt ist ohne zureichende Kontrolle keine Gewährleistung der Demokratie[68]."
Abschließend ist festzustellen, daß das Demokratiegebot der Art. 20, 21 I 3 GG sich neben Parteien auch auf bestimmte Verbände insbesondere Koalitionen erstreckt[69].

68 So Narr CDU-SPD-Programm, S. 244; ähnlich Preuss, S. 89; Stein, S. 77 f.

69 anders Scholz S. 176; Hesse VVdStRL 17, 30; Gitter JZ 1965, 198 f. Nach Scholz S. 374 gilt dies nur für den konstitutionellen Charakter des Demokratiegebotes. Der Gedanke der demokratischen Verbandsstruktur sei jedoch als Instrument einer freiheitlichen Verbandsverfassung wirksam und erwachse in dieser Eigenschaft zum verbandsinternen Organisationsprinzip.

§ 22 Abgrenzung der betroffenen Verbände

War es das Anliegen der bisherigen Erörterungen, darzulegen, warum die Forderung demokratischer Legitimation auf bestimmte gesellschaftliche Verbände zu erstrecken ist, so gilt es nunmehr, diesen staatlich-politischen Bereich von dem gesellschaftlich-privaten Bereich abzugrenzen, in dem die Gestaltung der Lebensverhältnisse nur den grundrechtlichen Umgrenzungen unterliegt. Während das demokratische Prinzip eine staatliche und gesellschaftliche Ordnung verlangt, die den freien politischen Willensbildungsprozeß ermöglicht, betont das rechtsstaatliche Prinzip, die Freiheit der privaten und sozialen gesellschaftlichen Bereiche.

Es ist also weder so, daß beliebige Reglementierungen durch den Staat möglich sind, noch daß der Staat darauf beschränkt ist, nur die Rahmenordnung zu gewährleisten, in der sich die gesellschaftliche Freiheit entfalten kann[1]. Einerseits ist durch Art. 9 GG und andere Grundrechte des Grundgesetzes gewährleistet, daß Eingriffe des Staates hinsichtlich der materiellen Willensbildung nicht möglich sind, andererseits können durch Art. 20 GG gewisse Rahmenbedingungen für den Ablauf der Willensbildung auch im gesellschaftlichen Bereich gesetzt werden.

Die Freiheit des Art. 9 GG tritt also soweit zurück, wie dies für die Bewahrung des in Art. 20 GG normierten demokratischen Verfassungslebens notwendig ist[2]. Das demokratische bzw. Sozialstaatsprinzip rechtfertigt als immanente Schranke Eingriffe des Staates in die Willensbildung der Vereinigungen[3]. Es widerspricht dagegen der Verfassung, Art. 20 GG auf jeden Verein zu erstrecken[4]. Hesse[5] ist daher zuzustimmen, wenn er das Berliner Gesetz über Vereins- und Versammlungsfreiheit vom 29.9.1950 nach dem Aufbau und Willensbildung aller Vereinigungen nach demokratischen Grundsätzen erfolgen müssen, als verfassungswidrig ansieht.

Art. 20 GG erstreckt sich nicht auf alle gesellschaftlichen Bereiche und Verbände, sondern nur soweit sie unmittelbar und mittelbar an der Staatswillensbildung beteiligt sind. Andernfalls würde eine Überbewertung des demokratischen Prinzips zu Lasten der Freiheit bzw. der Rechtsstaatlichkeit eintreten. Der Rechts-

---

1 Diese Alternativen werden von Böckenförde, S. 11–12 aufgezeigt.

2 So auch Maunz-Dürig, Rdnr. 56 zu Art. 9 GG.

3 Ramm, S. 114.

4 Maunz-Dürig, a.a.O.; Biedenkopf, Grenzen, S. 53.

5 VVdStRL 17, 30.

staat garantiert mit der Respektierung der Privatsphäre auch die autonome Freiheit des Zusammenschlusses zu Gruppen, soweit deren Tätigkeit wiederum im Privatbereich liegt[6]. Aus dem GG ist also nicht zu schließen, daß sich die Demokratie auf alle Lebensverhältnisse erstrecken soll. Soweit man dies aus Art. 20 Abs. 1 GG interpretiert, spricht man nicht als Jurist, sondern als Anhänger einer bestimmten politischen Philosophie[7]. Die Freiheit des einzelnen, die Form zu bestimmen, in der er sich zur Wahrnehmung bestimmter Interessen organisieren will, muß solange unberührt bleiben, wie nicht eine Verfälschung der Staatswillensbildung droht. Mit anderen Worten: Nur der auf Begegnung mit der staatlichen Gewalt gerichtete Prozeß muß demokratisch sein[8].

Bedingen die Funktionen eine Rückwirkung auf den Status, unterliegen sie also in ihrer Innenorganisation und den Mitgliedschaftsrechten bestimmten verfassungsrechtlichen Bindungen, so bedeutet dies gerade nicht, daß sie staatlich gelenkt werden[9]. Wie der Staat als Sozialstaat eingreifen muß, um der sozialen Ungleichheit, die immer wieder entsteht, entgegenzuwirken, so muß er Rahmenbedingungen setzen, durch die gewährleistet wird, daß der zum Staat gerichtete Willensbildungsprozeß nicht verfälschft wird, in dem er nicht mehr den Willen der Mehrheit bzw. der Gesamtheit, sondern nur noch einzelner wiedergibt. Anders gesagt: Schränkt die Macht sozialer Gruppen die persönliche Freiheit, aufgrund deren sie entstanden sind, ein, so stößt dies an die Grenze der verfassungsrechtlichen Gewährleistungen[10]. Zwar ist es mißverständlich, wenn Scheuner[11] sagt, daß „die Rechtsordnung befugt ist, Grenzen zu ziehen, wenn eine Verformung des grundrechtlichen Gehalts dadurch eintritt, daß die individuellen Grundrechte von der Gruppe benutzt werden, um in Verwendung der organisierten Meinungsformung einen sozialen Einfluß zu gewinnen“, da die individuellen Grundrechte auch Gruppengrundrechte sind und den Gruppen gerade ein sozialer Einfluß zukommen soll. Jedoch wird dadurch zu Recht

6 Ebenso Ridder, S. 25.

7 Abendroth, Antagonistische Gesellschaft, S. 137.

8 Ähnlich Ridder, S. 24: Der gesellschaftsdemokratisierende Effekt des Sozialstaatsgedankens soll erst dort seine Grenze finden, wo die Staatsbezogenheit der freien Gesellschaft aufhört; dagegen Scholz S. 183; während dieser S. 177 die Staatsbezogenheit als Abgrenzungskriterium zwischen politischen und sozialen Gesellschaftsangelegenheiten benutzt, folgert er S. 192 demokratische Legitimation nur für den staatskonstituierenden Teil.

9 einschränkend Scholz, S. 217.

10 Ähnlich Scheuner, Koalitionsfreiheit, S. 42; Ridder, S. 28.

11 Koalitionsfreiheit, S. 44; Scholz, S. 374 f.

darauf hingewiesen, daß das Gruppenrecht auf dem Individualrecht beruht[12] und eine Verformung der Meinungsbildung durch zu starke Gruppen und Oligarchienbildung innerhalb der Gruppen vermieden werden muß.

In diesem Eingreifen des Staates kann keine Tendenz der Totalitarisierung gesehen werden, denn staatliche Maßregeln finden ihre Begründung und Begrenzung in der Erhaltungs- und Gewährleistungsfunktion des Staates für den freien gesellschaftlichen zu ihm gewandten Prozeß und verfolgen nicht weitergreifende politische Ziele, indem sie inhaltlich auf diesen Prozeß Einfluß nehmen[13].

Es gilt also die Verbände im freien-gesellschaftlichen und im öffentlichen-staatsgerichteten Bereich, in dem die Verfassung bestimmte Grundprinzipien beachtet haben will, voneinander abzugrenzen[14].

Versucht man generelle Kriterien, die notwendigerweise nicht erschöpfend sein können, für Verbände aufzustellen, die diesen verfassungsrechtlichen Beschränkungen unterliegen, so sind diese einerseits an den Verband selbst, andererseits an dessen Tätigkeit zur Öffentlichkeit und zum Staatsapparat hin zu richten[15].

Der Inhalt der Tätigkeit des Verbandes ist von entscheidender Bedeutung für ein vorhandenes öffentliches Interesse und damit eine notwendige Einwirkung der Verfassung. Er muß bestimmte existentielle Interessen seiner Mitglieder wahrnehmen, repräsentieren oder integrieren, seien es berufliche, wirtschaftliche, soziale[16] oder sonstige allgemeinpolitische Interessen[17]. Diese Tätigkeiten sind

---

12 So auch Ramm, S. 119; ähnlich Maunz-Dürig Rdnr. 121 zu Art. 9 GG.

13 Ähnlich Böckenförde, S. 13–14 unter Berufung auf Leopold von Stein, Handbuch der Verwaltungslehre, Bd. 3.

14 Vgl. die Abgrenzung bei Rolf Birk, JZ 1972, S. 343 f. Nach ihm besteht ein Aufnahmeanspruch bei Vereinen, die über das reine Gesellungsstreben der Bürger hinausgehen und eine bedeutende Stellung in der Öffentlichkeit mit einem erheblichen Umfang an Macht haben.

15 Der Unterscheidung von Scholz S. 177 in status privatus – status socialis und status politicus kann wegen eines weiteren Begriffs des Politischen nicht gefolgt werden.

16 Dabei ist zu beachten, daß auch § 2 I Part. G. vom 24.7.1967 nur eine sehr vage Umschreibung des Begriffs der Partei gibt: Parteien sind Vereinigungen von Bürgern, die dauernd oder für längere Zeit für den Bereich des Bundes oder eines Landes auf die politische Willensbildung Einfluß nehmen und an der Vertretung des Volkes im Deutschen Bundestag oder einem Landtag mitwirken wollen, wenn sie nach dem Gesamtbild der tatsächlichen Verhältnisse, insbesondere nach Umfang und Festigkeit ihrer Organisation, nach der Zahl ihrer Mitglieder und nach ihrem Hervortreten in der Öffentlichkeit eine ausreichende Gewähr für die Ernsthaftigkeit dieser Zielsetzung bieten.

17 Preuss, S. 80 bezeichnet im Anschluß an Heller, Staatslehre, S. 204 als politisch einen Gegenstand, der sich unmittelbar und positiv auf das Zusammenwirken einer

insofern staatsgerichtet, als von diesen Verbänden Aufgaben wahrgenommen werden, die auch in den Aufgabenbereich des Sozialstaates fallen.

Anders verhält es sich dagegen mit Vereinigungen, die z.B. nur die Freizeitinteressen ihrer Mitglieder, sei es in Gestalt eines Sportclubs oder eines Philatelistenvereins, organisieren. Die Verfassung beläßt über Art. 9 GG diesen Bereich ausdrücklich der autonomen Regelung der einzelnen Bürger. Dieses Handeln ist privat, in keiner Weise staatsgerichtet, und wenn an den Staat um Unterstützungen herangetreten, oder dieser Verband im Gesetzgebungsverfahren als Repräsentant einer bestimmten Gruppe der Gesellschaft angehört wird[18], so ist er trotzdem kein öffentlicher Verband. Diese Vereinigungen können sich vorbehaltlich der zwingenden Bestimmung des Vereinsrechts auch eine völlig undemokratische Satzung geben[19].

Ein Verband gewinnt nur dann Verfassungsrelevanz, wenn er wichtige Entscheidungen für das Gemeinwesen in nennenswertem Umfang beeinflussen oder selbst treffen kann[20], d.h. also eine gewisse Mächtigkeit aufweist[21]. Dabei kann eine hohe Mitgliederzahl nicht ausschließliches Kriterium sein[22]. Es ist jedoch zu beachten, daß sich mit der Größe einer Organisation ihr Anteil an der Gesamtgesellschaft erhöht und sich damit der gleichheitssichernde Pluralismus der Gesellschaft reduziert. Umso mehr muß sich innerhalb der Organisation der gleichheitliche Pluralismus reproduzieren[23]. Nach unserer bisherigen Argumentation sind an eine organisierte Willensbildung desto höhere Anforderungen zu stellen, je mehr sich die Vereinigung nach dem Gewicht ihrer politischen Einflußnahme der Bedeutung einer politischen Partei nähert[24]. Die Einflußnahme muß also in irgendeiner Weise das Gemeinwohl berühren. So berühren gewerkschaftliche Aktionen nicht nur die Lebensumstände der Mitglieder oder Gegenspieler, sondern wirken sich auf die ganze Gesellschaft aus.

Gebietsbevölkerung zu einer nach innen und außen handlungs- und lebensfähigen Organisation bezieht.

18 Z.B. der deutsche Tierschutzverein bei der Neufassung des Tierschutzgesetzes im Januar 1972.

19 Ebenso Ridder, S. 25.

20 Nach Krüger, Allgemeine Staatslehre, S. 381 f. „Gesamtpolitische Zielsetzung".

21 Ebenso Ridder, S. 19; Ramm, S. 119.

22 Ebenso Ridder, S. 24, nach dem Größenordnungen nur selten Anhaltspunkte für das Übertreten in die gesellschaftlich-politische Sphäre geben.

23 Ridder, S. 19.

24 ebenso Maunz-Dürig, Rdnr. 56 zu Art. 9 GG.

Nach außen muß sich die Repräsentationsfunktion des Verbandes darin äußern, daß ihm öffentliche Funktionen übertragen bzw. gewährleistet worden sind[25].

Die Wahrnehmung öffentlicher Funktionen liegt sicherlich dann vor, wenn durch Tarifverträge oder im Bereich der Sozialversicherung und Arbeitsverwaltung die Koalitionen die sie betreffenden Angelegenheiten weitgehend autonom regeln. Untaugliches Abgrenzungskriterium ist dagegen die Zuweisung von Aufgaben durch die Verfassung, wie dies auch als Unterscheidungskriterium zwischen Parteien und Verbänden abgelehnt wird.

Öffentliche Funktionen sind die mit dem Streben nach Teilnahme oder Vermittlung von Teilnahme an der Herrschaft der Gesamtordnung oder Teilen der Gesamtordnung verbundenen Tätigkeiten öffentlicher Verbände[26]. Anders gesagt: „Öffentliche Funktion ist die eigen- oder mitverantwortliche Gestaltung von Maßnahmen normsetzender, verwaltender oder rechtsprechender Art, deren Wirkungsbereich so groß ist, daß sie die politische, soziale und ökonomische Situation des Volkes oder seiner Teile wesentlich beeinflussen[27]." Das Maß zulässiger Staatsmaßnahmen richtet sich wesentlich nach der Intensität der Nähe zum Staat oder der Staatsbezogenheit[28].

Die staatlichen Legitimationsprinzipien werden damit nicht nur auf den Bereich erstreckt, der politische Entscheidungen allgemeinverbindlich auch durchzusetzen vermag, sondern auch auf den Bereich der Teilnahme und Einflußnahme der Bürger auf den Bereich der institutionellen Organe und den Bereich sozialstaatlicher Selbstverwaltung[29].

Es soll nicht Aufgabe dieser Arbeit sein, die Modalitäten der Einwirkung verfassungsrechtlicher Prinzipien und Freiheitseinschränkungen innerhalb der einzel-

---

25 Scheuner, Koalitionsfreiheit, S. 68; Scheffler NJW 1965, 849 ff. Ossenbühl NJW 1965, 1561 ff.; Säcker, Grundprobleme S. 26 u.a. bezeichnen die Koalitionsfunktion als öffentliche Aufgabe.

26 Altmann, Das Problem der Öffentlichkeit und seine Bedeutung für die moderne Demokratie, S. 134.

27 Hirsch, S. 31, fußend auf Smend, Abhandlungen S. 463 nach dem politische Öffentlichkeit der Bereich ist, der dem Lebens-, Sinn- und Wertbereich des Volkes als Gemeinwesen zugeordnet ist, s. auch Scholz S. 196 ff., ähnlich Scheffler, Die Stellung der Kirche im Staat, S. 142 ff.: Öffentlich ist das, was der andauernden und erkennbaren Verwirklichung des im Staat geeinten und verfaßten Volkes unter Ausrichtung an einer Ordnungsidee dient, verantwortend hierfür gegenüber dem Ganzen einsteht und von diesem hierin einmal konstitutiv anerkannt worden ist.

28 ebenso Scholz S. 217.

29 Unterscheidung von Preuss S. 164, der jedoch auch klarstellt, daß eine Homogenität der Legitimationsprinzipien nicht besteht s. § 24.

nen Verbände darzustellen. Es tauchen dabei jeweils genauer zu behandelnde Einzelprobleme auf. So gelten für Kirchen sicherlich besondere Regelungen, da Art. 140 GG zwar verfassungsrechtlich die gesellschaftlichen Funktionen der Kirche legitimiert, aber keine eigenen Verantwortungsnormen aufgestellt hat[30]. Öffentliche Körperschaften, wie Industrie- und Handelskammern und Handwerkskammern, die staatlicher Aufsicht unterstehen, und bei denen der Gesetzgeber sich für eine bestimmte Organisationsform entschieden und damit bereits weitgehend eine demokratische Legitimation vollzogen hat, sind ebenfalls außer Betracht zu lassen[31].

Auch alle privatrechtlich organisierten Verbände können nicht gleichbehandelt werden. ‚Soziale Verbände unterscheiden sich danach, ob sie bestimmte ökonomische, kulturelle und andere nicht demokratisch legitimierte Positionen repräsentieren oder ob sie ausschließlich und unmittelbar auf der demokratischen Teilnahme ihrer Mitglieder beruhen‘[32].

Es soll in dieser Arbeit nur eine Betrachtung der Gewerkschaften vorgenommen werden.

30 Preuss, S. 177; s. auch Scholz S. 167 f.

31 Siehe weitere Gesichtspunkte bei Preuss, S. 214.

32 Ähnlich Preuss, S. 170 unter Berufung auf Abendroth, Das Grundgesetz, S. 81, der eine Unterscheidung zwischen Real- und Willensverband trifft. Preuss S. 172 will einen öffentlichen Status nur solchen Verbänden zugestehen, deren Mitglieder allein durch die Organisation ihrer Willen an gesellschaftlichen Auseinandersetzungen teilnehmen können. Ähnlich auch Hesse, VVdStRL 17, 43.

§ 23 Freiheitlich demokratische Grundordnung

Demokratische Grundsätze innerhalb von Verbänden können nur vor dem Hintergrund der freiheitlich demokratischen Grundordnung des Grundgesetzes entwickelt werden. Innerhalb der verschiedensten Interpretationsmöglichkeiten des Begriffs Demokratie und unter Berücksichtigung der Tatsache, daß es keinen a priori feststehenden von Zeit und Ort unabhängigen Begriff der Demokratie gibt, ist der Demokratiebegriff des Grundgesetzes der allein maßgebliche.

Nach dem Bundesverfassungsgericht[1] als dem verbindlichen Interpreten des GG gehören zu den grundlegenden Prinzipien der freiheitlich demokratischen Grundordnung: die Achtung vor den im Grundgesetz konkretisierten Menschenrechten, vor allem vor dem Recht der Persönlichkeit auf Leben und freie Entfaltung, die Volkssouveränität, die Gewaltenteilung, die Verantwortlichkeit der Regierung, die Gesetzmäßigkeit der Verwaltung, die Unabhängigkeit der Gerichte und die Chancengleichheit für alle politischen Parteien mit dem Recht auf verfassungsmäßige Bildung und Ausübung einer Opposition.

Das Bundesverfassungsgericht verbindet also staatlich-organisatorische mit staatsbezogenen gesellschaftlichen Strukturelementen. Als weitere Kriterien werden in anderen Entscheidungen genannt:[2] die Abhaltung von allgemeinen, gleichen, freien und geheimen Wahlen, Anerkennung des Mehrheitsprinzips sowie ein gewisser Minderheitenschutz.

Peters[3] sieht in diesen Kriterien außer der Volkssouveränität richtigerweise nur formale Anforderungen, um den sachlichen Gehalt der Demokratie zu realisieren. Deren materielle Elemente sind nach übereinstimmender Auffassung[4]: Volkssouveränität, Freiheit, Gleichheit und meist auch Rechtsstaatlichkeit[5].

Die formalen Prinzipien müssen daher – was auch für die innere Ordnung der Verbände wichtig ist – nicht alle verwirklicht sein, sofern den materiellen Prinzipien voll Rechnung getragen wird. So gehört das Mehrheitsprinzip nicht notwendig zum Wesen der Demokratie, sondern ist nur ein technischer Notbehelf, um Entscheidungen fällen zu können[6]. Beim sachlichen Gehalt der Demokratie ist eine Abschaffung mit Stimmenmehrheit nicht zulässig[7].

---

1 BVerfGE 2, 12 f. SRP-Urteil.

2 Z.B. BVerfGE 5, 196 f.

3 Demokratie, in: Staatslexikon, hrsg. von der Görres-Gesellschaft, S. 563 ff.

4 Parlamentarischer Rat, Sten. Bericht S. 14; BVerfGE 2, 12; s. auch Hesse, Grundzüge, S. 54 f.

5 Anders Leibholz, Strukturprobleme, S. 151.

Was beinhalten nun diese Prinzipien?

Volkssouveränität bedeutet, daß alle im Staat ausgeübte Herrschaftsmacht vom Volk abgeleitet wird[8], d.h. daß die Bildung des Staatswillens sich in einem natürlichen Prozeß und durch Organe vollzieht, die von unten nach oben gebildet werden[9]. Dem entspricht, daß zur praktischen Realisierung Kontrollen vorhanden sein müssen, mittels deren erreicht wird, daß die Volksvertreter dem Volk verantwortlich sind, das bei regelmäßig erfolgenden Neuwahlen die Konsequenzen aus dieser Verantwortung ziehen kann[10]. Wie die Regierung der Volksvertretung verantwortlich ist, so dient das Prinzip der Aufteilung der Staatsmacht auf verschiedene sich gegenseitig kontrollierende und hemmende Träger der Vermeidung übermäßiger Machtkonzentration an einer Stelle im Staat[11]. In der Massendemokratie erfolgt nun nicht nur eine Aufteilung der Gewalten auf Gesetzgebung, Verwaltung und Rechtsprechung, sondern auch auf staatsfremde Träger, wie Kommunen, öffentliche Körperschaften und Verbände.

Die Ausübung durch Repräsentanten ist demokratischen Grundsätzen entsprechend, wenn diese durch allgemeine, gleiche und freie Wahlen zur Macht gekommen sind[12] und in nicht zu langen Zwischenräumen erneut gewählt wird.

Dem Prinzip der Volkssouveränität ist am besten entsprochen – worin eine Rangfolge liegt –, wenn die wichtigsten politischen Entscheidungen vom Volke selbst, von seiner Repräsentation oder von der von letzteren gestellten Regierung getroffen werden[13]. Wie weit dagegen die Autonomie unterer Gruppen vom Prinzip der Volkssouveränität gefordert wird, ist umstritten[14]. Zwar hat sich das Grundgesetz für eine repräsentative Demokratie entschieden, doch ist diese mit plebiszitären Elementen vermischt.

---

6 Nach Scholz S. 376 f. hat dagegen das politisch-demokratische Mehrheitsprinzip keine konstitutionelle Richtigkeitsgewähr, die Mehrheit repräsentiert die volonté générale und gelangt damit zu einer Form höherer Qualität.

7 Peters, S. 566; dieser Gedanke findet auch in Art. 79 Abs. 3 GG seinen Ausdruck, der auch gegen die Definition des Mehrheitsprinzips von Scholz a.a.O. spricht.

8 Maunz-Dürig, Rdnr. 45 zu Art. 20 GG.

9 Bericht, S. 156 ff.

10 Peters, a.a.O.

11 BVerfGE 5, 199.

12 Nach Hesse, Grundzüge S. 00 setzt die Freiheit der Wahl die Wahrung des Wahlgeheimnisses voraus.

13 Peters, a.a.O.; ähnlich Leibholz, Strukturprobleme, S. 107 mit der Lehre vom generellen Mandat.

14 Peters, a.a.O. sieht sie nicht als demokratisch an.

Die demokratische Grundordnung des Grundgesetzes ist eine freiheitliche[15]. Dadurch wird eine Majoritätsdiktatur verhindert, die bei rein demokratischem Streben nach Identität von Herrschenden und Beherrschten und der Gleichheit aller Staatsbürger unter Hinzutritt des demokratischen Hilfsprinzips der Mehrheitsentscheidung möglich ist[16]. Freiheitlichkeit erlangt die Demokratie durch Beschränkungen der Mehrheitsherrschaft, durch grundrechtliche Ausgrenzungen aus dem Bereich der staatsgewaltlichen Einwirkungen, die in ihrer rechtlichen Festigkeit vielfältig abgestuft sein können[17], durch Limitierung der Öffentlichkeit[18] sowie durch qualifizierte Mehrheiten für Entscheidungen mit besonders weitragenden Folgen.

Dabei ist festzuhalten, daß liberale Freiheit und demokratische Gleichheit zueinander in einem unaufhebbaren Spannungsverhältnis stehen. Freiheit erzeugt zwangsläufig Ungleichheit und Gleichheit notwendig Unfreiheit[19]. Dabei kann Freiheit legitimerweise nur beschränkt werden, um anderen Individuen die Freiheit zu sichern.

Gleichheit bedeutet die Gleichwertigkeit aller Bürger und ihrer Ansichten[20]. Dies beinhaltet die Garantie der freien Oppositionsbildung, eine ungehinderte Diskussion und Kommunikation, sowie evtl. weitere Maßnahmen, die die Chance der Minderheit, selbst zur Mehrheit zu werden, sichern[21]. Ein Ausfluß dieses Prinzips ist auch die Gründungsfreiheit der politischen Parteien. So sagt das Bundesverfassungsgericht[22]: „Eine der Grundanschauungen der freiheitlichen Demokratie ist es, daß nur die ständige geistige Auseinandersetzung zwischen den einander begegnenden sozialen Kräften und Interessen, den politischen Ideen und damit auch den sie vertretenden politischen Parteien der richtige Weg zur Bildung des Staatswillens ist". So wird durch ständige gegenseitige Kontrolle und Kritik die beste Gewähr für eine relativ richtige politische Linie als Ausgleich zwischen den im Staat wirkenden politischen Kräften gegeben.

---

15 Siehe Art. 18, 21 Abs. 2 GG.

16 Ridder, S. 12.

17 Siehe Art 1, 2, 5, 21 GG.

18 Siehe Ridder, a.a.O.: Geheimheit der Wahl, Art. 38 Abs. 1 GG.

19 Leibholz, Strukturprobleme, S. 88.

20 Was der Bericht mit dem freien Spiel der Kräfte bezeichnet.

21 Peters, S. 568.

22 BVerfGE 5, 135.

Die Gleichheit ist nicht mehr abwägend zu differenzieren, sondern absolut zu sehen. Je radikaler und formaler die Gleichheit ist, desto mehr partizipiert das Volk am politischen Leben[23]. Der einmal begonnene radikalegalitäre Demokratisierungsprozeß wirkt aufgrund der ihm innewohnenden Dynamik weiter[24]. Aus dem Gleichheitsprinzip folgt auch das Mehrheitsprinzip, das nur dann angewandt werden kann, wenn jede Stimme gleich zählt.

Rechtsstaatlichkeit bedeutet die Ausrichtung von Freiheit und Gleichheit auf Verwirklichung der Gerechtigkeit und die Abkehr von unsachlicher Willkür[25] und wird gewährleistet durch Unabhängigkeit der Gerichte. Eine Mehrzahl von Instanzen ist begrifflich nicht erforderlich.

---

23 Leibholz, DVBl. 51, 556.

24 Leibholz, Strukturwandel, S. 87. Während Leibholz damit die Aufnahme sozialstaatlicher Prinzipien erklärt, ist daraus auch zu schließen, daß die Interpretation des Art. 20 GG 1970 eine andere sein kann als 1950.

25 Peters, S. 564.

§ 24 Demokratische Grundsätze in Parteien[1] und Verbänden

Sind notwendigerweise die Aufbauprinzipien eines gesamten Staatswesens und eines einzelnen Verbandes unterschiedlicher Art, so ist doch die freiheitlich demokratische Grundordnung der gemeinsame Ausgangspunkt und folgen Unterschiede nur aus der jeweiligen Funktion. Zwar besteht keine notwendige Homogenität mit der Staatsorganisation, wie dies für Länder und Gemeinden durch Art. 28 GG vorgeschrieben ist[2]. Doch hat das Grundgesetz eine bestimmte konkretisierte Form der Demokratie in seinem Bereich festgelegt und damit auch eine gewisse, den Funktionen adäquate Richtlinie den Parteien und Verbänden gegeben.

Bestehen unterschiedliche Funktionen und sind daher die Maßstäbe, an denen gemessen wird, unterschiedlicher Art, so kann man auch nicht sagen, daß „die innere Struktur von Verbänden oder Parteien niemals demokratischer sein muß als die grundlegende Staatsgestaltung"[4]. Bei einem identischen Kernbereich von Volkssouveränität und einem Minimum an Freiheit für den einzelnen ergeben sich Unterschiede aus der jeweiligen Funktion. Die Aufgaben des Staates als Garant der öffentlichen Ordnung mit dem verfassungsmäßig geschützten Beamtentum, die gewisse Einschränkungen demokratischer Grundsätze notwendig machen, entfallen für Parteien und Verbände und bieten diesen größere Möglichkeiten zur Realisierung der Demokratie. Verbände, deren Vertreter nicht wie die Abgeordneten eine durch Art. 38 GG festgelegte Stellung haben, die die Volkssouveränität zugunsten der Freiheit einschränkt, haben weitere Möglichkeiten zur Verwirklichung dieses Prinzips, als Parteien. Art. 38 GG kann nicht ohne weiteres auch auf Verbandsvertreter angewandt werden, denn es ist bei jeder konkreten verfassungsrechtlichen Frage zu ermitteln, ob das radikal-demokratische oder das Repräsentationsprinzip bei der Entscheidung das höhere Gewicht hat[5]. Ob die funktionalen Erwägungen für Art. 38 GG wie Minderheiten-

---

1 Da Parteien der bisher einzige gesellschaftliche Verband sind, auf den diese Kriterien bezogen wurden, sind notwendigerweise weitgehend die zu ihnen angestellten Untersuchungen heranzuziehen. So insbesondere der Bericht der Parteienrechtskommission, die Begründung des Regierungsentwurfs zum Parteiengesetz, BtDrucks. 3. Wahlper. 1509 sowie BVerfGE 2, 12 ff. und 5, 85 ff.

2 So auch Müller, Die demokratische Willensbildung in den Parteien, S. 96; Preuss S. 164.

3 Ebenso Seifert, DÖV 56, 1 ff.; Bericht, S. 154 f.; Lenz-Sasse, JZ 1962, 236 f.; dagegen Henke, S. 28.

4 So Maunz-Dürig Rdnr. 56 zu Art. 21; dagegen auch Müller, S. 96.

5 BVerfGE 2, 72.

schutz, Repräsentation des in Parteien nicht vertretenen Volkes, Freiheit des einzelnen auch für Verbandsvertreter gelten, wird im einzelnen zu prüfen sein.

Auf der anderen Seite ist die Entfaltungsfreiheit des einzelnen Staatsbürgers nur durch die Verfassungsordnung, Sittenordnung und die Rechte anderer begrenzt, während sich aus der Funktion der Partei oder des Verbandes als Repräsentant einer bestimmten politischen Richtung oder bestimmter Interessen darüber hinaus legitime Einschränkungen ergeben. In dieser Beziehung ist die Stellung des Mitglieds eine schwächere als die des Bürgers gegenüber dem Staat.

Auslegungsmaximen können weder die „gewachsenen" Strukturen der Verbände sein, noch idealtypische demokratische Strukturen, die die von den Verbänden auszufüllenden Funktionen unberücksichtigt lassen. Wie nicht alle bestehenden Organisationsformen als funktionsnotwendig anerkannt werden müssen und können, so kann das Grundgesetz, nachdem es eine bestimmte Aufgabenerfüllung der Parteien und Verbände als verfassungsgemäß anerkannt hat, nicht Organisationsformen fordern, die diese Aufgabenerfüllung unmöglich machen[6]. Das Grundgesetz verlangt im Gegenteil Organisationsformen, die die Erfüllung der wahrgenommenen Aufgaben, wie die Teilnahme des einzelnen an der Willensbildung in einem optimalen Maße ermöglichen und garantieren. Den Verbänden muß dabei eine bestimmte Variationsbreite mit einem Entscheidungsspielraum zur Wahrung ihrer Eigenverantwortlichkeit zur Verfügung stehen[7]. Gewisse Organisationsformen können dabei, z.B. das Prinzip der Volkssouveränität oder Gleichheit, besser und verfassungskonformer verwirklichen, als andere, wie gewisse organisatorische Strukturen verboten sind. „Es ist das Wesen derartiger Verfassungsgrundsätze, einerseits ein durchaus konkret bestimmbares Minimum an unmittelbar anwendbarem Inhalt zu bieten, andererseits aber vor allem einen breiten Raum zu lassen, dessen Ausfüllung den politischen Kräften, nicht aber den Gerichten vorbehalten bleibt[8]." Dabei ist darauf zu achten,

---

6 Ähnlich Müller, S. 96 ff.

7 Müller, S. 95: Die Prinzipien des Staatsdemokratiebegriffs gebieten meist keine bestimmte Organisationsform, sondern lassen eine Fülle von Möglichkeiten zu, wobei alle Formen zulässig sind, die nicht in den Wesensgehalt dieser demokratischen Grundsätze eingreifen. Ebenso BVerfGE 11, 321 ff.: Aus dem den Art. 20 Abs. 1 und Art. 28 Abs. 1 GG zugrunde liegenden Bekenntnis zur Demokratie kann eine konkrete Forderung nach einer bestimmten organisatorischen Gestaltung der Sozialversicherung nicht hergeleitet werden. Galperin, S. 11 geht weiter und meint, daß nur der Kernbereich der Koalitionsfreiheit einer Regelung entzogen sei.

8 Abendroth, Antagonistische Gesellschaft, S. 171; Scheuner, DVBl. 52, S. 296; Werner von Simson VVdStRL 29, S. 8.

daß bei der Frage, ob demokratisch oder nicht, nicht nur ein Einzelelement der Organisation ins Auge gefaßt, sondern der Gesamtkomplex gesehen wird.

Aus dem Prinzip der Volkssouveränität ist ein Aufbau des Verbandes von unten nach oben zu fordern[9]. Die Willensbildung muß sich dabei einerseits auf die Richtungsbestimmung der verbandlichen Tätigkeit, andererseits auf die personelle Auswahl derjenigen, die sie durchzuführen haben, beziehen. Das Bundesverfassungsgericht führt dieses Prinzip aber nur auf dem personellen Bereich voll durch, d.h. daß jeder Amtsträger sein Amt nur durch eine unmittelbare Wahl der Mitglieder oder ihrer gewählten Vertreter erlangen darf. Bei der inhaltlichen Willensbildung fordert es, daß „Mitglieder nicht von der Willensbildung ausgeschlossen sein dürfen“[10], oder einen „realen Einfluß der Geführten auf die Führung“[11]. Parteien und Verbände werden jedoch nur dann ihren beschriebenen Aufgaben gerecht, wenn grundsätzlich sowohl die personelle wie die sachliche Willensbildung von unten nach oben geht[12]. Muß auch anerkannt werden, daß de facto die Willensbildung nicht in einer Richtung gehen kann, so würde doch die Ausschaltung eines bestimmenden Einflusses der Mitglieder oder ihrer Delegierten auf politische Entscheidungen des Gesamtverbandes der Zielrichtung des Grundgesetzes widersprechen[13]. Den Zweifeln an einer praktischen Durchsetzbarkeit dieses Postulats ist entgegenzuhalten, daß der Norminhalt nicht darauf reduziert werden darf, was sich in einer bestimmten historischen Situation durchsetzen läßt, sondern eine auch die Wirklichkeit verändernde Tendenz in sich bergen kann[14]. Dabei wird es trotzdem in Einzelfällen genügen müssen, wenn eine nachträgliche Kontrölle möglich ist.

Wie für das gesamte Gemeinwesen die Macht auf mehrere Träger verteilt und weitgehend autonome Selbstverwaltung ermöglicht wird, so sind auch für die Parteien mehrere Führungskörper vorgesehen (Parteitag, Parteirat und Parteivorstand), die sich gegenseitig kontrollieren, und den unteren Gliederungen ge-

---

9 BVerfGE 2, 40; Bericht, S. 157; einschränkend Hesse, VVdStRL 17, 30.

10 BVerfGE 2, 40.

11 BVerfGE 5, 201; Bericht, S. 156.

12 Abendroth, Antagonistische Gesellschaft, S. 272; Müller, S. 98; abschwächend Leibholz, Strukturprobleme, S. 124: Parteioberen vertrauensmäßig legitimiert werden.

13 So Bericht S. 166; bedenklich daher BVerfGE 2, 15: Wollten die Parteien starke politische Persönlichkeiten durch formal-demokratische Satzungsbestimmungen allzusehr einengen, so würden sie gegen ihr eigenes Lebensgesetz handeln.

14 Ähnlich Abendroth, Antagonistische Gesellschaft, S. 274: Wie leicht leitet unkritische Empirie über zu konservativer (antidemokratischer) Funktion wissenschaftlichen Denkens.

wisse autonome Rechte zugebilligt[15]. Da diese Prinzipien auch für die umgrenzten Verbände gelten, würde ein Verstoß gegen das Grundgesetz vorliegen, wenn der Verbandsvorstand Satzungen erlassen, ihre Ausführung überwachen und allein über die Gültigkeit eines Ausschlusses entscheiden könnte.

Dem Prinzip der Volkssouveränität ist am besten genügt, wenn Entscheidungen je nach ihrer Wichtigkeit durch Urabstimmung, Verbandstag oder ein sonstiges repräsentatives Gremium der Mitglieder oder durch den Bundesvorstand getroffen werden[16].

Hinsichtlich der Prinzipien der Gleichheit und Freiheit kann auf die zur freiheitlich demokratischen Grundordnung gemachten Bemerkungen verwiesen werden, wobei zu berücksichtigen ist, daß das Recht auf Opposition innerhalb eines Verbandes nicht besagt, daß diese eine institutionalisierte Form erhalten muß[17]. Wie weit die Freiheit von Eintritt und Austritt evtl. eingeschränkt ist, wird im einzelnen aufgezeigt werden.

Hinsichtlich der Konkretisierung dieser Grundsätze kann das Parteiengesetz nicht immer als Vorbild herangezogen werden. Im Gesetzgebungsverfahren und bei dem notwendigen Vergleich mit den bestehenden Strukturen der Parteien divergierten die Auffassung des Gesetzgebers und der Parteienrechtskommission in nicht unbeträchtlichem Maße. Dies war ohne verfassungsrechtliche Bedenken möglich, da aus der Entstehungsgeschichte des Art. 21 GG und sonstiger Bestimmungen des Grundgesetzes keine konkreten Vorstellungen des Verfassungsgebers zur inneren Ordnung der Parteien entnommen werden konnten[18]. Während der Bericht der Parteienrechtskommission[19] noch 1956 davon ausging, daß die Parteiorganisationen zu demokratisieren seien, soweit sie mit der verfassungsrechtlichen Funktion der Parteien in Zusammenhang stehen, also ihre damalige Struktur nicht den Anforderungen des Grundgesetzes entsprach, geht bereits der Regierungsentwurf und erst recht das Parteiengesetz davon aus, daß „es dem Grundgesetzgeber vor allem um die Entwicklung eines gesunden vor Zersplitterung bewahrten Parteiwesens ging, Art. 21 GG vor allem einen bewahrenden, be-

15 Siehe Parteiengesetz, §§ 6 ff.

16 Entsprechend der Rangfolge von Peters, S. 563 f. für das Volk als Ganzes; ähnlich Bericht, S. 166: Der Aufbau der Organisation und der parteiinternen Willensentscheidung muß auf Willenskundgebungen der Mitglieder oder ihrer Delegierten beruhen.

17 Siehe Müller, S. 109.

18 Siehe Fromme, DÖV 70, 518 f.: Der Demokratiebegriff des Grundgesetzgebers.

19 S. 156.

kräftigenden und sichernden Inhalt hat und die tatsächliche Organisation heute schon im großen und ganzen demokratischen Grundsätze entspreche und es keiner tiefgreifenden Eingriffe in die gewachsene Organisationswirklichkeit bedürfe"[20].

Grundlage der Auslegung der demokratischen Grundsätze durch den Gesetzgeber waren daher vielfach die „gewachsenen Strukturen" der Parteien. Der Gesetzgeber hat also nicht, ungeachtet der Frage der Durchsetzung, das Bild eines wirksamen demokratischen Aufbaus vorgeschrieben[21], sondern nur ein Minimum an Anforderungen im Parteiengesetz geregelt[22].

---

20 So Begründung des Regierungsentwurfs BtDrucks. 3. Wahlper. 1509, S. 10. So deutet Lohmar, S. 138 und Müller, S. 100 an, daß das Gesetz nicht den Intentionen des Art. 21 Abs. 1 Satz 3 GG entspricht.

21 So aber Scheuner, DÖV 67, 343 gegen die Berliner Politologen, DÖV 67, 256.

23 Dem widerspricht nicht, daß nach Scheuner das Ziel des Entwurfs war, die Demokratisierung der inneren Parteiverfassung zu fördern. Auch Hesse, VVdStRL 17, 30 geht von einem eingeschränkten Demokratiebegriff aus, indem er meint, daß ‚Art. 21 Abs. 1 S. 3 GG nur bedingt das wirklichkeitsfremde Prinzip eines Aufbaus von unten nach oben normiere, sein Ziel vielmehr die Abwehr von Entwicklungstendenzen sei, die einen freien politischen Willensbildungsprozeß unmöglich machen würden.

Dritter Teil: Entspricht die satzungsgemäße und tatsächliche Situation in den Gewerkschaften diesen Demokratiekriterien?

§ 25 Funktion der Satzung

Die Satzungen stellen die Verfassung des Gewerkschaftslebens dar. Sie dienen einerseits einem reibungslosen Ablauf des Verbandslebens, bieten andererseits eine gewisse Rechtssicherheit für das einzelne Mitglied[1], da dieses der Satzung unterworfen ist, gleichgültig, ob ihm die spezielle Bestimmung bekannt war oder nicht. Sie sind daher notwendigerweise schriftlich[2] und in möglichst weitgehendem Maße vollständig zu halten[3].

Unterliegt die Verbandsautonomie gewissen Beschränkungen, die sich aus demokratischen Grundsätzen ergeben, so kann eine Überprüfung der Einhaltung dieser Grundsätze nur dann erfolgen, wenn Aufbau und Willensbildung aus der Satzung zu entnehmen sind[4].

Die Gewerkschaften haben auf Bundesebene[5] alle schriftliche Satzungen, die den Mitgliedern automatisch oder auf Anforderung zur Verfügung gestellt werden. Die Vollständigkeit der Satzungen ist dagegen sehr unterschiedlich und hängt eng damit zusammen, ob die Gewerkschaften mehr föderal oder mehr zentral gegliedert sind. Ist auch eine möglichst große Vollständigkeit der Satzungen im Interesse der Rechtssicherheit des einzelnen Mitglieds anzustreben, so ist doch nicht nur die Satzung für die Mitglieder bindend, während andere Bestimmungen, wie Richtlinien oder Geschäftsordnungen nur die Vereinsorgane rechtlich binden[6]. Die Frage der Bindung entscheidet sich nach dem Inhalt und nicht der Form. So verstoßen nicht alle außerhalb der Satzungen liegende

---

1 Eine Berufung auf § 134 BGB wäre ohne Schriftlichkeit nicht möglich.

2 Für die eingetragenen Vereine ergibt sich die Forderung nach Schriftlichkeit aus der vorgeschriebenen Vorlage beim Registergericht.

3 So Klaus Jürgen Lange, Die Interessenverbände, S. 324 f. für alle Interessenverbände.

4 So Bericht S. 162 für Parteien.

5 Wie weit dies auf Bezirks- und Ortsebene gegeben ist, konnte nicht nachgeprüft werden.

6 So aber Palandt, § 25 Anm. 1.

Bestimmungen gegen § 134 BGB[7]. Es ist abzugrenzen zwischen Bestimmungen, die im Interesse einer Effektivität und Flexibilität des Gewerkschaftslebens wegen der erschwerten Änderungsmöglichkeit (Zweidrittelmehrheit) nicht den Bindungen der Satzungen unterworfen werden können und dem im Interesse der Rechtsstaatlichkeit gebotenen Schutz des einzelnen Mitglieds.

So ist die Regelung wesentlicher Bestandteile des Verbandslebens außerhalb der Satzung ausgeschlossen[8]. Einen Anhaltspunkt dafür, welche Regelungen in der Satzung enthalten sein müssen, bieten nicht die Bestimmungen für rechtsfähige Vereine[9], sondern das Parteiengesetz, das sich „auf solche Bestimmungen beschränkt, die nach den allgemeinen Erfahrungen über das Parteileben zur Gewährleistung einer demokratischen Willensbildung unbedingt erforderlich sind"[10]. Es genügt dabei, wenn die grundsätzlichen Organisationsfragen auf irgendeiner der möglichen Ebenen geregelt sind[11].

So müssen die Satzungen der Gewerkschaften Bestimmungen enthalten über:

1. Name, Sitz, Tätigkeitsgebiet
2. Aufnahme und Austritt der Mitglieder
3. Rechte und Pflichten der Mitglieder
4. Zulässige Ordnungsmaßnahmen gegen Mitglieder und ihren Ausschluß[12]
5. Allgemeine Gliederung der Gewerkschaft[13]
6. Zusammensetzung und Befugnisse des Vorstandes und der übrigen Organe[14]
7. Eine Urabstimmung der Mitglieder und das Verfahren zur Auflösung der Gewerkschaft oder des Gebietsverbandes oder die Verschmelzung mit anderen Gewerkschaften[15].

Auch wenn die Gewerkschaften nicht wie Parteien Kandidaten zu Wahlen für Volksvertretungen aufstellen, könnte an eine analoge Übertragung dieser

7 So aber Lange, S. 325.

8 Ebenso Lange, S. 325.

9 So aber Lange, S. 319; Bauernfeind: Die Mitgliedschaft in Koalitionen, S. 65.

10 Regierungsentwurf, S. 11.

11 Regierungsentwurf, S. 11.

12 Sowie die Gründe, die zu Ordnungsmaßnahmen berechtigen, und die Organe, die sie anordnen können. Läßt man Ordnungsmaßnahmen gegen Gebietsverbände zu, so sind auch deren Modalitäten in der Satzung zu nennen.

13 Worunter nicht die Abgrenzung der einzelnen Gliederungen verstanden wird.

14 Worunter auch die Wahlmodalitäten und Kontrollmöglichkeiten zu verstehen sind.

15 Außer Ziff. 7 finden sich die Bestimmungen auch im Regierungsentwurf, so daß von einer Übereinstimmung ausgegangen werden kann.

Bestimmung des Parteiengesetzes auf die Befugnis zur Aufstellung der Listen zu Wahlen der Sozialversicherung oder anderer Gremien gedacht werden. Es fragt sich, ob über die im Parteiengesetz enthaltenen Bestimmungen weitere Regelungen notwendigerweise in der Satzung aufgenommen werden müssen. Dabei geht es nicht darum, welche Maßnahmen vom Vorstand und welche von der Mitglieder- bzw. Vertreterversammlung getroffen werden müssen, sondern nur, welche Ereignisse des Gewerkschaftslebens für das Mitglied so wichtig sind, daß es über die Satzung die Möglichkeit der Kenntnisnahme haben muß. Der Grundsatz der Vollständigkeit kann nur insoweit eine Ausnahme erfahren, als dies für die Effektivität unbedingt notwendig ist. Bei dieser Feststellung muß den Gewerkschaften ein weiter Beurteilungsspielraum zugestanden werden.

Die Gewerkschaften haben nicht alle hier genannten Regelungen in ihren Bundessatzungen getroffen. Eine Nachprüfung der verschiedenen Bezirks- und Ortsstatute konnte nicht vorgenommen werden, so daß kein abschließendes Urteil möglich ist.

§ 26 Gliederung der Gewerkschaften

Der demokratische Grundsatz einer Willensbildung von unten nach oben erfordert eine Gliederung der Einzelgewerkschaften, „die dem einzelnen Mitglied die Möglichkeit zu angemessener Mitwirkung gibt“ [1].

Die Gewerkschaften unterteilen sich, wie dargestellt, in Orts-, Bezirks- und Bundesverbände, wobei teilweise dem Ortsverband noch eine Betriebs- bzw. Amtsgruppe vorgegliedert oder zwischen Bezirks- und Bundesverband noch ein Landesbezirksverband eingeschaltet ist. Genügen diese Unterteilungen, um eine angemessene Mitwirkung des einzelnen an der Willensbildung zu ermöglichen?

Bei der Größe der Verwaltungsstellen tritt besonders die Spannung zwischen Demokratie und Effizienz in Erscheinung. Die Verwaltungsstellen sind theoretisch von einer optimalen Größe, wenn einerseits eine gute Betreuung der Mitglieder, andererseits eine effektive und fundierte Willensbildung auf Verwaltungsstellenebene möglich ist. Dabei sollte als Prinzip beibehalten werden, daß auf Verwaltungsstellenebene, wo u.a. auch die Delegierten für den Gewerkschaftstag bzw. Bezirkstag gewählt werden, noch eine Mitgliederversammlung und nicht schon eine Vertreterversammlung stattfindet[2]. Müssen sich die Verwaltungsstellen notwendigerweise an den Betrieben ausrichten, so ist es klar, daß die IG Bau aufgrund der größeren Zahl von Betrieben und der breiten Streuung trotz geringerer Mitgliederzahl mehr Verwaltungsstellen haben muß als die IG Chemie[3]. Die Organisation der Verwaltungsstellen muß dabei weitgehendst den organisatorischen Zweckmäßigkeitsentscheidungen der Gewerkschaften überlassen bleiben, und es ist sicherlich zulässig, wenn an Orten eines einheitlichen Wirtschaftsgebietes im Umkreis von 25 km nur eine Verwaltungsstelle errichtet, daneben aber eine ausreichende Anzahl von Nebenstellen gebildet wird (IG Chemie). Findet aber, wie bei der IG Metall, nur noch in einer Verwaltungsstelle eine Mitgliederversammlung statt, und sind keine Nebenstellen gebildet, dann ist fraglich, ob die Mitglieder nicht schon weitgehend von der Willensbildung ausgeschlossen sind.

Das Mitglied hat einen Anspruch darauf, daß die Mitgliederversammlung in bestimmten Zeitabständen regelmäßig und zu wichtigen Entscheidungen zusam-

---

1 So § 7 Parteiengesetz.

2 Nach dem Regierungsentwurf zum Parteiengesetz, S. 20 soll in der Regel auf Ortsstufe die Mitgliederversammlung willensbildend sein.

3 So hatte sie auch tatsächlich 1967 131 Verwaltungsstellen und die IG Chemie 74 Verwaltungsstellen.

mentritt, da nur dadurch der Ausschluß einer Mitwirkung verhindert wird. Dabei ist eine Mitgliederversammlung im Jahr nur dann die unterste Grenze, wenn die Mitglieder daneben noch die Möglichkeit der Kontaktaufnahme in Fachkonferenzen usw. haben. Ist dies nicht der Fall, so muß die Mitgliederversammlung öfters zusammentreten. Das Recht auf Einberufung einer außerordentlichen Mitglieder- oder Delegiertenversammlung muß in Anlehnung an die Rechtsprechung zum Vereinsrecht[4] einer Minderheit zustehen. Alle Satzungsbestimmungen, die dazu die Hälfte oder mehr Mitglieder bzw. Delegierte verlangen, sind nichtig.

Die Gliederung darf nicht nur eine formale, sondern muß eine materielle insofern sein, als den Gebietsverbänden „das grundsätzliche Selbstbestimmungsrecht in Angelegenheiten von nur gebietlicher Bedeutung belassen werden muß"[5]. Den unteren Verbänden muß ein Bereich selbständiger Willensbildung belassen bleiben, und hierzu muß ihnen eine körperschaftliche Verfassung mit entsprechenden Willensbildungsorganen, wie Mitgliederversammlungen und Vorstand, zur Verfügung stehen[6]. Die Untergliederungen dürfen nicht lediglich Sektionen sein, in denen die Mitglieder unter einer von höherer Stelle eingesetzten Leitung Beiträge zahlen, Versammlungen und Kundgebungen besuchen können, jedoch keine Möglichkeit eigener Entschließungen haben[7]. Auch bei diesen Mindestanforderungen kann jede Gewerkschaft weiterhin selbst entscheiden, ob sie sich mehr zentralistisch, wie die IG Metall, oder mehr föderativ, wie die GEW, organisieren will. Es widerspricht nicht demokratischen Grundsätzen, daß die Kasse zentral verwaltet wird, da eine bundeseinheitliche Finanzplanung notwendig sein kann, und auch eine bundeseinheitliche Absprache der Tarifverhandlungen kann notwendig sein. Es muß aber der Mitgliederversammlung der untersten Gliederung die Möglichkeit belassen bleiben, Anträge an die Bundesorgane zu richten, da das einzelne Mitglied oft nur dadurch seinen Willen artikulieren kann[8].

Die Satzungsregelung kann nicht zu den autonomen Bestimmungen gehören. Diese ist nur soweit gewährleistet, als die Bundessatzung die Möglichkeit eige-

4 RGZ 79, 409; BGH NJW 1966, 73 ff.

5 Der Regierungsentwurf zum Parteiengesetz enthielt im Gegensatz zum endgültigen Gesetz eine entsprechende Regelung. Es ist nicht festzustellen, ob diese Regelung, weil selbstverständlich, weggelassen wurde, oder ob sie nach Ansicht des Gesetzgebers nicht notwendig vom Grundgesetz gefordert wird.

6 So Regierungsentwurf, S. 15 und Bericht S. 157.

7 So Regierungsentwurf, a.a.O.

8 Auch das Parteiengesetz gibt zwei Untergliederungen Antragsrecht.

ner Regelungen beläßt. Der Bundessatzung entgegenstehende Bestimmungen können nicht getroffen werden. Insofern ist der Aufbau von unten nach oben aus Gründen der Einheitlichkeit durchbrochen.

Aus dem Grundsatz des Aufbaues von unten nach oben ergibt sich jedoch, daß die Führungsorgane der unteren Ebenen von diesen Mitgliedern selbst gewählt werden müssen und eine Einsetzung von oben verfassungswidrig ist[9].

Nun wird in fast allen Gewerkschaften der Verwaltungsstellenvorstand sowie der Bezirksvorstand von der Delegiertenversammlung bzw. dem Bezirkstag gewählt. Nur bei der IGM wird der Bezirksleiter vom Hauptvorstand bestellt. Dies wäre dann nicht zu beanstanden, wenn der Bezirksleiter zwar vom Hauptvorstand bestellt, aber als ausführendes Organ des Bezirksvorstandes dessen Beschlüsse ausführen müßte. Dann wäre sichergestellt, daß der Wille von Personen ausgeführt wird, die sich durch eine direkte Wahl von unten legitimiert haben. Der Bezirksleiter der IGM ist jedoch im Gegensatz zu dem Bezirkssekretär nicht nur ausführendes Organ, sondern auch Mitglied des Vorstandes und sogar dessen Vorsitzender. Der Bezirk wird also von jemand geleitet, der nicht notwendigerweise sein Vertrauen hat. Diese Regelung widerspricht dem Prinzip des Aufbaues von unten nach oben und ist daher verfassungswidrig[10]. Eine Ausnahme kann bei Neukonstituierung eines Unterverbandes nur solange erfolgen, wie sich noch kein beschlußfassendes Gremium gebildet hat. Nach anderer Ansicht[11] verstößt dagegen eine Stufenwahl, da der Hauptvorstand von den Mitgliedern gewählt wurde, nicht gegen das Prinzip, daß alle Macht nur auf einem Übertragungsakt von unten nach oben beruhen darf. Müller[12] gibt selbst zu, daß sich eine solche Machtdelegation leicht dem Grenzwert Null nähert. Der Aufbau und die Willensbildung von unten nach oben haben sich aber in einem ständigen Prozeß zu wiederholen, und die Verbandsmitglieder können nicht darauf beschränkt werden, durch ihre Delegierten den Hauptvorstand zu wählen, der dann wieder von oben nach unten die Funktionen besetzen kann.

---

9 So BVerfGE 2, 40; Regierungsentwurf, a.a.O.; dem widerspricht nicht, daß die Verwaltungsstellenvorstände so zusammengesetzt sein müssen, wie es die Bundessatzung vorschreibt.

10 So sah es das BVerfGE 2, 46 auch als einen der Gründe des verfassungswidrigen Aufbaus der SRP an: Diesem Führungssystem entspricht es, daß i.d.R. die Funktionäre ernannt und nicht gewählt werden. Selbst wenn eine Wahl gemäß der Satzung nachgeholt wurde, war es klar, daß eingesetzte Funktionäre gewählt wurden.

11 Müller, S. 119; Henke, S. 51 f.

12 S. 121.

Dies besagt nicht[13], daß der Vorstand keine Ernennungen durchführen kann und darüber immer die Mitglieder- bzw. Delegiertenversammlung entscheiden muß. Der Vorstand kann Vertreter in außergewerkschaftliche Gremien oder sogar in andere Organe der gleichen Stufe entsenden, dagegen nicht den Gewerkschaftsaufbau selbst von oben nach unten gestalten. Dieser Prozeß kann immer nur in einer Richtung gehen. Das Prinzip der Volkssouveränität verhindert auch, daß die Mitglieder zu viele Rechte an die Vorstandsmitglieder abgeben.

Einige Satzungen sehen vor, daß der gewählte Orts- bzw. Bezirksvorstand der Bestätigung durch den Hauptvorstand bedarf. Wird damit lediglich zum Ausdruck gebracht, daß der Hauptvorstand nachprüft, ob bei den gewählten Personen die satzungsgemäßen Voraussetzungen vorliegen, so liegt darin kein Eingriff in die Personalhoheit der Untergliederungen. Anders dagegen, wenn dadurch dem Hauptvorstand ein eigenständiges Prüfungsrecht der persönlichen Fähigkeiten bzw. politischen Einstellung der gewählten Personen eingeräumt wird. Der Hauptvorstand kann in diesem Fall zwar nicht eine ihm genehme Person gegen den Willen der Untergliederung einsetzen, er kann jedoch verhindern, daß eine ihm nicht genehme Person die Untergliederung leitet. Nach anderer Ansicht[14] fällt unter die Aufgabe der Führung, die Organisation zu leiten, auch die Verantwortung für die Auswahl der Führungsgremien. Kooptation und Wahl mit Zustimmungserfordernis seien erst dann undemokratisch, wenn die Führung sich selbst ergänze. Berücksichtigt man jedoch, daß die Auswahl der Personen faktisch den einzigen Einfluß der Mitglieder darstellt, da, wie gezeigt wurde, in Sachfragen keine effektive Kontrolle und Bindung stattfindet, so muß man den Einfluß des Vorstandes hier weitestgehend einschränken. Zieht man weiterhin in Betracht, daß eine weitgehende Identität zwischen Verwaltungsstellenvorständen und Delegierten vorliegt, soweit nicht ehrenamtliche Delegierte vorgeschrieben sind, weil die Übernahme des Delegiertenmandats oft als ein Vertrauens- bzw. Mißtrauensbeweis gegenüber dem Vorstand angesehen wird, so werden nur dem Hauptvorstand genehme Mitglieder delegiert. Der Hauptvorstand würde im ungünstigsten Fall von Mitgliedern gewählt und kontrolliert, die letztlich ihr Delegiertenmandat unter anderem seiner Bestäti-

---

13 So Müller, S. 121 als Alternative.

14 Müller, S. 127.

gung verdanken[15]. Ein solches Bestätigungsrecht wäre daher ebenfalls verfassungswidrig[16].

Es ist weiterhin zu untersuchen, ob der Aufbau von unten nach oben dann unzulässig eingeschränkt ist, wenn die Mitgliederversammlung bzw. der Orsvorstand den hauptamtlichen Geschäftsführer nur aus einer Vorschlagsliste des Hauptvorstandes auswählen kann. Bei nur ein bis zwei Vorschlägen ist das Wahlrecht faktisch auf ein Bestätigungs- bzw. Verweigerungsrecht geschrumpft. Dabei ist zu berücksichtigen, daß der Geschäftsführer meist Mitglied des Vorstandes ist, also nicht nur eine verwaltende Funktion inne hat. Der Unterschied zum Bestätigungsrecht liegt darin, daß der Verwaltungsstelle die letzte Entscheidung bleibt, sie also theoretisch alle vom Vorstand vorgeschlagenen Kandidaten ablehnen kann. Zieht man weiter in Betracht, daß Gewerkschaften auf Bundesebene, was im Sinne einer einheitlichen Ausbildung notwendig ist, potentielle Kandidaten für die vielfältigen Aufgaben eines Geschäftsführers ausbilden, so erscheint dieses Vorschlagsrecht gerechtfertigt. Bedenken blieben dann bestehen, wenn die Mitglieder eine der Alternativen des Hauptvorstandes akzeptieren müßten.

Fraglich ist, ob die Absetzung des Ortsvorstandes durch den Hauptvorstand bei Nichteinhaltung seiner Verpflichtungen, also nicht notwendig bei Vorliegen eines Ausschlußgrundes, und die vorübergehende Einsetzung eines eigenen Vorstandes demokratischen Grundsätzen entspricht[17]. Es hat dabei eine Abwägung zwischen den legitimen Interessen des Gesamtverbandes und dem Recht der Mitglieder, über die Abberufung ihres Vorstandes zu bestimmen, stattzufinden. Ein Bundesverband muß auch in Fällen, in denen kein Ausschlußgrund vorliegt, gegen einen effektiv inaktiven Vorstand vorgehen können. Von Mitgliederseite kann dies oft nicht geschehen, da Einladungen zu Mitgliederversammlungen vom Vorstand ausgesprochen werden. Der Bundesvorstand kann zwar nicht im einzelnen die Tätigkeiten bestimmen, die ein Vorstand auszuführen hat, zumindest soweit diese in die Autonomie der unteren Gliederung fallen, doch verstößt ein Nichthandeln sicherlich gegen die Satzung. Kann der Haupt-

---

15 Auch das BVerfG berücksichtigte im SRP-Urteil die Satzungswirklichkeit.

16 Das BVerfGE 2, 42 hält ein Bestätigungsrecht des Parteivorstandes auch dann für unzulässig, wenn es durch erneute qualifizierte Abstimmung übergegangen werden kann, was bei Gewerkschaften nicht vorgesehen ist.

1 Nach Rabus, AöR 78, 165 können nachgeordnete Parteiorgane, die sich den Beschlüssen der übergeordneten Organe widersetzen, abberufen werden, ohne daß Mitwirkungsrechte der unteren Gliederungen erforderlich sind.

vorstand auch insoweit in die Personalautonomie eingreifen, so müssen den Mitgliedern doch gewisse Mitwirkungsrechte erhalten bleiben. So muß es in der Regel möglich sein, daß der Hauptvorstand anstelle des Ortsvorstandes eine Mitgliederversammlung einberuft, auf der dem Vorstand und den Mitgliedern die Möglichkeit zur Stellungnahme gegeben wird, und bei Fortbestehen der Vorwürfe die Mitglieder einen neuen Vorstand wählen. Ein grundsätzliches Einberufungsrecht eines neuen Vorstandes durch den Hauptvorstand auch für eine vorübergehende Zeit erscheint auch bei Berücksichtigung der Schlagkraft des Verbandes ein zu starker Eingriff in die Autonomie unterer Gliederungen. Entsprechende Bestimmungen sind daher unzulässig.

Die Personalautonomie verlangt auch, daß die Mitgliederversammlung nicht nur bei einer Abberufung durch den Hauptvorstand ein Mitwirkungsrecht hat, sondern daß sie selbst ihren Vorstand abberufen kann, wenn ein wichtiger Grund dafür vorliegt, wobei es keinen Unterschied machen darf, ob der Vorstand haupt- oder ehrenamtlich tätig ist.

Ein Eingriff in den autonomen Bereich der unteren Gliederung liegt auch grundsätzlich darin, daß die hauptamtlichen Vorstandsmitglieder als Angestellte des Hauptvorstandes dessen Weisungen unterliegen. In Angelegenheiten, die in ihrer Bedeutung über den Bereich der Gliederung hinausgehen, was nicht leicht festzustellen und sehr verschieden interpretiert werden kann, ist ein solches Weisungsrecht gerechtfertigt. Bei sich widersprechenden Weisungen des Hauptvorstandes und der Mitgliederversammlung müssen letztere jedoch bei Angelegenheiten, die nur örtliche Relevanz haben, vorgehen. Unter diesem Gesichtspunkt ist auch die vorgesehene mögliche Abberufung des Vorstandes bei Zuwiderhandeln gegen Weisungen des Hauptvorstandes zu sehen.

Den unteren Gliederungen muß eine gewisse Finanzautonomie gegeben sein, um die eigenen Angelegenheiten unbeeinflußt erfüllen zu können. Ihnen muß durch den ihnen zugewiesenen Anteil die Möglichkeit gegeben werden, ein gewisses Eigenleben zu gestalten. Dabei ist es auch unzulässig, daß der Hauptvorstand den Anteil der Verwaltungsstellen bestimmt. Die Auferlegung von Aufgaben durch den Hauptvorstand, die den Anteil der Verwaltungsstelle völlig aufbrauchen würde, würde ihre Autonomie unzulässig einschränken.

§ 27 Der Zugang zu den Gewerkschaften

Der Beitritt zu den Gewerkschaften ist freiwillig. Sobald die Freiwilligkeit des Beitritts nicht länger gewährleistet ist, entfällt auch die Grundlage für die Gewährung der Autonomie. Die Zwangsorganisation bedarf der Überwachung und Kontrolle zum Schutz der in ihr Zusammengeschlossenen[1].

Wie dargelegt, kann von einigen konkreten absoluten Aufnahmeverboten abgesehen, der Verwaltungsstellenvorstand entweder frei[2] über ein Aufnahmegesuch entscheiden, oder er kann den Eintritt verweigern, „wenn dies im Interesse der Gewerkschaft notwendig ist" oder „der Beitritt eine Schädigung gewerkschaftlicher Interessen befürchten läßt".

Die Satzungen gehen damit übereinstimmend davon aus, daß ein Anspruch auf Aufnahme in eine Gewerkschaft nicht besteht, sondern dies der freien Entscheidung des „Vereins" Gewerkschaft obliegt. Dies ist auch herrschende Auffassung von Rechtsprechung und Lehre[3], da „ein Anspruch mit dem Wesen eines Berufsverbandes als eines freigebildeten autonomen Zusammenschlusses nicht vereinbar ist"[4]. Nach Galperin[5] „entbehrt die Ablehnung des Beitritts eines Bewerbers um die Mitgliedschaft in einer Koalition trotz Übereinstimmung mit der Satzung (nur) dann der rechtlichen Überzeugungskraft, wenn sie in verwerflicher Absicht oder in diskriminierender Weise erfolgt". Eine willkürliche Zurückweisung eines Bewerbers, die ohne sachgerechte Abwägung der vernünftigerweise zu berücksichtigenden Umstände erfolge, sei jedenfalls dann mit den allgemeinen Regeln der Rechtsordnung nicht mehr vereinbar, wenn die Koalition eine Monopolstellung einnimmt oder wenn die Ablehnung aus anderen Gründen einen wesentlichen Nachteil für den Bewerber zur Folge hat. Fordert man „eine sachgerechte Abwägung der zu berücksichtigenden Umstände", so ist da-

---

1 BVerfGE 10, 102 f.; Biedenkopf, Grenzen S. 94.

2 so auch § 10 Part.G., wonach die Ablehnung auch nicht begründet werden muß, dagegen noch BVerfGE 2, 42.

3 RGZ 106, 120; Galperin DB 1969, 706 m.w.N.; Nikisch S. 64; Soergel-Siebert § 38; a.A. Hueck-Nipperdey 7. Aufl. 2. Bd. S. 102; Köhler BB 1952, 149 f.; v. Stechow, S. 44 ff.; Henrici, S. 74 ff.; zum anglo-amerikanischen Rechtskreis Otto Kahn-Freund S. 347, für Parteien Franz Knöpfle in: Der Staat 1970, 332 f.

4 ähnliche Begründungen für Parteien s. Bericht S. 164.

5 DB 1969, 706.

mit nur dann ein taugliches Abgrenzungskriterium gewonnen, wenn dabei die Faktoren genannt werden, die – speziell bei Koalitionen – zueinander in Bezug gesetzt werden müssen. Es stellt dabei gerade eine Verengung des Gesichtspunktes dar, wenn man dabei nur auf wirtschaftliche Gesichtspunkte abstellt, ohne die Mitgestaltungsmöglichkeit an dem staatlichen Willensbildungsprozeß als primären Faktor ins Auge zu fassen[6]. Es kann dabei auch nicht genügen, wenn man nur allgemeine befristete Aufnahmesperren verbietet[7], da eine Vielzahl von Einzelablehnungen auch eine Abkapselung herbeiführen können.

Damit wird den Unterschieden zwischen einem normalen Verein nach Art. 9 Abs. 1 GG und einer Gewerkschaft nicht genügend Rechnung getragen[8]. Wie dargelegt, geht Art. 20 GG von einem demokratischen Willensbildungs- und Integrationsprozeß aus, an dem neben den Parteien in einer pluralistischen Gesellschaft auch notwendigerweise die Verbände teilnehmen. Den Gewerkschaften kommt in diesem Prozeß eine hervorragende Aufgabe zu. Sie sind nicht nur in einer Vielzahl von Gesetzen als Repräsentanten sämtlicher Arbeitnehmer[9], sondern auch der Verbraucher anerkannt. Ihrer Repräsentations- und Integrationsfunktion als Bindeglied zwischen dem engeren Staatsapparat und den Arbeitnehmern werden sie nur dann voll gerecht, wenn sie zu diesen hin offen sind[10]. Den Arbeitnehmern muß die Möglichkeit eingeräumt sein, in der Organisation mitzuwirken, die als ihr Repräsentant auftritt. Die Diskrepanz zwischen der Repräsentation aller Arbeitnehmer und der Legitimation nur durch die Mitglieder kann allein dadurch aufgehoben werden, daß allen Arbeitnehmern, von noch zu bestimmenden Ausnahmen abgesehen, ein grundsätzlicher

---

6 Galperin betrachtet daher konsequenterweise die Zurückweisung von einem Arbeitgeberverband gravierender, als die von einer Gewerkschaft. Keller a.a.O. legt S. 34 f. dar, daß die Benachteiligungen wegen unmittelbarer oder mittelbarer Verfügungsgewalt einer Vereinigung über Leistungen des Geschäftsverkehrs oft durch Abschlußzwang oder Durchsetzung eines Diskriminierungsverbotes bei gegenseitigen Verträgen ausgeglichen werden können, ohne daß eine Aufnahme mit der Folge eines personenrechtlichen Mitgliedschaftsverhältnisses notwendig sei.

7 So § 10 Part.G.; dagegen auch Knöpfle, S. 335.

8 Auch Galperin, S. 706 erkennt Unterschiede an, zieht jedoch daraus nur den Schluß, daß der Grundsatz der freien Mitgliederauswahl im Einzelfall eine Ausnahme zulasse, ansonsten kein Grund bestehe, die Koalitionen bei der Betätigung ihres Organisationsrechts stärker einzuschränken als sonstige Vereine.

9 So können sie in Zusammenwirken mit der Exekutive durch die Allgemeinverbindlichkeitserklärung für alle Arbeitnehmer Recht setzen, auch gelten die Betriebsbestimmungen der Tarifverträge für alle Arbeitnehmer.

10 ebenso Keller, S. 83.

Anspruch auf Eintritt in die Gewerkschaften zusteht. Ansonsten könnte eine Einflußnahme der Repräsentierten auf ihre Repräsentanten verhindert werden.
Dem kann auch nicht entgegengehalten werden, daß dies mit ihrem Wesen als freigebildeter autonomer Zusammenschluß nicht vereinbar sei. Erhalten die Gewerkschaften mit einer „Inkorporierung in das Verfassungsgefüge", um einen bei Parteien gebrauchten Ausdruck zu verwenden, Rechte im Willensbildungs- und Entscheidungsprozeß, die weit über die eines normalen privaten freigebildeten Vereins hinausgehen, so folgt daraus, daß sie zur Erfüllung ihrer Funktionen stärkeren Einschränkungen unterliegen als sonstige Vereine[12].
Wie das einzelne Mitglied innerhalb der Gewerkschaft gleiche Rechte und Pflichten haben muß, so ist allen Arbeitnehmern auch in gleicher Weise der Weg zur Teilnahme an diesem Willensbildungsprozeß zu eröffnen. Nur durch einen Anspruch auf Eintritt ist aber die Gleichheit gewährleistet.
Die Beschränkung der freien Mitgliederauswahl folgt also grundsätzlich aus der Funktion der Gewerkschaft[11] und nicht nur aus ihrer Stellung als Monopolbetrieb, worauf auch diejenigen abstellen, die einen Aufnahmeanspruch bejahen. Damit wird auch über Art. 21 I 3 GG hinausgegangen. Dieser fordert lediglich, daß die innere Ordnung demokratischen Grundsätzen entspricht, hat damit keine Außenwirkung[13]. Hat der einzelne Arbeitnehmer auch grundsätzlich die Freiheit, zwischen mehreren Gewerkschaften zu wählen, so ist zu berücksichtigen, daß diese Wahlfreiheit tatsächlich weitgehend nicht mehr besteht. Der DGB besitzt zumindest für Arbeiter eine Monopolstellung und innerhalb des DGB kann der einzelne Arbeitnehmer auch nur in die für seinen Berufszweig zuständige Gewerkschaft eintreten. „Der Schutz der Wahlfreiheit unter vorhandenen Möglichkeiten bedeutet nicht die rechtliche Garantie einer tatsächlichen Wahlmöglichkeit. Die mit dem Grundsatz der Tarifeinheit gewährleistete Ordnungs- und Funktionsfähigkeit der Tarifvereinbarung und der sie tragenden Koalition entspricht dem verfassungsrechtlichen Schutz eben dieser Funktionen. Das Spannungsverhältnis zwischen Koalition und Individuum muß hier zu-

---

11 ebenso von Stechow, S. 70 f.: Eine grundlose Verweigerung der Aufnahme führt zur Beeinträchtigung des Verfassungsauftrages der Koalitionen.

12 von Stechow, S. 62 begründet dies damit, daß sie bei Aufnahmen ihren spezifischen Verfassungsauftrag erfüllen und damit den durch diesen gesetzten Beschränkungen unterliegen und sich nicht auf die Handlungsfreiheit nach Art. 2 I GG berufen können.

13 So Henrici S. 74 und § 10 I PartG; dagegen unter Hinweis auf die den Parteien nach dem GG erwachsenen Aufgaben, Knöpfle a.a.O.

gunsten der Koalition entschieden werden[14]". Entgegen Biedenkopf[15] sind aus diesem Grunde auch die das Berufsverbandsprinzip absichernden Gebietsaufteilungsverträge zulässig[16].

Läßt aber die Rechtsordnung es zu, daß die Wahlmöglichkeiten der einzelnen Bewerber beschränkt werden, so muß sie auf der anderen Seite gewährleisten, daß Eintrittswillige in die zuständige Gewerkschaft aufgenommen und nicht auf die dann fiktive Eintrittsmöglichkeit in eine andere Gewerkschaft verwiesen werden. Ist Pluralismus im Sinne eines weiten Meinungsspektrums bei Gewerkschaften noch weniger gegeben als bei Parteien, so kann ein Arbeitnehmer, der einer DGB-Gewerkschaft beitreten will, nicht auf die DAG verwiesen werden, wenn deren Struktur als Standesorganisation seinen Vorstellungen von einer Gewerkschaft zuwiderläuft[17]. Liegt keiner der noch zu bestimmenden Ausnahmefälle vor, so muß das Recht der Koalition auf freie Auswahl ihrer Mitglieder vor dem Recht des einzelnen, dem ein Gesinnungswandel nicht zuzumuten ist, zurücktreten.

Ist durch das Grundgesetz das Recht des einzelnen zur Wahrung und Förderung der Arbeits- und Wirtschaftsbedingungen Vereinigungen zu bilden, gewährleistet, so ist angesichts der in der Verfassungswirklichkeit bestehenden Unmöglichkeit, neben den vorhandenen Gewerkschaften weitere tariffähige Arbeitnehmerorganisationen zu gründen, aus dem Sinn der Vorschrift, dem einzelnen eine Mitwirkung an der Gestaltung seines Arbeitslebens zu ermöglichen, zu folgern, daß der einzelne Arbeitnehmer einen grundsätzlichen Anspruch auf Eintritt in bestehende Gewerkschaften hat. „Ohne die Bereitschaft der Koalitionen, auch Außenstehende vor dem sozialen Gegenspieler zu schützen und ihnen zu ermöglichen, sich innerhalb der Gemeinschaft zu betätigen, ist weder eine Wahrung noch gar eine Förderung der Arbeits- und Wirtschaftsbedingungen möglich[18]".

Dieser Anspruch kann nicht ohne Ausnahme bestehen, sondern es sind im Einzelfall die Interessen des Bewerbers und der Gewerkschaft abzuwägen. Die positive Koalitionsfreiheit des einzelnen und damit auch sein Recht auf Aufnahme

---

14 Biedenkopf, Grenzen, S. 90.

15 a.a.O., er hält solche Verträge für nichtig, da sie auf einen Besitzstandsschutz hinauslaufen würden.

16 ebenso von Stechow S. 77, Henrici S. 147.

17 Ähnlich Knöpfle, S. 336 für Parteien.

18 v. Stechow S. 64.

in eine Koalition haben dort ihre Beschränkung zu finden, wo es das Daseins- und Betätigungsrecht der Koalitionen erfordert[19].

Dabei ist zwischen den privaten Interessen des Bewerbers und dem öffentlichen Interesse an einer Offenheit der Gewerkschaften zu unterscheiden[20].

Es können nicht alle Gründe, die sich aus der Funktion der Gewerkschaft herleiten lassen, von vornherein gegenüber den Interessen des Bewerbers das Übergewicht haben[21].

So ist nicht etwa eine Praxis zulässig, die es vermeiden will, daß unnötige Spannungen in den Kreis der Verbandsangehörigen hineingetragen werden[22]. Die Grenzen des Aufnahmeanspruchs müssen vom Wesen und der Funktion der Gewerkschaften zwingend gefordert sein, die Aufnahme muß unzumutbar sein. Gewerkschaften müssen die Möglichkeit haben, sich vor einer Unterwanderung durch Gegner zu schützen. Schon aus ihrer Rechtsnatur als Vertretung der Arbeitnehmer ist zu schließen, daß sie Arbeitgeber nicht aufnehmen müssen[24]. Allgemein darf die Aufnahme eines Bewerbers nicht zum Verlust der partei- und kirchenpolitischen sowie wirtschaftlichen Unabhängigkeit des Berufsverbandes führen[25]. Auch die weiteren von der Rechtsprechung an eine tariffähige Koalition gestellten Anforderungen dürfen nicht durch die Aufnahme eines Bewerbers beeinträchtigt werden.

Personen, die die bürgerlichen Ehrenrechte verloren haben, haben auch keinen Anspruch auf Aufnahme in eine Gewerkschaft[26]. Wurde ein Mitglied aus gerechtfertigten Gründen, wie der Unterschlagung von Gewerkschaftsgeldern, ausgeschlossen, so muß die erneute Aufnahme im Ermessen der Gewerkschaft liegen. Wie dargelegt, verfahren die Gewerkschaften bei der Wiederaufnahme von ausgeschlossenen Mitgliedern sehr großzügig[27].

---

19 v. Stechow S. 76; Henrici, der grundsätzlich einen Vorrang der Privatautonomie vor der Gleichheit, aus der er einen Aufnahmeanspruch herleitet, bejaht (S. 99), läßt diese dann zurücktreten, wenn das Gewicht der entgegenstehenden Interessen dies verlange (S. 102).

20 zu ersteren s. Henrici S. 106–113.

21 bei der Aufnahme eines Verbandes in einen Dachverband mögen evtl. andere Erwägungen anzustellen sein, s. Galperin S. 710 f.

22 Henrici S. 150 ff.

23 So Knöpfle S. 340 für Parteien.

24 Ebenso v. Stechow S. 62.

25 Ebenso v. Stechow S. 77, Henrici S. 136 f.

26 Nach § 10 Part.G. ist Parteien deren Aufnahme verboten.

Als Gegner der Gewerkschaften, dessen Aufnahmeantrag abgelehnt werden kann, kann aber nicht jeder angesehen werden, der nicht mit allen Punkten des Gewerkschaftsprogramms übereinstimmt[28]. Aktuell wurde dies bei NPD-Mitgliedern. Ein absolutes Aufnahmehindernis wäre sicherlich dann unproblematisch, wenn die NPD als verfassungswidrige Partei anzusehen wäre. Bevor jedoch das Bundesverfassungsgericht ihre Verfassungswidrigkeit nicht festgestellt hat, ist davon auszugehen, daß sie nicht verfassungswidrig ist. Ist aber aus dem Programm oder aus dem tatsächlichen Verhalten der Partei oder ihrer Führungsgruppe sowie aus persönlichen Äußerungen des Antragstellers zu entnehmen, daß die NPD Gegner wesentlicher Prinzipien und Ziele der Gewerkschaften ist und eine völlig andere Struktur von Arbeitnehmervertretungen herbeiführen will, so ist das absolute Aufnahmeverbot gerechtfertigt[29].

So führt der BGH aus[30] „Der durch Art. 9 III GG gewährleistete Freiheitsbereich umfaßt auch die Möglichkeit, sich mit den satzungsmäßigen Mitteln gegen Störungen und Gefahren zu wehren, die der Zielsetzung und der inneren Ordnung des Verbandes aus den eigenen Reihen drohen. Dazu gehört das Recht einer Gewerkschaft, gegen Mitglieder vorzugehen, die sich zu einer politischen Vereinigung bekennen, deren Bestrebungen darauf hinauslaufen, die Gewerkschaften in ihrem durch die historische Entwicklung geprägten und vom Grundgesetzgeber anerkannten Erscheinungsbild zu beseitigen oder wesensmäßig umzugestalten. Wo die Übereinstimmung in grundlegenden Zielvorstellungen eine wesentliche Bindung für die Begründung und den Fortbestand besonderer Rechtsbeziehungen bildet, ist für die Zulässigkeit einer gleichzeitigen anderweitigen Bindung die Vereinbarkeit der Ziele auch dann der ausschlaggebende Maßstab, wenn es dabei um politische Überzeugungen geht."

Anders liegt es jedoch, wenn nur einige Programmsätze nicht von vornherein akzeptiert werden. „Der Prozeß offener demokratischer Willensbildung von der Basis her wäre nicht gewährleistet, wenn nur solche Anwärter aufgenommen würden, die sich von vornherein auf das Programm verpflichten. Dann wäre

---

27 Es ist überhaupt zu beachten, daß die Erörterungen bezüglich eines Aufnahmeanspruchs weitgehend akademisch sind, da die Gewerkschaften jeden Antragsteller, es sei denn, er hat sich als Gegner der Gewerkschaft exponiert, aufnehmen. Diese möglicherweise zufällige historische Konstellation befreit jedoch nicht davon, das Problem grundsätzlich zu betrachten.

28 Ebenso Henrici, S. 133 f.

29 Anders Henrici S. 143.

30 S. BGH II ZR 5/70 vom 28.9.1972, unveröffentlicht.

derjenige, der um Aufnahme bittet, stärker in seiner freien Meinungsäußerung beschränkt, als das Mitglied, das versuchen kann, das Programm in eine andere Richtung zu bringen[31]." Auch dem einzelnen muß die Möglichkeit der Wandlung der Ansichten und der Integration in den Verband offenbleiben. Die Bereitschaft für die Aufnahme von Gegenmeinungen muß dabei umso größer sein, je weniger Arbeitnehmerorganisationen vorhanden sind.

Die hierbei an die Gewerkschaften zu stellenden Anforderungen sind nicht immer dieselben, denn Grenze der Toleranz muß die Funktionsfähigkeit sein. Diese ist aber verschieden, je nachdem ob es sich um einen gefestigten Verband oder eine kleinere oder noch locker zusammengefügte und im Aufbau begriffene Gewerkschaft handelt[32].

Geht man weiter davon aus, daß in den großen bürokratisierten Gewerkschaften Oligarchisierungstendenzen bestehen[33], d.h. eine weitgehende Verfestigung der Willensbildung an der Spitze stattgefunden hat, so ist es gerade notwendig, um eine Willensbildung von unten her zu erhalten, daß dissentierende Meinungen an der Basis Einlaß finden[34].

Liegt eine Übereinstimmung hinsichtlich des Grundsatzprogramms und der Zielsetzung vor, so fragt es sich, ob aus anderen Gründen, z.B. Verhalten des Bewerbers in der Vergangenheit, ein Aufnahmeantrag zurückgewiesen werden kann. Die Entscheidung wird dabei weitgehend eine Frage des Einzelfalles sein[35]. So muß es Gewerkschaften, die eine bewußt antifaschistische Grundeinstellung in ihrem Programm zum Ausdruck gebracht haben, möglich sein, frühere Funktionäre des NS-Regimes abzulehnen. Haben sie dagegen bereits einige Mitglieder der NSDAP aufgenommen, so sind sie in dieser Hinsicht durch Art. 3 GG gebunden. Dieser verbietet auch eine unterschiedliche Behandlung nach Rasse

---

31 Knöpfle, S. 342 für die Parteien.

32 Anders wohl Henrici, S. 132, der bei der Überprüfung der Ablehnungsgründe das Phänomen Gewerkschaft von allen zeit- und organisatorisch geprägten Ausprägungen abstrahieren will. Die Beweislast, an die nicht zu hohe Anforderungen gestellt werden können, ist dabei von der Gewerkschaft zu übernehmen.

33 So auch Frieder Naschold, Organisation und Demokratie, S. 13.

34 So Knöpfle, S. 335; auch Henrici, S. 114 geht davon aus, daß es im öffentlichen Interesse liege, wenn sich die Gewerkschaften allen Strömungen der Arbeitnehmerschaft offen halten.

35 Nach v. Stechow, S. 77 muß der Bewerber durch sein bisheriges Verhalten eine ausreichende Gewähr dafür bieten, daß seine Mitgliedschaft nicht zu einer Beeinträchtigung des Bestandes und der Betätigung der betreffenden Koalition führt.

oder Religion, was in den meisten Gewerkschaftssatzungen nochmals ausdrücklich betont wird.

Überprüft man nach diesen Kriterien die Bestimmungen der Gewerkschaftssatzungen, so sind sicherlich die Regelungen verfassungswidrig, die eine Aufnahme in das freie Ermessen des Verwaltungsstellenvorstandes stellen, ohne ihn an das Vorliegen bestimmter Gründe zu binden.

Ist dagegen eine Verweigerung nur „aus wichtigem Grund" oder wenn „der Beitritt eine Schädigung gewerkschaftlicher Interessen befürchten läßt", zulässig, so wird damit das grundsätzliche Eintrittsrecht des einzelnen Arbeitnehmers anerkannt und eine Ablehnung erfolgt nur in einem Ausnahmefall. Dabei kann es nicht unzulässig sein, die Ablehnungskriterien so allgemein zu halten, da eine enumerative Aufzählung nicht möglich ist. Die Möglichkeit der Ablehnung eines Aufnahmegesuchs, „wenn dies im Interesse der Gewerkschaft notwendig erscheint", ist zu vage, verzichtet auf das Kriterium der Schadenszufügung und berücksichtigt damit nicht genügend das Interesse des einzelnen auf Eintritt in eine Gewerkschaft.

Besagt die Formulierung, „der Bewerber muß die Satzung und Beschlüsse der Gewerkschaftsorgane anerkennen", daß ihm dabei verboten wird, im innergewerkschaftlichen Prozeß durch Gewinnen neuer Mehrheiten auf eine Änderung bestimmter Beschlüsse hinzuwirken, so wäre diese Regelung unzulässig, da sie den einzelnen damit faktisch vom Willensbildungsprozeß ausschließt, weil meistens die entsprechenden Entscheidungen schon gefallen sind. Zulässig ist es dagegen, von ihm eine Übereinstimmung mit der Grundlinie der Gewerkschaft und eine Anerkennung der Mehrheitsbeschlüsse nach außen zu verlangen. Hinsichtlich der weiteren absoluten Aufnahmehindernisse[36] bestehen keine verfassungsrechtlichen Bedenken.

Die Ablehnung eines Aufnahmeantrags muß schriftlich begründet werden. „Der Bewerber muß Einblick in die wesentlichen Gründe erhalten, die zur Ablehnung seines Aufnahmeantrags geführt haben"[37]. Dadurch wird die Gewerkschaft gezwungen, die Gründe abzuwägen, die sie zur Ablehnung des Aufnahmegesuches veranlassen, und dem Bewerber wird die Möglichkeit gegeben, sich gegen evtl. zu Unrecht erhobene Bedenken zur Wehr zu setzen. Die Satzungsbestimmungen, die einen Begründungszwang verneinen, sind nichtig.

Dem Bewerber muß die Möglichkeit gegeben werden, vor einem weiteren ge-

---

36 Siehe § 2 dieser Arbeit.

37 Galperin, DB 1969, 707; anders § 10 Abs. 1 Satz 2 Part.G.

werkschaftlichen Gremium Einspruch gegen die Ablehnung seines Aufnahmegesuches einzulegen[38]. Besteht ein grundsätzlicher Anspruch auf Aufnahme, so kann es auch nicht genügen, daß der Hauptvorstand über den Einspruch entscheidet, wie dies bei den meisten Gewerkschaften vorgesehen ist, sondern die Abwägung der Gründe hat durch ein unabhängiges Gremium mit schiedsgerichtsähnlichem Charakter stattzufinden. Nur so wird auch klargestellt, daß kein grundsätzlicher Unterschied in der Rechtsstellung zwischen einem Bewerber und einem Mitglied besteht.

Einige Gewerkschaften haben vorgesehen, daß innerhalb einer gewissen Zeit – meist ein Jahr – nach der Aufnahme eine Aufhebung der Aufnahme ohne Durchführung eines Ausschlußverfahrens möglich ist. Diese Regelung wird damit begründet, daß die Aufnahmepraxis es meist nicht ermögliche, den Bewerber näher kennenzulernen, das Ermessen sachgemäß auszuüben und nachzuprüfen, ob ein Aufnahmehindernis besteht. Dieses Verfahren ist nur dann gerechtfertigt, wenn die Aufhebung aus den dargestellten zulässigen Gründen erfolgt und dem Bewerber die Möglichkeit des Einspruchs an ein unabhängiges Gremium eröffnet ist[39].

Der unter den genannten Voraussetzungen gegebene Anspruch auf Aufnahme kann von einem abgewiesenen Bewerber gerichtlich durchgesetzt werden. Für eine solche Klage besteht jedoch in der Regel nur dann ein Rechtsschutzinteresse, wenn die um Aufnahme nachgesuchte Koalition dem Bewerber endgültig die Mitgliedschaft verweigert hat und außerdem der verbandsinterne Rechtsweg ausgeschöpft ist[40], vorausgesetzt, daß dieser nicht zu lange dauert und dem Bewerber zugemutet werden kann.

---

38 So Leibholz, Verhandlungen des 38. DJT, S. C 24, 85; Rabus, AöR 78, 182 für Parteien; dagegen Luthmann, DVBl. 62, 170.

39 ebenso von Stechow S. 74 f.

40 von Stechow S. 84.

§ 28 Gleiche Mitwirkungsrechte aller Mitglieder

Der Aufbau einer Gewerkschaft nach demokratischen Grundsätzen besagt – über die Bindung des Art. 3 GG hinaus –[1], daß alle Mitglieder gleiche Aufstiegsmöglichkeiten innerhalb der Gewerkschaft haben und in gleicher Weise an der innergewerkschaftlichen Willensbildung beteiligt sein müssen[2].

Gleiche Einfluß- und Aufstiegsmöglichkeiten bedeuten, daß jedes Mitglied nur eine Stimme hat, sich an jedem Wahlvorgang, der von dem Gremium vorgenommen wird, dem es angehört, beteiligen kann und auch die theoretische Möglichkeit hat, jede der von diesem Gremium zu vergebenden Funktionen zu erwerben. Es widerspricht daher dem Gleichheitsgrundsatz, für Gründer bestimmte, für andere Mitglieder nicht zu erlangende Positionen vorzusehen[3]. Solche Gründerprivilegien sind in keiner Gewerkschaftssatzung enthalten.

Ein Verstoß gegen das Gleichbehandlungsgebot aller Mitglieder könnte in dem Vorschreiben einer gewissen Dauer der Mitgliedschaft zur Ausübung des Stimmrechts sowie zur Erlangung bestimmter Ämter liegen. Das Bundesverfassungsgericht[4] hat festgestellt, daß in der durchgehenden Numerierung der Mitgliedskarten ein Verstoß gegen den Gleichheitssatz liegt, wenn sich an niedrige Nummern Sonderrechte knüpfen. Dies kann besagen, daß eine Privilegierung derjenigen, die in der Anfangsphase der Gewerkschaft beigetreten sind, unzulässig ist. Daraus kann aber auch entnommen werden, daß jede Berücksichtigung des Eintrittsdatums des Mitglieds unzulässig ist[5]. Gegen letztere Interpretation spricht zwar, daß auch nur derjenige aktives oder passives Wahlrecht zu kommunalen Wahlkörperschaften hat, der der Gemeinde eine bestimmte Zeit angehört. Andererseits ist zu bedenken, daß auf diese Weise zwei Gruppen von Mitgliedern bestehen, wobei die Mitgliedschaft der einen Gruppe weitgehend formal ist. Besonders bedenklich ist diese Unterscheidung beim aktiven Wahlrecht. Bei der Kandidatur als Vorstandsmitglied, Geschäftsführer oder Delegierter mag der Grund für eine Unterscheidung darin liegen, daß eine Bewährung[6]

---

1 Nach Art. 3 GG könnten Gründer und Vorstandsmitglieder stärkere Mitgliedschaftsrechte haben als die übrigen Gewerkschaftsmitglieder.

2 BVerfGE 2, 40 und Müller, S. 112 verlangen nur eine grundsätzliche Gleichwertigkeit aller Mitglieder. Ebenso Luthmann, DVBl. 62, 168 allerdings ausdrücklich aus Art. 3 GG und nicht dem demokratischen Prinzip.

3 BVerfGE 2, 43.

4 a.a.O.

5 Für erstere Interpretation Müller, S. 112.

6 Darauf weist Seifert, GMH 1958, 170 besonders hin.

in der Gewerkschaft sowie ein Einblick in das Gewerkschaftsleben notwendig ist, um diese Funktionen ausführen zu können. Dies ist aber kein gewerkschaftsspezifisches Phänomen. Für Parteien hat der Gesetzgeber die Dauer der Mitgliedschaft nicht als beachtliches Unterscheidungsmerkmal anerkannt. Auch wenn in der Praxis in höhere Funktionen nur Mitglieder gewählt werden, die der Gewerkschaft bereits mehrere Jahre angehören, so ist es doch nicht zulässig, dies in der Satzung festzulegen. Damit wird den Mitgliedern, die meist wissen, wie lange ein Kandidat Mitglied der Gewerkschaft ist, und dies berücksichtigen können, die freie Entscheidung über mehrere Kandidaten genommen. Dabei ist auch in Betracht zu ziehen, daß die Gewerkschaftswirklichkeit durch eine starke Fluktuation der Gewerkschaftsmitglieder gekennzeichnet ist, so daß für Ämter, seien es Vorstands- oder Delegiertenpositionen, immer nur ein kleiner Kern der Mitglieder die satzungsgemäßen Voraussetzungen mitbringt. „Ein Verstoß gegen den Gleichheitssatz liegt aber sicherlich dann vor, wenn durch ex-officio Amtserwerb, bestimmte Fristen und Absprachen faktisch eine geschlossene Gruppe von Mitgliedern alle Ämter besetzt[7].“ Unter diesen Voraussetzungen ist auch das einzelne Element, nämlich das Vorschreiben einer bestimmten Dauer der Mitgliedschaft, verfassungswidrig.

Wird die Dauer der Mitgliedschaft nicht als zulässiger Unterscheidungsgrund hinsichtlich der Mitgliedschaftsrechte angesehen, so ist zu untersuchen, ob Vorzugsrechte des Vorstandes, wie Wortmeldungen außerhalb der Reihe, Teilnahmerecht an allen Sitzungen der unteren Gremien und verkürztes Antragsrecht dem Gleichbehandlungsgrundsatz widersprechen. Diese Privilegien werden allgemein für zulässig gehalten, da sie sich aufgrund einer besonderen Stellung innerhalb des Verbandes ergeben[8]. Es kann jedoch nicht grundsätzlich jede privilegierte Stellung des Vorstandes als mit demokratischen Grundsätzen vereinbar angesehen werden, ohne zu prüfen, ob sie im Einzelfall von seiner Funktion her gerechtfertigt ist.

„Ist es aus Gründen der Kontinuität und des größeren Dienstwissens mit dem Demokratiegedanken vereinbar, dem Vorstand ein eigenes Antragsrecht zu geben“[9], so ist es trotzdem funktional nicht erforderlich, diesem Antragsrecht kürzere Fristen zuzubilligen als den Mitgliedergruppierungen. Ein Teilnahme-

7 So Müller, S. 115, die noch dazu verlangt, daß den Mitgliedern jede Möglichkeit des Aufstiegs genommen ist.

8 Lange, S. 344; ebenso Müller, S. 117, da sich das Vorrecht nur aus der Stellung als Vorstandsmitglied ergebe.

9 Müller, S. 137.

recht an allen Sitzungen der unteren Gremien ist dagegen aus Informations- und Kommunikationsgründen gerechtfertigt. Wortmeldungen des Vorstandes außerhalb der Reihe sind nur dann gerechtfertigt, wenn es sich um eine sachliche Richtigstellung handelt oder das Vorstandsmitglied persönlich angesprochen worden ist.

Der Grundsatz des gleichen Stimmrechts wird auch relevant bei der Aufschlüsselung der Delegiertenzahlen zu Vertreterversammlungen. Dabei ist grundsätzlich davon auszugehen, daß innerhalb der einzelnen Gewerkschaften auf jeden Delegierten eine gleiche Anzahl von Mitgliedern fallen soll. Dieses Prinzip kann bei einer begrenzten Gesamtzahl von Delegierten jedoch dazu führen, daß die Mitgliederzahlen pro Delegierter so hoch angesetzt werden müssen, daß z.B. nicht alle Verwaltungsstellen vertreten sind[10]. Eine Mindestdelegiertenzahl pro Verwaltungsstelle, verbunden mit einer Aufschlüsselung nach Mitgliederzahlen, würde eine Repräsentation aller Verwaltungsstellen ermöglichen und daher auch eine Abweichung vom Gleichheitsgrundsatz rechtfertigen.

Die Darstellung des gleichen Einflusses auf die innergewerkschaftliche Willensbildung steht in engem Zusammenhang mit der Meinungsfreiheit innerhalb der Gewerkschaften[11]. Diese ist eine lebensnotwendige Voraussetzung innergewerkschaftlicher Demokratie. Meinungen und Gegenmeinungen müssen sich innerhalb der Gewerkschaften ungehindert entfalten können, wobei Meinungsfreiheit nicht als Ausklammerung (vom Einfluß der Verbandsführung), sondern als positives Teilhaberecht zu gewährleisten ist[12]. Zwar ergeben sich Einschränkungen aus der Einordnung in die gewerkschaftliche Gemeinschaft, doch werden diese meist überbetont. Die Verbandsautonomie, die das Recht zur Sicherung des Bestandes des Verbandes gegenüber den eigenen Mitgliedern beinhaltet, findet ihre Grenze sowohl an dem Koalitionsrecht des einzelnen[13] wie an den sonstigen nicht aus dem Zweck der Koalition eingeschränkten Freiheits-

---

10 Dieses Problem spielt auch bei der Vertretung der kleinen Gewerkschaften im DGB eine Rolle, doch kann es letztlich nur durch einen Zusammenschluß der kleinen Gewerkschaften gelöst werden.

11 Diese ist speziell für Gewerkschaften noch nicht behandelt worden. Es können jedoch die Arbeiten zur Meinungsfreiheit innerhalb der Parteien herangezogen werden: Günter Düx, Meinungsfreiheit als innere Ordnung der Parteien, DVBl. 66, 553 ff.; Walter Luthmann, Rechtsstellung der Mitglieder von politischen Parteien, DVBl. 62, 168; Günther Rabus, AöR 78, 163; Lenz-Sasse, Parteiausschluß und Demokratiegebot, JZ 1962, 240 f.

12 Düx, S. 554.

13 Galperin, S. 10.

rechten. So muß sich das einzelne Gewerkschaftsmitglied nicht notwendig mit der von der momentanen Mehrheit in der Gewerkschaft vertretenen Politik identifizieren. Die Konzeptionen müssen einem stetigen möglichen Wandel unterliegen. Ein Gewerkschaftsmitglied kann legitimerweise auf die Durchführung einer anderen Linie der Gewerkschaftspolitik hinarbeiten[14]. Auch nach Festlegung einer gemeinsamen Linie muß im internen Bereich die Möglichkeit bestehen bleiben, gegen diese Linie neue Mehrheiten zu finden, ohne disziplinaren Maßnahmen ausgesetzt zu sein[15]. Andernfalls würde das Recht, bereits Beschlossenes zu überprüfen und zu ändern, der Führung allein vorbehalten bleiben[16]. Das heißt nicht, daß die Beschlüsse höherer Organe nicht solange durchgeführt werden müssen, wie sie bestehen. Es darf aber auch nicht grundsätzlich verboten werden, die Kritik an der eigenen Verbandslinie in der Öffentlichkeit zu vertreten[17]. So muß einerseits im Falle eines Streiks den Anweisungen der Streikleitung Folge geleistet werden, andererseits kann das Mitglied eine völlig andere Tarif- oder sonstige Gewerkschaftspolitik fordern, als von seiner Gewerkschaft im Augenblick praktiziert wird.

Nur durch weitgehende Meinungsfreiheit ist die Möglichkeit gesichert, eine notwendige Wiederwahl der Führung langfristig zu verhindern[18]. Dabei ist es gerechtfertigt, zwischen einer Ablehnung des Grundsatzprogramms die nicht zulässig ist, und einer Kritik an der Interpretation und Durchsetzung dieses Programms durch die gegenwärtige Leitung zu unterscheiden[19].

Gegen die Zulassung einer innergewerkschaftlichen Opposition kann auch nicht eingewandt werden, diese sei aufgrund der Freiwilligkeit des Eintritts und des eng umschriebenen Zweckes, die eine Homogenität der Mitgliedschaft bewirken, nicht nötig. Über die Ziele sei man sich einig, diskutiert werde über die Mittel[20]. Die Fragwürdigkeit dieser Aussage ergibt sich schon aus den Richtungskämpfen Anfang der fünfziger Jahre. Man kann auch grundsätzlich nicht von einem einmal gesteckten Ziel ausgehen, sondern das gemeinsame Verbandsinteresse kann

---

14 Ähnlich Lenz-Sasse, S. 240; BVerfGE 2, 42: Das Verlangen von unbedingtem Gehorsam ist undemokratisch.

15 Dagegen Luthmann, S. 168.

16 Düx, S. 555.

17 So aber Rabus, S. 182; Lenz-Sasse, JZ 1962, 270; dagegen mit beachtlichen Gründen Düx, S. 556 f.

18 So Düx, S. 558.

19 So Lenz-Sasse, S. 240.

20 Villiger: Der Aufbau der englischen und amerikanischen Gewerkschaften, S. 142.

sich immer erst aus der Diskussion verschiedener Ansichten darüber ergeben[21]. Mit wachsender Konzentration wurde auch innerhalb der Gewerkschaften die Mitgliedschaft heterogener und die Zwecke vielfältiger. Wegen der Unbestimmtheit der Wirkungen alternativer Maßnahmen ist nicht ohne Werturteil auszukommen[22] und kann nicht von einem objektiv feststellbaren Verbandsinteresse ausgegangen werden.

Eine innergewerkschaftliche Opposition erübrigt sich auch nicht aufgrund der Möglichkeit des Austritts[23]. Wie dargestellt, ist die Verweisung auf andere Gewerkschaften oder gar eine Neugründung noch irrealer als bei Parteien. Der einzelne begibt sich bei einem Austritt aus der Gewerkschaft eines Großteils der Mitbestimmung über seine Arbeitsbedingungen, von evtl. wirtschaftlichen Nachteilen bei Streiks ganz zu schweigen[24].

Die Grenzen innergewerkschaftlicher Meinungs- und Oppositionsfreiheit können – wie die Toleranzspanne bei der Aufnahme – nicht für immer und für alle Gewerkschaften unabhängig von den Umweltbedingungen festgelegt werden. Sie sind in einer Zeit der weitgehenden öffentlichen Anerkennung weiter zu stecken, als in der Aufbau- und Gründungsphase. Auch sind die Grenzen bei einer Gewerkschaft mit über zwei Millionen Mitgliedern andere als bei einer Gewerkschaft, die im Pluralismus der Arbeitnehmerkoalitionen um ihre Existenz kämpft.

Bei der Begrenzung der Meinungsfreiheit ist die Zielsetzung des Verbandes zu berücksichtigen. Charakteristisches Merkmal der Gewerkschaften ist dabei die parteipolitische und konfessionelle Unabhängigkeit. So enthält die Satzung der GED die Bestimmung: Jedes Mitglied hat das Recht der freien sachlichen Meinungsäußerung unter Ausschluß aller parteipolitischen, konfessionellen oder rassischen Fragen. Diese Bestimmung ist nicht deshalb gültig, weil das Recht der freien Meinungsäußerung nicht ausgeübt werden darf, soweit es sich mit mitgliedschaftsrechtlichen Pflichten nicht vereinbaren läßt[25]. Eine Koalition kann nicht das Recht auf freie Meinungsäußerung durch eine in ihrem Ermessen liegende Interpretation des Verbandszweckes beliebig weit einschränken[26]

21 So auch Klaus von Beyme: Interessengruppen in der Demokratie, S. 189.

22 Vgl. auch Bodo Zeuner, Innerparteiliche Demokratie S. 17 f.

23 Dagegen auch bei Parteien Düx, S. 558.

24 Nach Villiger, S. 143 reicht die Tatsache faktischer Zwangsmitgliedschaft nicht aus, um die Notwendigkeit einer organisierten Opposition zu begründen.

25 So aber LAG Bayern in JZ 1952, 568.

26 So aber wohl Bauernfeind, S. 60.

und für das Mitglied bei einer Verletzung bestimmte Ordnungsmaßnahmen daran knüpfen.

Wird mit Recht die Unabhängigkeit von Parteien und Kirchen im Sinne einer unverfälschten Vertretung der Mitgliederinteressen gefordert, so bedeutet dies nicht, daß Gewerkschaften nicht auch eine bestimmte politische, weltanschauliche oder religiöse Richtung verfolgen dürften, sofern sie sich zu dieser in freier Selbstbestimmung entschlossen haben. Es darf nur keine Gebundenheit an Weisungen und überwiegende Einflußnahmen von Parteien oder kirchlichen Institutionen stattfinden[27]. Können Verbände und insbesondere Gewerkschaften ihre Ziele meist nur erreichen, wenn sie sich in Sachfragen mit Parteien verbinden, so kann bereits von ihrer Funktion einer möglichst effektiven Interessenvertretung eine solche Neutralität nicht gefordert werden. Der Ausschluß von Meinungsäußerungen bei allen parteipolitischen, konfessionellen oder rassischen Fragen geht über diese Neutralitätspflicht noch hinaus und ist in keiner Weise durch das Verbandsinteresse gefordert. Bei gerechtfertigter Forderung einer Respektierung parteipolitischer Auffassungen und religiöser Bekenntnisse würde eine Inaktivität auf parteipolitischem und konfessionellen Gebiet[28] sogar gewerkschaftlichen Interessen schaden.

Ist das Recht divergierender Ansichten innerhalb der Gewerkschaften anerkannt, so müssen diese auch die Möglichkeit haben, sich zu aktualisieren. Dabei kann nicht einfach von dem idealen Bild ausgegangen werden, daß „in die schließlich erreichte Mehrheitsentscheidung immer auch die geistige Arbeit und die Kritik der oppositionellen Minderheit eingegangen ist"[29], sondern die Mehrheit muß formal zum Kompromiß und zur Anhörung der Minderheit gezwungen werden. Dies kann dadurch geschehen, daß das Antragsrecht weitgehend ausgestaltet und für wichtige Beschlüsse eine qualifizierte Mehrheit vorgeschrieben wird[30].

27 Hueck-Nipperdey, Lehrbuch, Bd. II, 6. Aufl., S. 296; Nikisch, Lehrbuch, Bd. II, S. 254 f.

28 So aber Bauernfeind, S. 24.

29 So aber Laufer, Die demokratische Ordnung, S. 101.

30 So verlangen die meisten Gewerkschaften für den Beginn und die Fortsetzung eines Streiks eine Mehrheit von 75%.

§ 29 Beendigung der Mitgliedschaft

a) Kündigung

Die Kündigungsfristen bei den Gewerkschaften betragen sechs Wochen bis sechs Monate zum Jahresschluß, was sich über ein Jahr erstrecken kann. Damit halten sich die Gewerkschaften zwar noch in dem vom BGB für rechtsfähige Vereine gesteckten Rahmen, doch ist fraglich, ob dies auch nach verfassungsrechtlichen Grundsätzen zulässig ist[1].

Nach dem Bundesverfassungsgericht[2] gehört zu den demokratischen Grundsätzen die Freiheit von Eintritt und Austritt. Bei der notwendigerweise hierbei vorzunehmenden Abwägung zwischen dem Recht des einzelnen und dem der Koalition können jedoch die bei den Gewerkschaften heranzuziehenden Gesichtspunkte andere sein als bei Parteien[3], so daß diese Schlußfolgerung nicht ohne weiteres auf Gewerkschaften angewandt werden kann. Das Bundesverfassungsgericht ging davon aus, daß es dem einzelnen nicht zuzumuten ist, länger einer Gesinnungsgemeinschaft anzugehören, wenn er deren politische Einstellung nicht mehr teilen kann[4]. Es hat also ein eventuelles Interesse der Partei, aus organisatorischen und finanziellen Erwägungen den Bestand der Mitglieder vorauszusehen, nicht als beachtlich angesehen.

Das Problem einer Austrittsfrist wurde auch bei Kirchenaustritten diskutiert. Dabei wurde festgestellt, daß die Vereinigungsfreiheit auch das Recht umfasse, aus einer Vereinigung auszutreten[5]. Damit „sei jedoch nicht das Recht gewährleistet, selbst die rechtlichen Bedingungen des Austritts aus einer Vereinigung zu bestimmen. Auf die Dauer angelegte Rechtsverhältnisse können in aller Regel nicht durch bloße Willenserklärung eines Beteiligten mit sofortiger Wirkung beendet werden, weil dem oder den übrigen an dem Rechtsverhältnis Beteiligten Gelegenheit gegeben werden muß, sich auf den Beendigungstatbestand einzustellen. Die für kurze Zeit noch fortbestehende rechtliche Zugehörigkeit zur Religionsgemeinschaft bringt ihn auch nicht in einen Gewissenskonflikt, da er

---

1 So sind nach § 10 Abs. 2 Satz 2 Part.G. Parteimitglieder zum jederzeitigen Austritt aus der Partei berechtigt. Ebenso Art. 121 der badischen Verfassung; Leibholz, Strukturprobleme, S. 121; Rabus, AöR 78, 181.

2 BVerfGE 2, 40.

3 Bericht S. 164 folgert dies aus dem Mehrparteiensystem.

4 Ebenso Bericht, S. 164.

5 Anders Bauernfeind, S. 47.

mit der Austrittserklärung bereits bekannt hat, daß er sich zu dieser Religionsgemeinschaft nicht mehr zugehörig fühlt[6]."

Kann auch nicht jede Austrittsfrist deshalb zulässig sein, weil die Einhaltung der Frist für das Mitglied voraussehbar war[7], so erscheint es andererseits fraglich, bereits jede Frist als verfassungswidrig anzusehen. Berücksichtigt man, daß das Recht der Koalition auf Betätigung sein aus dem Recht des einzelnen auf Koalierung und Betätigung durch Koalitionen abgeleitetes Recht ist[8], so muß bei einer Kollision grundsätzlich das Recht der Vereinigung hinter dem des einzelnen zurückstehen. Nur unbedingt notwendige Maßnahmen zur Erhaltung des Bestandes der Koalition sind gerechtfertigt. Es ist hier der verfassungsmäßige Grundsatz der Verhältnismäßigkeit anzuwenden, nach dem der einzelne Arbeitnehmer unbeträchtliche Benachteiligungen in Grenzsituationen hinnehmen muß[9]. Grundrechte sind eben nicht Freiheiten eines isolierten Individuums, sondern einer gemeinschaftsverbundenen Persönlichkeit[10]. Daraus folgt, daß jede Frist, die über eine kurze organisatorische Abwicklungszeit von einem Monat, da auch die Beitragszahlung für einen Monat erfolgt, hinausgeht, das Vereinigungsrecht des einzelnen unzulässig einschränkt[11].

Auch eine Gewerkschaft ist sowohl Interessenverband als auch Gesinnungsgemeinschaft, aus der sich das einzelne Mitglied lösen können muß, wenn es die politische Richtung nicht mehr teilen kann. Eine finanzielle Kalkulation kann kein Hinderungsgrund sein. Eine Frist kann auch nicht damit gerechtfertigt werden, „um der Gemeinschaft Gelegenheit zu geben, auf den einzelnen nochmals einzuwirken oder diesem, um sein Rücktrittsgesuch nochmals zu überdenken"[12]. Mit der Begründung, daß eine weitere Zugehörigkeit keinen Gewissenskonflikt bringe, „da das Mitglied mit der Austrittserklärung bereits zum Ausdruck gebracht habe, der Gemeinschaft nicht mehr angehören zu wollen", kann

6 KG Berlin, DVBl. 69, 48. Nach dem der Entscheidung zugrunde liegenden Preußischen Kirchenaustrittsgesetz wird der Austritt einen Monat nach Erklärung wirksam. Aus der Begründung des KG ist nicht zu entnehmen, daß es eine längere Frist für zulässig erachtet hätte.

7 So aber Lange, S. 346.

8 Dietz, in: Bettermann-Nipperdey-Scheuner, Die Grundrechte, III, S. 459.

9 Galperin, Stellung S. 17.

10 Biedenkopf, JZ 1961, 346.

11 Hans Reichel, DB 1972, 2065, sieht diese bei überlangen Kündigungszeiten verletzt; Dietz, S. 450 will einerseits mit Rücksicht auf die Laufzeit der Tarifverträge eine Frist von höchstens einem Jahr noch als angemessen ansehen, andererseits aus wichtigem Grund einen Austritt ohne Einhaltung einer Frist ermöglichen.

12 So aber KG Berlin, a.a.O.

jede Austrittsfrist gerechtfertigt werden. Es ist dem einzelnen gerade nicht zuzumuten, einer Gemeinschaft weiter nach außen anzugehören, von der er sich innerlich gelöst hat.

b) Ausschluß

Jeder Verband bedarf als schärfstes Disziplinierungsmittel der Möglichkeit des Ausschlusses eines Mitglieds, um seine Einheit zu erhalten. Um zu verhindern, daß daraus ein Herrschaftsinstrument der Führungsgruppe wird, sind sowohl an den Tatbestand des Ausschlusses wie an das einzuhaltende Verfahren gewisse rechtsstaatliche Mindestanforderungen zu stellen. Der Ausschluß muß also vor dem materiellen Demokratiegebot gerechtfertigt werden[13] und kann nicht dem Ermessen der Vereinsfunktionäre überlassen bleiben[14]. Diese Anforderungen sind besonders angesichts der festgestellten Bürokratisierungserscheinungen notwendig, die tendenziell zu einer Oligarchienbildung führen, die wiederum dazu neigen, abweichende Meinungen durch administrative Mittel auszuschließen.

Nach allgemeiner Meinung kann ein Mitglied nur aufgrund solcher Gründe aus der Gewerkschaft ausgeschlossen werden, die vorher in der Satzung niedergelegt waren[15]. Die Vielzahl möglicher Gründe müssen jedoch nicht konkret in der Satzung genannt werden, sondern es genügt, wenn konkretisierbare Generalklauseln vorhanden sind, die dem einzelnen einen Verstoß vorhersehbar machen. Zwar ist der Gewerkschaft die Formulierung der Generalklauseln selbst überlassen, doch muß gewährleistet sein, daß die Gründe nicht so allgemein gehalten sind, daß sich bei jedem mißliebigen Mitglied die Möglichkeit eines Ausschlußverfahrens ergibt[16].

Wie dargelegt, kann bei den meisten Gewerkschaften ausgeschlossen werden bei Schädigung der Gewerkschaft, ihres Ansehens, der Interessen ihrer Mitglieder oder bei Verstoß gegen die Satzung. Ein verbandsschädigendes Verhalten ist nur dann ein genügend konkretisierter Ausschlußgrund, wenn durch weitere Anforderungen, wie „vorsätzlich", „erheblich" oder „nachweisbar", die auch bei einigen Gewerkschaften gestellt werden, die Gefahr des Mißbrauchs reduziert wird. Eine fahrlässige oder sogar nichtschuldhafte Schädigung der Gewerk-

---

13 Lenz-Sasse, S. 239 für Parteien.

14 So aber Bauernfeind, S. 105.

15 Maunz-Dürig, Rdnr. 120 zu Art. 103 GG m.w.N.

16 So kann nach § 10 Abs. 4 Part.G. ein Mitglied nur dann aus der Partei ausgeschlossen werden, wenn es *vorsätzlich* gegen die Satzung oder *erheblich* gegen Grundsätze oder Ordnung der Partei verstößt *und* ihr damit *schweren* Schaden zufügt.

schaft oder ihres Ansehens würde dem poenalen Charakter des Ausschlusses nicht gerecht werden. Gleiches gilt bei einem einfachen Satzungsverstoß. Die Weite der Bestimmung kann nicht damit gerechtfertigt werden, daß die Gewerkschaften in der Praxis von diesen Bestimmungen nur sehr zurückhaltend Gebrauch machen. Diese Praxis kann sich ändern und würde das Mitglied dem Wohlwollen der Verbandsorgane ausliefern. Diese weiteren Anforderungen sind auch deshalb nötig, weil die Schädigung einer Gewerkschaft oder ihres Ansehens so unfaßbare Tatbestände sind, daß z.B. die Meinungsdivergenz innerhalb einer Gewerkschaft dem Ansehen der Gewerkschaft schaden, während darin auch gerade eine Stärkung ihres Ansehens liegen kann. Es müssen also subjektiv vorwerfbare Merkmale hinzukommen.

Eine „Zuwiderhandlung gegen die Zielsetzung der Gewerkschaft“ ist nur dann ein genügender Ausschlußgrund, wenn diese Zielsetzung in der Satzung enthalten ist und damit die Grundsätze der Gewerkschaft und nicht der zu ihrer Erreichung eingeschlagene Weg erfaßt wird. Andernfalls wäre jede Opposition gegen den von der Gewerkschaftsmehrheit eingeschlagenen Weg ein Ausschlußgrund.

Der Ausschluß wegen Nichtbefolgens von Anordnungen von Organen der Gewerkschaft, was meist bei Streiks aktuell wird, rechtfertigt sich aus dem Kampfcharakter der Gewerkschaft. Die Anordnungen der Organe müssen jedoch auf dem in der Satzung vorgeschriebenen Verfahrensweg zustande gekommen sein und das zuständige Organ muß die Anordnung erlassen. Zum Vermeiden eines Mißbrauchs ist es besser, wenn nur ein beharrliches Nichtbefolgen oder ein schwerwiegender Verstoß zum Ausschluß genügt.

Genügt zu Recht die Mitgliedschaft oder ein Wirken für eine gegnerische Organisation als Ausschlußgrund, so muß doch sichergestellt sein, daß eine Ahndung wegen dieser Mitgliedschaft nur dann erfolgen kann, nachdem eine bestimmte Organisation als gegnerisch erklärt wurde. Damit der Vorstand aufgrund einer Globalermächtigung nicht einen Ausschlußtatbestand nach eigenem Ermessen bestimmen kann, müßte der Beirat oder der Gewerkschaftstag diese Konkretisierung vornehmen[17]. Es ist dann nicht mehr nötig, wie bei einigen Gewerkschaften vorgeschrieben, daß das Mitglied nochmals zum Austritt aus der Organisation aufgefordert wird. Die Gewerkschaften müssen selbst bestimmen können,

17 So auch für Parteien Lenz-Sasse, S. 239; Zeuner S. 42. In den verschiedenen DGB-Gewerkschaften erfolgte ein Ausschluß wegen NPD-Mitgliedschaft erst, nachdem auf dem DGB-Kongreß 1966 die Unvereinbarkeit beschlossen worden war. Auch die Abgrenzung gegenüber linksextremen Gruppen beruht auf einem Kongreßbeschluß vom Juni 1972.

welche Organisationen sie als ihre Gegner ansehen[18]. Nur bei willkürlicher Festsetzung, für die keinerlei Gründe zu erkennen sind, kann der Beschluß als unwirksam angesehen werden.

Bedenklich ist die Bestimmung, daß ein Mitglied ausgeschlossen werden kann, wenn es seiner Verpflichtung zur pünktlichen und satzungsgemäßen Beitragszahlung nicht nachkommt. Der Mißbrauch liegt nahe, da bereits bei Rückstand von einem Monatsbeitrag diese Bedingung erfüllt ist. Zwar muß es den Gewerkschaften belassen bleiben, Mitglieder, die ihren Beitrag – im Gegensatz zu den Parteien die einzige Finanzquelle der Gewerkschaften – nicht entrichten, auszuschließen. Es muß dabei jedoch gewährleistet sein, daß ein Mitglied nicht aufgrund organisatorischer von ihm nicht zu vertretender Gründe ausgeschlossen wird. Die erwähnte Regelung genügt diesen Anforderungen nicht.

Es wurde bereits dargelegt, daß ein Verstoß gegen die parteipolitische oder die religiöse Neutralität kein Ausschlußgrund sein kann, da eine konsequente Durchführung dieser Bestimmung die Meinungsfreiheit weitgehend aufheben würde.

Der Ausschlußbeschluß muß begründet werden. „Die Begründungspflicht soll die zuständigen Stellen zu besonders sorgfältiger Prüfung ihrer Entscheidung anhalten, die Betroffenen darüber aufklären, welche Vorwürfe gegen sie erhoben werden und dem Schiedsgericht bzw. ordentlichen Gericht die Rechtsfindung erleichtern[19]." Dem Betroffenen ist vor einer Entscheidung von dem Gremium, das für den Ausschluß zuständig ist, rechtliches Gehör zu gewähren[20]. Neben der Nachprüfung durch staatliche Gerichte, die durch Satzungen nicht ausgeschlossen werden kann[21], und die sich auch auf die Tatsachen erstreckt, die zur Begründung des Ausschlusses angeführt werden[22], ist bereits innergewerkschaftlich entweder die Entscheidung oder deren Nachprüfung durch ein vom Vorstand unabhängiges Gremium vorzunehmen[23]. Dies ergibt sich daraus, daß der

18 Zur Rechtfertigung bei der NPD siehe Hans Maier-Hermann Bott: Die NPD – Struktur und Ideologie einer nationalen Rechtspartei, S. 79.

19 Reg.entw. zum Parteiengesetz, S. 24; RGZ 147/11; Lange, S. 344.

20 Art. 103 Abs. 1 GG kann zwar nicht unmittelbar angewandt werden, sein Grundgedanke hat aber auch die nichtstaatliche Gerichtsbarkeit zu bestimmen. Vgl. Maunz-Dürig, Rdnr. 84, 120 zu Art. 103 Abs. 1 GG, BGH JZ 1959, 665; Lenz-Sasse, S. 239 für Parteien.

21 Reg.entw. zum Parteiengesetz, S. 29; RGZ 140, 23; 147, 11 f.; a.A. Bauernfeind, S. 77.

22 Galperin, S. 12; Lange, S. 352; Hueck-Nipperdey, II S. 186, s. § 16 Rdnr. 38.

23 So für Parteien Rabus, S. 184; Empfehlungen des 38. DJT; Reg.entw. a.a.O.; Lenz-Sasse, a.a.O.

Rechtsweg zu den ordentlichen Gerichten erst nach Ausschöpfung des gewerkschaftsinternen Rechtsweges möglich ist und bereits vorher gewährleistet sein muß, daß die Prinzipien der Gewerkschaftsdisziplin und der Freiheitsrechte des einzelnen Mitglieds angemessen abgewogen werden. Ein Kollektivausschluß ist nicht zulässig, da dabei eine Abwägung der für das einzelne Mitglied anzustellenden Erwägungen nicht möglich ist[24]. Dasselbe gilt für die Auflösung eines ganzen Gebietsverbandes mit der Folge, daß alle Mitglieder ihre Mitgliedschaft verlieren.

Der Ausschluß wird in fast allen Gewerkschaften durch den Hauptvorstand vorgenommen, dem teilweise von einer unabhängigen Untersuchungskommission Empfehlungen erteilt werden. Gegen die Entscheidung des Hauptvorstandes wird überall ein Einspruchsrecht an den Gewerkschafts- bzw. Kontrollausschuß und teilweise noch ein Berufungsrecht an den Gewerkschaftstag zugelassen. Durch das Funktionsverbot für die Mitglieder des Gewerkschaftsausschusses wird sichergestellt, daß dessen Mitglieder vom Vorstand unabhängig sind. Dadurch sind der Satzung nach die rechtsstaatlichen Voraussetzungen erfüllt. Nach allgemeiner Meinung[25] werden zwei unabhängige Instanzen, obwohl vom Parteiengesetz vorgesehen, nicht zwingend von der Verfassung gefordert. Wieweit de facto eine Unabhängigkeit vom Vorstand besteht, ist eine Frage des Einzelfalles.

Die Bestimmung, „bei besonders schwerwiegenden Vergehen kann ein Ausschluß ohne Durchführung eines Verfahrens durch den Hauptvorstand stattfinden", ist verfassungswidrig und damit nichtig, weil ein Ausschluß durch den Vorstand ohne Einspruchsrecht nicht zulässig und eine vorherige Anhörung des Mitglieds nicht vorgesehen ist. Bei schwerwiegenden Vergehen kann der Vorstand allerdings das Mitglied bis zur endgültigen Entscheidung von der Ausübung seiner Mitgliedschaftsrechte suspendieren[26].

---

24 BVerfGE 2, 43 sieht in Kollektivausschlüssen eine Verletzung der Mitgliedschaftsrechte und eine unzulässige Unterdrückung der Opposition.

25 Reg.entw. a.a.O.; anders Rabus, S. 184.

26 So auch Parteiengesetz.

§ 30 Zuständigkeitsverteilung zwischen Mitgliedern, ihren Organen und dem Vorstand

Bei der Untersuchung, wieweit sich eine bestimmte Aufgabenverteilung aus dem Grundgesetz ergibt, können keine Parallelen zur Verfassung als Ganzes gezogen werden. So kann eine Urabstimmung nicht schon deshalb als nicht vom Grundgesetz gefordert angesehen werden, weil das Grundgesetz nur bei der Neugliederung des Bundesgebietes eine Mitwirkung des ganzen Volkes vorgesehen hat. Die Überlegungen, die die plebiszitären Komponenten im GG für das Volk als Ganzes eingeschränkt haben, können nicht auf Parteien und Verbände übertragen werden. In Anlehnung an die Rechtsprechung des Bundesverfassungsgerichts kann im Gegenteil gefolgert werden, daß die repräsentative Verfassung durch möglichst starke Mitwirkung der Bürger in Parteien und Verbänden ausgeglichen werden soll.

Die Trennung in einzelne Funktionsbereiche soll einen Mißbrauch der Repräsentation verhindern. Unterscheidet man richtigerweise nicht nach formalen Kriterien wie Legislative, Exekutive und Judikative, sondern orientiert man sich an dem Typus des politischen Handelns, nämlich

1. der politischen Gestaltungs- und Grundentscheidung,
2. der Aus- oder Durchführung der Grundentscheidung,
3. der politischen Kontrolle[1],

dann kann es nicht nur darauf ankommen, daß diese verschiedenen Funktionen von verschiedenen Institutionen wahrgenommen werden[2], sondern demokratischen Grundsätzen ist nur dann Genüge getan, wenn alle Grundentscheidungen den Mitgliedern oder ihren Organen, d.h. Mitglieder- oder Delegiertenversammlungen vorbehalten bleiben[3]. Die Intentionen des Art. 20 GG sind dabei sicherlich besser verwirklicht, wenn zu bestimmten Grundfragen Urabstimmungen stattfinden, da dadurch jedes einzelne Mitglied am Entscheidungsprozeß beteiligt ist und die geringste Verfälschung des Mitgliederwillens eintreten kann[4].

---

1 So Heinz Laufer, Die demokratische Ordnung, S. 96 unter Berufung auf Karl Löwenstein.

2 So aber Laufer, a.a.O.

3 So für Parteien Rabus, AöR 78, 165; Empfehlungen des 38. DJT; Müller, S. 122, 125.

4 Wobei die von Rabus, S. 168 erhobenen Bedenken, daß bei Urabstimmungen bei geringer Beteiligung Zufallsmehrheiten entstehen können und ein Plebiszit ganz allgemein Gefahren in sich trägt, nicht von der Hand zu weisen sind. Dagegen Müller, S. 125. Auch das Parteiengesetz hat die Möglichkeit der Urabstimmung vorgesehen, als Beispiel allerdings nur die Auflösung der Partei erwähnt.

Eine zwingende Urabstimmung in bestimmten Fragen wird jedoch nicht aus dem Grundgesetz als verfassungsrechtliches Postulat entnommen werden können.

Welches sind nun die Grundentscheidungen, die zwingend von der Delegiertenversammlung bzw. dem Bezirks- oder Gewerkschaftstag und nicht vom Vorstand zu treffen sind?

Dazu gehört sicherlich die Beschlußfassung über die Satzung. Daraus folgt, daß die Vornahme einer Satzungsänderung und auch eine verbindliche Interpretierung im Sinne einer Ausfüllung der Satzung durch den Vorstand verfassungswidrig sind. So können zwar durch vom Gewerkschaftstag beschlossene Bundessatzungen die Angelegenheiten der Verwaltungsstellen umfassend geregelt werden, jedoch kann die Bundessatzung nicht dem Hauptvorstand die Ermächtigung geben, Regelungen für die der Verwaltungsstelle überlassenen Angelegenheiten zu treffen. Die vom Bundesvorstand der IG Chemie erlassene Mustersatzung und die Richtlinien des Vorstandes der IGM können daher nur Empfehlungen an die unteren Gliederungen sein, ihnen aber nicht verbindlich diesen Inhalt vorschreiben.

Neben der Satzung muß das Programm als Grundlage des Gewerkschaftslebens zwingend durch den Gewerkschaftstag verabschiedet werden. Es ist dabei allerdings eine Aufgabe der Gewerkschaftsführung, einen Programmentwurf vorzubereiten.

Hat der Vorstand die auf den Gewerkschaftstagen getroffenen Grundentscheidungen zu vollziehen, so liegt eine Überschreitung des ihm übertragenen Mandats dann vor, wenn er auch die Auflösung der Gewerkschaft oder ihre Verschmelzung mit einer anderen Gewerkschaft beschließen könnte. Dies kann, wenn nicht schon zwingend durch eine Urabstimmung, nur durch den Gewerkschaftstag geschehen.

Auch die Wahl der ausführenden Organe gehört zur Zuständigkeit des Mitgliederorgans. Nur dann läßt sich die Aufgabenerfüllung durch den Vorstand auf den Willen der Mitglieder zurückführen und ist damit demokratisch legitimiert. Daraus folgt, daß eine Kooptation, d.h. eine Selbstergänzung des Vorstandes verfassungswidrig ist. Muß der Hauptvorstand vom Gewerkschaftstag gewählt werden, so ist dies umso mehr für den Beirat notwendig, dem weitgehend zwischen den Gewerkschaftstagen dessen Befugnisse übertragen sind. Es muß dabei aber zulässig sein, daß ein Mitgliederorgan einer unteren Stufe ein ausführendes Organ einer höheren Stufe wählt, wie dies beim Beirat vorgesehen ist. Die Zuständigkeit des Mitgliederorgans ist auch dann noch gewahrt, wenn die Kandidaten für die ausführenden Organe von anderen Gremien, Personen- oder Fachgruppen vorgeschlagen werden und ihm nur die Bestätigung oder deren Versagung verbleibt. Dabei sollte allerdings gewährleistet sein, daß das beschlußfassende Organ den Kandidaten auswählt und dies nicht durch den jeweiligen Vorstand geschieht. Kann die Wahl eines ausführenden Organs nur durch ein Mitgliederorgan vorgenommen werden, so muß auch diesem allein die Möglichkeit zustehen, das ausführende Organ abzuberufen und zu kontrollieren. Zwischen den Delegiertenversammlungen bzw. Gewerkschaftstagen kann und muß jedoch eine Kontrolle durch ein kleineres Gremium vorgenommen werden, das sich ebenfalls als Organ der Mitglieder gegenüber der Gewerkschaftsführungsgruppe darstellt. Obliegt der Mitgliederversammlung die Wahl des Vorstandes, so kann auch nur diese oder ein übergeordnetes Mitgliederorgan das dabei einzuschlagende Verfahren sowie die sonstigen Wahlmodalitäten bestimmen.

Läßt sich auf höheren Stufen keine Mitgliederversammlung, sondern nur noch eine Delegiertenversammlung durchführen, so kann es nicht Aufgabe des Vorstandes sein, diese Delegierten zu wählen. Die Mitglieder müssen die Möglichkeit haben, die sie auf der nächsten Stufe vertretenden Personen zu wählen[5]. Der Vorstand kann auch nicht dadurch auf die Zusammensetzung der Delegiertenversammlungen Einfluß nehmen, daß er die Schlüsselzahlen bestimmt. Diese müssen bundeseinheitlich durch den Gewerkschaftstag oder, wenn dieser als Mitgliederorgan anzusehen ist, durch den Beirat festgesetzt werden. Eine Wahl durch die Delegiertenversammlung sollte weitgehend auch für Vertreter in sonstige Gremien, zumindest aber zu DGB-Versammlungen erfolgen. Doch wird eine solche Regelung nicht zwingend gefordert werden können.

Läßt sich auch aus dem Grundgesetz keine zwingende Forderung nach Durchführung einer Urabstimmung vor Erteilung des Streikbefehls entnehmen, so besagt dies noch nichts darüber, ob nicht neben dem hauptamtlichen Vorstand auch ein anderes Gremium, in dem insbesondere das ehrenamtliche Element stärker verkörpert ist, diesen Beschluß fassen muß. Berücksichtigt man, daß ein Streik den einschneidendsten von der Gewerkschaft ausgehenden Eingriff in das Leben des Mitglieds darstellt, sein Einkommen zumindest zeitweise eingeschränkt wird und es auch Gefahr läuft, seinen Arbeitsplatz zu verlieren, da es auch nach der neueren Rechtsprechung des BAG auf die Umstände des Einzelfalles ankommt, ob der Arbeitgeber zur Wiedereinstellung verpflichtet ist, so

5 So auch Müller, S. 128.

kann es nicht dem hauptamtlichen Vorstand vorbehalten bleiben, den Streikbefehl auszusprechen. Die Mitglieder müssen in irgendeiner Weise an dieser Entscheidung teilhaben, wobei die Gewerkschaften die Modalitäten der Mitwirkung, sei es Urabstimmung, Beschluß eines außerordentlichen Gewerkschaftstages oder des Beirates, soweit dieser ein den Vorstand kontrollierendes Gremium ist, bestimmen können[6]. Die Satzung der IG Chemie, die allein dem Vorstand die Zuständigkeit zum Streikbefehl überträgt, ist also nichtig. Es ist auch ein Verstoß gegen das demokratische Prinzip, wenn der Vorstand, nachdem sich die Mitglieder in einer Urabstimmung für einen Streik ausgesprochen haben, vom Streik absehen kann[7]. Der Vorstand kann nicht kraft einer höheren Einsicht über den erklärten Willen der Mitglieder hinweggehen. Unüberlegte Entscheidungen lassen sich durch ausführliche, der Urabstimmung vorangehende Informationen vermeiden.

Der Kreis der Mitglieder eines Verbandes wird neben Satzung und Programm auch durch die Höhe der Mitgliedsbeiträge bestimmt. Diese, die Mitglieder unmittelbar wirtschaftlich berührende Feststellung, kann nicht durch den Vorstand allein wahrgenommen werden. Da alle Mitglieder gleichzubehandeln sind, kann eine Festsetzung nur bundeseinheitlich durch den Gewerkschaftstag vorgenommen werden. So wird es auch bei allen Gewerkschaften praktiziert.

Es ist dagegen nicht unbedingt erforderlich, daß ein Mitgliederorgan über die Aufnahme und den Ausschluß von Mitgliedern entscheidet. Abgesehen davon, daß dies bei Gewerkschaften aus praktischen Erwägungen schon kaum möglich ist, ist eine angemessene Abwägung der zu berücksichtigenden Gründe eher durch ein kleineres Gremium, sei es Vorstand oder Kontrollausschuß, gewährleistet. Die Kompetenz der Mitglieder- bzw. Delegiertenversammlung ist dann nicht unzulässig ausgehöhlt, wenn ihr die Wahl dieses Organs obliegt und sie das einzuhaltende Verfahren festlegen konnte. Dies ist bei allen Gewerkschaften gewährleistet.

Ist eine Gewerkschaft notwendigerweise in Gebietsverbände gegliedert und wird

6 Ebenso Ramm: Freiheit, S. 115, der ein Mitwirkungsrecht des einzelnen Gewerkschaftsmitglieds aus dem Sozialstaatsprinzip folgert. Ähnlich Ridder: Die Stellung, S. 44. Das Mandat des Vorstandes muß für das jeweilige Streikvorhaben erneuert und konkretisiert werden. (Dies kann auch durch die Entscheidung eines Mitgliederorgans geschehen.)
Hueck-Nipperdey LB des Arbeitsrechts 7. Aufl. II 2. Halbband; a.A. Wolfgang Gitter, Zur Rechtmäßigkeit eines ohne Urabstimmung durchgeführten Streiks, JZ 1965, 198 f.

7 Anders Ridder, a.a.O.

nur dadurch eine angemessene Mitwirkung des einzelnen Mitglieds gewährleistet, so kann es nicht dem Vorstand überlassen bleiben, die Zahl der Verwaltungsstellen und Bezirke festzulegen. Es handelt sich dabei um eine so grundlegende, die Rechtsstellung des einzelnen Mitglieds tangierende Entscheidung, daß, abgesehen von der Gefahr einer Manipulation, nur die Entscheidung durch ein Mitgliederorgan der höheren Stufe gerechtfertigt ist. Die Umgrenzungen der einzelnen Bezirke und Verwaltungsstellen können dagegen auch vom Vorstand vorgenommen werden.

Findet eine Willensbildung von unten nach oben nur durch Anträge statt, so muß dieses Recht auch der Delegiertenversammlung belassen bleiben, da die Mitglieder andernfalls von der Willensbildung ausgeschlossen wären. Es ist nicht unzulässig, auch dem Vorstand ein Antragsrecht zu übertragen, doch widerspricht die im DGB-Statut getroffene Regelung, daß nur die Vorstände der Gewerkschaften und nicht die Gewerkschaftstage Antragsrecht haben, demokratischen Grundsätzen. Die Gewerkschaftstage können jedoch den Vorstand beauftragen, bestimmte Anträge zu stellen.

Ist es bei der Vielzahl der Anträge notwendig, daß sie nach Sachgebieten geordnet werden, so kann dies zur Vorbereitung der Konferenz auch durch den Vorstand geschehen. Formuliert die Antragskommission aber neue Anträge und gibt sie Empfehlungen, so ist nur dann nicht unzulässig in die Beschlußfassung der Konferenz und damit der Mitglieder eingegriffen, wenn die Mitglieder dieser Kommission sich nur aus Delegierten des Gewerkschafts- bzw. Bezirkstages zusammensetzen und auch nur von den Delegierten bzw. dem sie entsendenden Organ ausgewählt werden. Eine Auswahl durch den Vorstand greift unzulässig in die Befugnisse des Mitgliederorgans ein.

Zwar ist eine autonome Willensbildung des Gewerkschafts- oder Bezirkstages eher gewährleistet, wenn dieser sich selbst ein Präsidium gibt, als daß der Vorstand den Vorsitz führt, doch kann dies nicht zum verfassungsrechtlichen Postulat erhoben werden.

Diese nicht an den Vorstand übertragbaren Befugnisse müssen nicht nur auf Bundes-, sondern auf allen notwendigen Ebenen den Mitgliederversammlungen obliegen[8].

---

8 Ebenso § 9 Part.G. und Reg.entw.: Ohne eine Mitgliederversammlung als oberstes Organ des jeweiligen Gebietsverbandes ist eine demokratische Willensbildung praktisch unmöglich.

Eine Einschränkung ihrer Befugnisse ist nur durch ein höherrangiges Mitgliederorgan, nicht aber durch einen gleichrangigen oder höherrangigen Vorstand möglich. Ist eine Untergliederung in Verwaltungsstellen-, Bezirks- und Bundesebene zur angemessenen Mitwirkung des einzelnen notwendig, so entspricht der Aufbau der IGM, wonach der Bezirksleiter vom Vorstand ernannt wird und die Bezirksversammlung nur seiner Unterstützung dient, nicht demokratischen Grundsätzen.

Alle übrigen nicht notwendig von der Mitgliederversammlung zu treffenden Maßnahmen kann der Vorstand wahrnehmen. Die Mitglieder oder ihre Vertreter müssen jedoch die Möglichkeit haben, diese Maßnahmen nachträglich zu kontrollieren, woraus sich eine Informations- und Rechenschaftspflicht der Führungsgruppe ergibt.

§ 31 Anforderungen an die Delegiertenversammlungen

Die Zuweisung der Zuständigkeiten an die Delegiertenversammlungen ist nur dann nicht nur eine formale Herrschaft der Mitglieder, wenn sie in ihrer Zusammensetzung vom Vorstand unabhängig sind[1], tatsächlich den Mitgliederwillen repräsentieren und auch die Fähigkeiten besitzen, diese übertragenen Zuständigkeiten auszuüben.

Eine Abhängigkeit vom Vorstand und damit eine Verfälschung des Mitgliederwillens könnte dadurch gegeben sein, daß ein Teil der Delegierten auf Bezirks- und Gewerkschaftstagen meist hauptamtliche Angestellte des Hauptvorstandes sind. So sollen sie einerseits als Vertreter der Mitglieder dem Hauptvorstand die Richtlinien für seine Arbeit in den nächsten Jahren mitgeben und seine vergangene Tätigkeit beurteilen und kontrollieren, andererseits sind sie den Weisungen dieses Vorstandes außerhalb der Ausübung ihres Delegiertenmandats unterworfen. Da sich diese Kollision bei jedem hauptamtlichen örtlichen Gewerkschaftsfunktionär ergibt, kann sie nicht grundsätzlich als verfassungswidrig angesehen werden. Die Bedenken können dadurch ausgeräumt werden, daß, wie bereits von einigen Gewerkschaften praktiziert wird, die hauptamtlichen Delegierten nicht mehr als einen bestimmten Prozentsatz der Konferenzmitglieder stellen[2].

Die Sicherstellung einer Unabhängigkeit von der Gewerkschaftsführung ist auch ein mitbestimmendes Kriterium bei der Forderung nach einer geheimen Abstimmung. Dabei ist zu beachten, daß durch eine geheime Abstimmung die Kontrolle durch das delegierende Gremium eingeschränkt wird. Eine Kontrolle kann jedoch erst dann in Betracht kommen, wenn zuvor die Unabhängigkeit der zu kontrollierenden Entscheidungen von dritter Seite sichergestellt ist[3]. Bei Berücksichtigung dieser Gesichtspunkte müssen alle Wahlen geheim stattfinden, während dies bei Abstimmungen über Sachfragen nicht unbedingt notwendig ist[4]. Wahlen müssen auch dann geheim stattfinden, wenn nur ein Wahlvorschlag vorliegt, damit Mitglieder oder Delegierte, die oft nicht wagen, offen gegen einen

---

1 Nach BVerfGE 2, 41 ist es undemokratisch, wenn der Parteirat, dessen Funktionen denen des Beirates entsprechen, mehrheitlich vom Parteivorstand abhängig ist, wobei es nach dem BVerfG genügt, wenn er von der Delegiertenversammlung gewählt, aber von ihm bestätigt werden muß.

2 Dieser Prozentsatz muß sich noch reduzieren, wenn der Vorstand Stimmrecht auf dem Gewerkschaftstag hat.

3 So richtig Müller, S. 140.

4 Bericht S. 167; Rabus, S. 169.

Vorstandsvorschlag zu stimmen, ihre abweichende Meinung zum Ausdruck bringen können.

Sieht man in den Bezirks- und Gewerkschaftstagen ein Organ, das den Mitgliederwillen gegenüber dem Vorstand repräsentieren und diesen kontrollieren soll, so ist es unzulässig, daß Bezirks- oder Bundesvorstandsmitglieder, Geschäftsführer oder Sekretäre qua Amt stimmberechtigt an diesen Konferenzen teilnehmen[5]. Ihrer Aufgabe, auf den Konferenzen den Delegierten Rede und Antwort zu stehen und sie aufgrund ihrer besseren Information zu beraten, werden sie auch dann gerecht, wenn sie nur beratendes Stimmrecht haben[6]. Ein Stimmrecht ist auch nicht aufgrund der Integrations- und Leitungsfunktion zwingend geboten. Die durch Wissen und Erfahrung qualifizierten Vorstandsmitglieder haben bereits durch ihre Sachkenntnis auf der Versammlung ein angemessenes Gewicht. Ein Stimmrecht würde eine unzulässige Verschiebung der Mehrheitsverhältnisse bewirken[7].

Wie eine ex officio Mitgliedschaft der Vorstandsmitglieder vom demokratischen Prinzip her unzulässig ist, so erfordert dieses gerade, daß Minderheitengruppen, wie Frauen und Jugendliche, notfalls auch durch eine ex officio Mitgliedschaft angemessen auf den Delegiertenversammlungen vertreten sind.

Delegiertenversammlungen können nur dann als Repräsentanten des Mitgliederwillens angesehen werden, wenn die Delegierten ihr Mandat aus einer periodisch stattfindenden Wahl herleiten. Eine nur alle drei bis vier Jahre stattfindende Neuwahl gewährleistet nicht, daß die Delegierten den Mitgliederwillen zur Zeit der Konferenz repräsentieren[8]. Berücksichtigt man die starke Fluktuation in einzelnen Gewerkschaften, die weit über der bei Parteien liegt und die bewirkt, daß in einigen Jahren außer einem festen Kern eine Auswechslung des Mitgliederbestandes stattfindet, so kann der bei Parteien gesetzte Rahmen von zwei Jahren in keinem Fall überschritten werden. Dabei sollte hinsichtlich der Dauer des Mandats zwischen den einzelnen Gliederungen unterschieden werden, da die Fluktuation

---

5 Auch das Parteiengesetz läßt zu, daß Mitglieder kraft Amtes ein Fünftel der Stimmberechtigten einer Delegiertenversammlung darstellen. Dagegen auch Lange, S. 339; Müller, S. 132.

6 Müller verweist auf § 22 BWahlG, der jede ex officio Mitgliedschaft in den für Kandidatenaufstellungen zuständigen Versammlungen verbietet.

7 Rabus, a.a.O.

8 Nach § 8 Part.G. dürfen Delegierte nicht für einen längeren Zeitraum als zwei Jahre gewählt werden. Im Reg.entw. war dazu noch vorgesehen, daß zu unteren Gremien jedes Jahr eine Neuwahl stattfinden soll. Der Entwurf betonte, daß es sich dabei um eine äußerste Grenze handele.

sich auf Ortsverbandsebene stärker auswirkt als auf Bundesebene[9]. Eine Delegiertenwahl nur alle drei bis vier Jahre ist daher verfassungswidrig.

Eine Verfälschung des Mitgliederwillens kann auch durch zu viele Zwischenstufen stattfinden[10]. Der Wille der Mitglieder auf Ortsebene spiegelt sich auf der Bundesebene am besten dann wieder, wenn die Delegierten zum Gewerkschaftstag auf Orts- und nicht erst auf Bezirksebene gewählt werden, was auch bei den meisten Gewerkschaften im Gegensatz zu den Parteien praktiziert wird.

Eine genaue Wiedergabe des Mitgliederwillens hängt auch von einem freien oder gebundenen Mandat der Delegierten ab. Die Delegiertenversammlung entspricht nur dann ihrer Funktion als Ersatz einer Mitgliederversammlung, wenn die Delegierten den Willen des sie entsendenden Gebietsverbandes wiedergeben. Diese Stärkung des plebiszitären Einflusses steht auch meist nicht mit der Forderung, daß die Willensbildung in der beschließenden Versammlung auf der Möglichkeit, sich zu überzeugen, beruhen soll, in Widerspruch. Das entsendende Gremium wird oft die Delegierten nicht mit einem konkreten Abstimmungsauftrag zu einer bestimmten Personal- und Sachfrage entsenden, sondern sie aufgrund ihrer bisher geäußerten Ansichten als die besten Repräsentanten des Willens der Mitglieder ansehen. Nur wenn die entsendenden Mitglieder den Delegierten erkennbar einen bestimmten Willen kundgetan haben, können diese nicht ihre eigene Meinung an die Stelle derjenigen der Mitglieder setzen[11]. Nur so kann garantiert werden, daß der von den Delegierten gebildete Wille Gesamtwille der Gewerkschaften ist. Dies schließt nicht die Befugnis und Pflicht der Delegierten aus, zu einem Kompromiß bereit zu sein. Wieweit sie bei dem Meinungsbildungsprozeß versuchen, den Willen der Mitglieder durchzusetzen, wird immer eine Vertrauensfrage bleiben. Ein völlig freies Mandat der Delegierten entspricht nicht demokratischen Grundsätzen.

Sind die Mitgliederorgane in der Gewerkschaftswirklichkeit nicht in der Lage, die ihnen übertragenen Aufgaben wahrzunehmen, dann entsprechen zwar die Satzungen, nicht aber die Gewerkschaftswirklichkeit dem Grundgesetz.

Die Tatsache, daß Entscheidungen über Vorstandskandidaturen meist vor dem Gewerkschaftstag im kleinen Führungszirkel getroffen werden, ist solange nicht verfassungswidrig, wie die Delegierten eigene Vorschläge machen und diese auch

---

9 So auch Müller, S. 130, die gar eine Neuwahl zu jedem Parteitag auf Landes- und Bundesebene fordert.

10 So auch Müller, S. 130.

11 Ebenso Lange, S. 340, der auf den Bundesrat hinweist, wo ein imperatives Mandat ebenfalls als zulässig angesehen wird.

durchsetzen können. Um den Wahlvorgang möglichst rational zu gestalten, sollten alle Delegierten vor der Wahl Gelegenheit haben, die Kandidaten zu den entscheidenden Positionen kennenzulernen. Die Modalitäten können dabei von den Gewerkschaften autonom gestaltet werden.

Die Tatsache, daß der alle drei bis vier Jahre zusammentretende Gewerkschaftstag dem Gewerkschaftsvorstand weder eine verbindliche Richtlinie für seine Arbeit mitgeben, noch dessen Arbeit effektiv kontrollieren kann[12], ist nur dann ein Indiz für eine Gefährdung der inneren demokratischen Willensbildung, wenn kein Organ vorhanden ist, das in der Zwischenzeit die grundsätzlich vom Gewerkschaftstag zu erfüllenden Funktionen wahrnimmt. Das Demokratiegebot verlangt nämlich nicht die Einführung des üblichen Gewaltenteilungsschemas, sondern nur, daß tatsächlich eine gegenseitige Kontrolle der Gewalten vorhanden ist[13].

Der Beirat und der Kontrollausschuß können diese Aufgabe aber nur dann erfüllen, wenn sie vom Vorstand aunabhängig sind und von Vertretern der Mitglieder legitimiert wurden. Der Beirat erfüllt diese Anforderungen dann nicht, wenn der Vorstand stimmberechtigtes Mitglied des Beirates ist, denn es kann nicht ein Organ als Kontrollorgan angesehen werden, in dem der zu Kontrollierende Stimmrecht hat[14]. Ob der Kontroll- bzw. Beschwerdeausschuß die Kontrollfunktion erfüllt, ist fraglich, kann jedoch ohne genauere Untersuchungen nicht abschließend beantwortet werden.

---

12 Auch nach der Begründung des Regierungsentwurfs zum Part.G. kann die Parteiversammlung die ihr zukommende Bedeutung nur erhalten, wenn sie in einem Abstand von höchstens zwei Jahren zusammentritt.

13 Ähnlich Müller, S. 145.

14 Nach dem Part.G. kann der Vorstand dagegen Mitglied der allgemeinen Parteiausschüsse sein, deren Aufgabe ausdrücklich als die von verkleinerten Zwischenparlamenten umschrieben wird.

§ 32 Wahl des Vorstandes

Müssen auch grundsätzlich die Mitglieder des Vorstandes von der Mitglieder- bzw. Delegiertenversammlung gewählt werden, so kann doch nicht immer eine ex officio Mitgliedschaft als undemokratisch angesehen werden. Dies ist sicherlich dann nicht der Fall, wenn die Mitglieder noch das Bestätigungsrecht ausüben können. Aber auch wenn Vertretern von Minderheitengruppen, wie Frauen oder Jugend, automatisch ein Platz im Vorstand zugestanden wird, ist dies nicht unzulässig. Es soll dadurch einer Gruppe, deren Kandidat im normalen Wahlverfahren wahrscheinlich nicht gewählt würde, eine Repräsentation im Vorstand gesichert werden[1]. Darin liegt eine legitime Beschränkung der Rechte der Mehrheit zum Schutz der Minderheit, denn nur dadurch wird eine möglichst unverfälschte Repräsentation aller Mitglieder gewährleistet[2]. Es kann nicht der Mehrheit überlassen bleiben, das die Minderheit im Vorstand vertretende Mitglied zu bestimmen.

Andere Überlegungen sind dagegen anzustellen, wenn der Inhaber eines sonstigen Amtes kraft dieses Amtes dem Vorstand angehört[3]. Dies können Amtsinhaber der gleichen oder höheren Stufe, wie auch Mitglieder von außergewerkschaftlichen Gremien, z.B. des Betriebsrates, sein. Sieht man die Aufgabe des Vorstandes auch in der Integration der auf der jeweiligen Ebene vorhandenen Strömungen, so ist weiterhin nachzuprüfen, ob diese Funktion nicht auch durch beratendes Stimmrecht voll ausgefüllt werden kann. Die Entscheidung darüber muß jedoch den einzelnen Gewerkschaften vorbehalten bleiben. Es ist aber unzulässig, daß Amtsinhaber einer höheren Stufe dem Vorstand mit Stimmrecht angehören. Dadurch wird die Autonomie des jeweiligen Verbandes eingeschränkt. Dem notwendigen Informations- und Kommunikationsbedürfnis wird auch durch beratende Stimme voll Rechnung getragen[4].

---

1 Müller, S. 114: Eine vorhandene Ungleichheit soll ausgeglichen werden.

2 Ein Schutz der Minderheit, sei es einer bestimmten Personengruppe oder einer bestimmten politischen Richtung, wird auch durch ein Blockwahlsystem annähernd gesichert. Dabei muß allerdings eine nicht unbeträchtlich höhere Zahl von Kandidaten als zu vergebende Ämter vorhanden und den Mitgliedern eine bestimmte Mindestanzahl von zu wählenden Kandidaten vorgeschrieben sein.

3 Das Part.G. hat dies unter der Voraussetzung zugelassen, daß das Amt durch Wahl erlangt wurde und die Mitglieder kraft Amtes nicht mehr als ein Fünftel des Vorstandes stellen.

4 Anders Lange, S. 331, nach dem die Berufung in den Vorstand kraft führender Stellung nicht gegen demokratische Grundsätze verstößt, wenn die durch eine Wahl Berufenen noch die Mehrheit haben.

Die Wahl des Vorstandes kann nur für eine bestimmte Zeit erfolgen, wobei entsprechend der im Parteiengesetz getroffenen Regelung auf Bundesebene eine Wahl auf zwei Jahre als angemessene Zeit anzusehen ist. Da Einarbeitungs- und Kontinuitätsgesichtspunkte auf Ortsebene nicht in gleichem Umfang auftauchen, sollten dort kürzere Fristen vorgesehen sein. Es bestehen Bedenken, wieweit die Wahlzeiten von drei bis vier Jahren, die alle Gewerkschaften auch meist ohne Unterscheidung von Orts- und Bundesebene vorsehen, demokratischen Grundsätzen entsprechen.

Ist es aus wichtigem Grunde möglich, einen Vorstand während seiner Amtsperiode abzuberufen[5], so muß eine Minderheit die Möglichkeit haben, zu diesem Zweck eine außerordentliche Mitglieder- bzw. Delegiertenversammlung einzuberufen.

Ab einer bestimmten Größe des Vorstandes ist es notwendig, einen geschäftsführenden Vorstand zu bilden. Dabei ist demokratischen Grundsätzen eher Genüge getan, wenn die Mitglieder bzw. ihre Delegierten die ihm angehörenden Personen auswählen können, als wenn der Vorstand dies selbst vornimmt[6]. Ersteres wird bei allen Gewerkschaften praktiziert.

5 Ebenso Lange, S. 329 unter Berufung auf § 27 Abs. 2 BGB.

6 So aber Part.G.

§ 33 Die Rechtsstellung der Gewerkschaftsvertreter in außergewerkschaftlichen Gremien

Die Rechtsstellung kann nicht einheitlich gesehen werden. Es ist zu unterscheiden, ob der Gewerkschaftsvertreter die Interessen und Vorstellungen der Mitglieder seines Verbandes wiedergeben und vertreten soll oder ob er als Vertreter einer sozialen Schicht als unabhängige Persönlichkeit einen Einzelfall behandeln soll. Diese Unterscheidung findet meistens darin ihren Ausdruck, daß im ersten Fall die Gewerkschaften ein Entsendungsrecht haben, während sie im zweiten Fall nur ein Vorschlagsrecht haben und die Wahl durch ein drittes Organ vorgenommen wird. Steht das Vorschlagsrecht einem Entsendungsrecht gleich, so ist inhaltlich die Tätigkeit der Mitglieder in dem jeweiligen Gremium danach zu überprüfen, ob mehr eine Weisungsgebundenheit oder mehr eine freie, nur dem Gewissen unterworfene Entscheidung den jeweiligen Aufgaben gerecht wird.

So ist es gerechtfertigt, daß Beisitzer von Arbeits- und Sozialgerichten oder Angehörige der Bundesprüfstelle für jugendgefährdende Schriften zur Durchführung ihrer richterlichen oder quasi-richterlichen Aufgaben nur ihrem Gewissen unterworfen sind.

Eine allgemeine Weisungsfreiheit aller übrigen Gewerkschaftsvertreter kann nicht damit begründet werden, daß „Gewerkschafter in Kollegialbehörden, die Gliederung der Staatsverwaltung sind, Diener des gesamten Volkes sind und das Wohl des Volksganzen über das partikulare Interesse ihrer Gewerkschaft stellen müssen“[1]. Auch die Bundesanstalt für Arbeit gehört zur mittelbaren Staatsverwaltung. Aus ihrer Zusammensetzung, den Vorschlags- und Abberufungsmodalitäten, ist jedoch zu entnehmen, daß gerade davon ausgegangen wird, daß die Sozialpartner innerhalb des Gremiums ihre partikularen Interessen vertreten. Das Kriterium der „Gliederung der Staatsverwaltung“ ist also für die Ablehnung einer Weisungsgebundenheit untauglich, weil es zu sehr auf die formale Stellung abstellt.

Auch kann nicht allgemein aus Art. 38 GG eine Weisungsfreiheit gefolgert werden. Dieses liberal-repräsentative Verfassungsprinzip ist nirgends weniger sachgerecht als hier[2]. Das freie Mandat mag für Abgeordnete als Vertreter des gesam-

---

1 So aber Drewes, S. 247.

2 In § 10 Abs. 4 Bundesbahngesetz, § 5 Abs. 3 Postverwaltungsgesetz, § 11 Bremer Wirtschaftskammergesetz und § 62 Abs. 3 GGO und anderen Gesetzen wird jedoch ausdrücklich festgestellt, daß die Vertreter der Organisationen nur ihrem Gewissen unterworfen und an Aufträge und Weisungen nicht gebunden sind.

ten Volkes eine gewisse Berechtigung haben, in den unter berufsständischen Gesichtspunkten zusammengesetzten Gremien, in denen der Interessenpluralismus gerade seinen Ausdruck finden soll, verdunkeln sie den wahren Sachverhalt[3]. „Der Verbandsvertreter leitet seine Befugnisse meist von der Stellung des Interessenverbandes ab. Entscheidend ist nicht seine persönliche Meinung, sondern die Ansicht des Interessenverbandes, wie sie aufgrund der verbandsinternen Willensbildung aller Mitglieder zustande gekommen ist. Er ist daher an die Meinung der Mitglieder gebunden[4]." Die Möglichkeit, auf bestimmte Zeit aus eigenem Recht und kraft des Gewichts einer Institution frei nach eigenem Ermessen handeln zu können, würde die Gefahr einer unrepräsentativen Funktionärsherrschaft begünstigen und möglicherweise zur politischen Unwirksamkeit der Institution wegen mangelhafter Beziehung zu den Verbänden führen[5].

Konsequenterweise muß der Vertreter mit Austritt oder Ausschluß aus der Gewerkschaft seine Stellung als Verbandsvertreter verlieren, da nur der Gewerkschaft aufgrund der gesetzlichen Vorschriften Vertretungsrechte eingeräumt sind[6]. Bei Nichterfüllung der Weisungsgebundenheit muß die Gewerkschaft ihren Vertreter abberufen können[7]. Auch das Verlangen nach höchstpersönlicher Ausübung der Tätigkeit des partikularen Interessenvertreters ist dann nicht gerechtfertigt[8].

Gegen diese starke Bindung an den entsendenden Verband kann nicht eingewandt werden, daß es in Beiräten und sonstigen Gremien um die Heranziehung von unabhängigem Sachverstand gehe. Sollen wirtschaftliche oder auch andere berufliche Interessen sachkundig wahrgenommen werden, so müssen Interessenverbände über den Akt der Kreation hinaus die Wirkungssphäre der von ihnen berufenen Delegierten beeinflussen können[9]. Ist eine sachkundige Beratung ohne – wenn auch vielleicht unbewußte – Interessenbindung nicht möglich, dann ist diese Interessenbindung dadurch offenzulegen, daß sachkundige Interessenver-

---

3 Dagegen auch Drewes, S. 248; E.R. Huber, Bd. 1, S. 209; Lange, S. 355; Leibholz: Wesen, S. 186; Hirsch, S. 142.

4 Lange, S. 355.

5 Hirsch, S. 143; ähnlich Leibholz, a.a.O.

6 Lange, a.a.O.; Leibholz, a.a.O.; Drewes, S. 251; § 198 Arbeitsförderungsgesetz; § 10 Abs. 7 Bundesbahngesetz; § 3 Bremer Wirtschaftskammergesetz.

7 Lange, S. 355; Drewes, S. 251.

8 Leibholz, a.a.O.

9 Leibholz, a.a.O., der darin gerade den Gegensatz zwischen berufsständischer Interessenvertretung und Repräsentation sieht.

treter herangezogen werden. Auch der Gesetzgeber ist von dieser Konzeption ausgegangen, da nicht „unabhängige Wissenschaftler“, sondern Verbandsvertreter berufen werden sollen, die auch bestimmte Bevölkerungsgruppen repräsentieren.

Sachregister

Personenregister

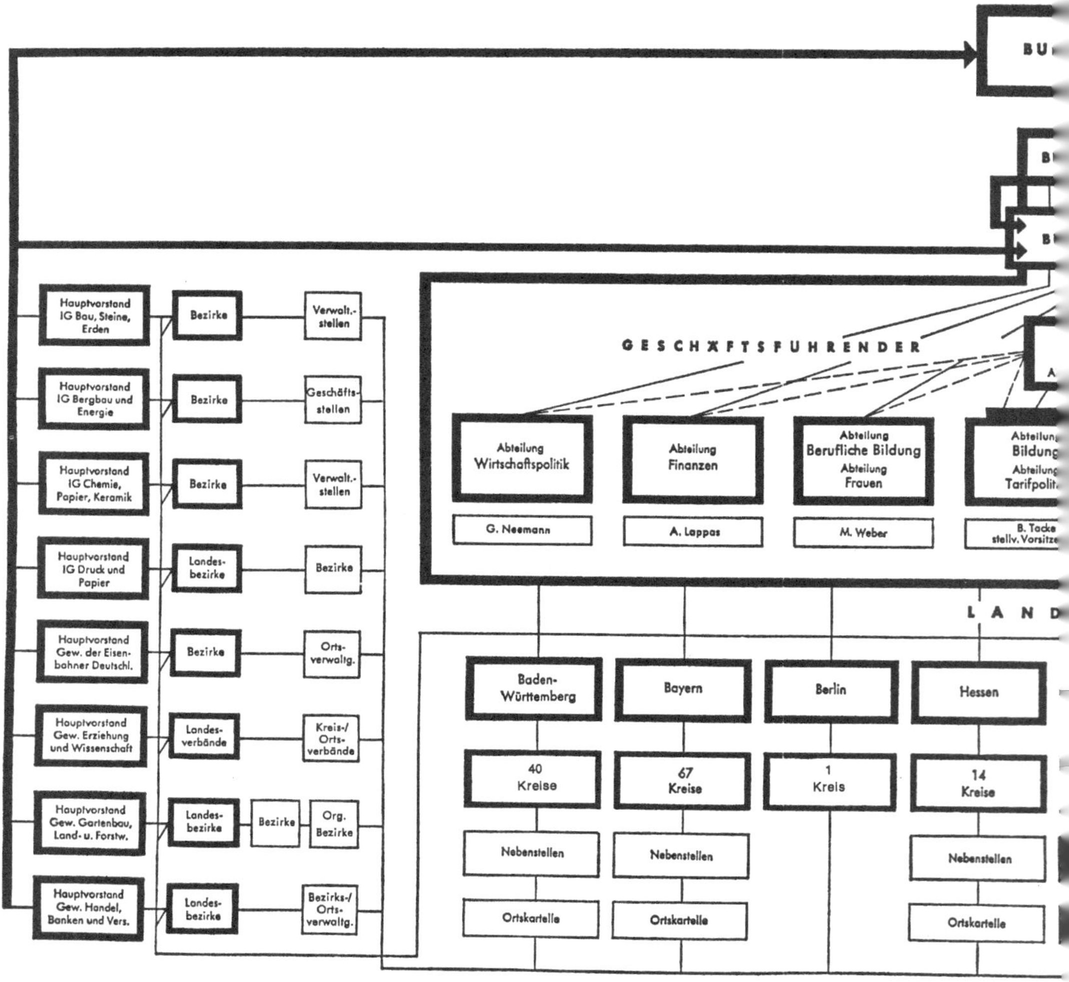

GESCHÄFTSFÜHRENDER
Abteilung Wirtschaftspolitik
Abteilung Finanzen
Abteilung Berufliche Bildung
Abteilung Frauen
G. Neemann
A. Lappas
M. Weber
B. Tacke
Hauptvorstand IG Bau, Steine, Erden
Bezirke
Verwalt.-stellen
Hauptvorstand IG Bergbau und Energie
Bezirke
Geschäfts-stellen
Hauptvorstand IG Chemie, Papier, Keramik
Bezirke
Verwalt.-stellen
Hauptvorstand IG Druck und Papier
Landes-bezirke
Bezirke
Hauptvorstand Gew. der Eisenbahner Deutschl.
Bezirke
Orts-verwaltg.
Hauptvorstand Gew. Erziehung und Wissenschaft
Landes-verbände
Kreis-/Orts-verbände
Hauptvorstand Gew. Gartenbau, Land- u. Forstw.
Landes-bezirke
Bezirke
Org. Bezirke
Hauptvorstand Gew. Handel, Banken und Vers.
Landes-bezirke
Bezirks-/Orts-verwaltg.
Baden-Württemberg
Bayern
Berlin
Hessen
40 Kreise
67 Kreise
1 Kreis
14 Kreise
Nebenstellen
Nebenstellen
Nebenstellen
Ortskartelle
Ortskartelle
Ortskartelle

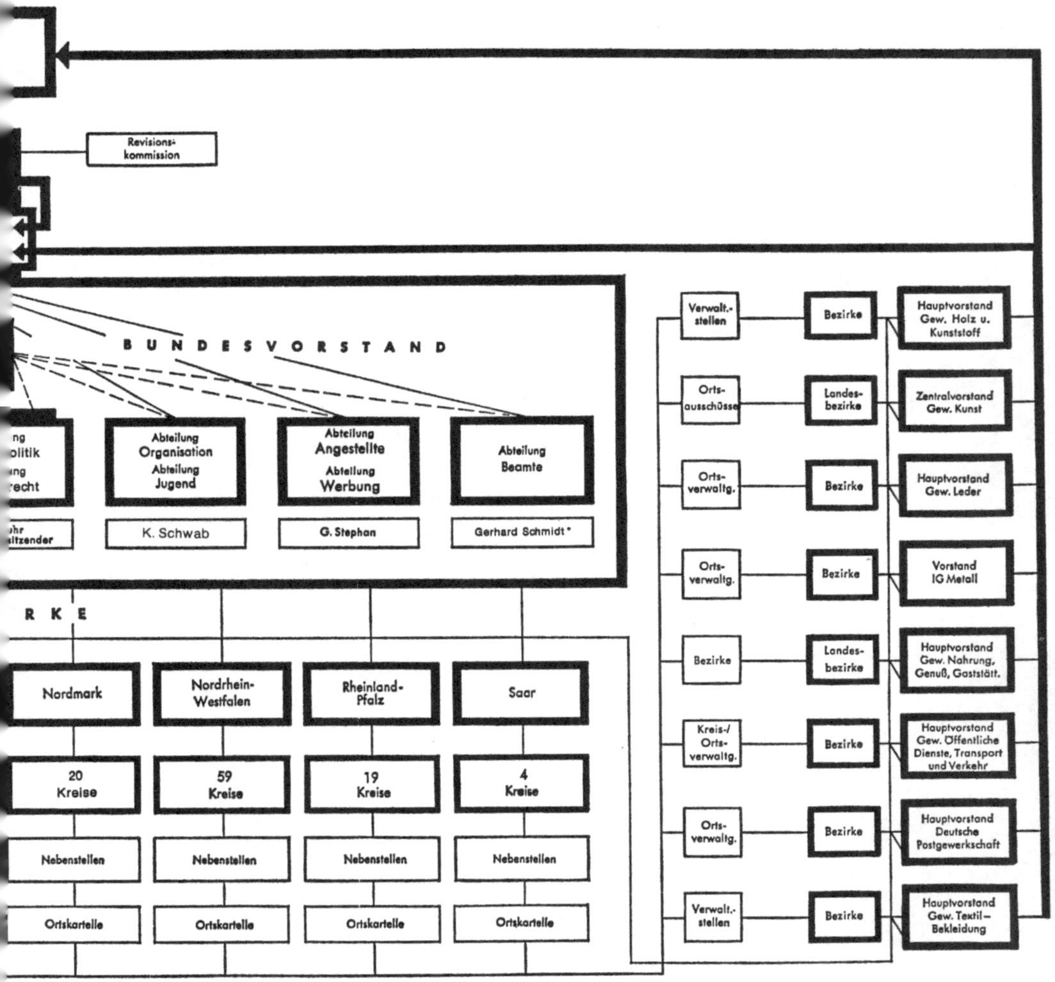
Revisions-kommission
BUNDESVORSTAND
ng
olitik
ng
recht
Abteilung Organisation
Abteilung Jugend
Abteilung Angestellte
Abteilung Werbung
Abteilung Beamte
hr
itzender
K. Schwab
G. Stephan
Gerhard Schmidt *
RKE
Nordmark
Nordrhein-Westfalen
Rheinland-Pfalz
Saar
20 Kreise
59 Kreise
19 Kreise
4 Kreise
Nebenstellen
Nebenstellen
Nebenstellen
Nebenstellen
Ortskartelle
Ortskartelle
Ortskartelle
Ortskartelle
Verwalt.-stellen
Bezirke
Hauptvorstand Gew. Holz u. Kunststoff
Orts-ausschüsse
Landes-bezirke
Zentralvorstand Gew. Kunst
Orts-verwaltg.
Bezirke
Hauptvorstand Gew. Leder
Orts-verwaltg.
Bezirke
Vorstand IG Metall
Bezirke
Landes-bezirke
Hauptvorstand Gew. Nahrung, Genuß, Gaststätt.
Kreis-/Orts-verwaltg.
Bezirke
Hauptvorstand Gew. Öffentliche Dienste, Transport und Verkehr
Orts-verwaltg.
Bezirke
Hauptvorstand Deutsche Postgewerkschaft
Verwalt.-stellen
Bezirke
Hauptvorstand Gew. Textil – Bekleidung

* Seit 1. 3. 1972

FSC
www.fsc.org
MIX
Papier | Fördert gute Waldnutzung
FSC® C083411

Kolibri 360 GmbH
Ferdinand-Jühlke-Straße 7
99095 Erfurt, Deutschland
produktsicherheit@kolibri360.de